普通高等院校经济管理类“十三五”应用型规划教材
【会计系列】

# 税法

## 理论、实务与案例

TAX LAW

陈文军 主编
路燕娜 参编

机械工业出版社
China Machine Press

**图书在版编目（CIP）数据**

税法：理论、实务与案例 / 陈文军主编．—北京：机械工业出版社，2018.9
（普通高等院校经济管理类“十三五”应用型规划教材·会计系列）

ISBN 978-7-111-60766-3

I. 税…　II. 陈…　III. 税法 – 中国 – 高等学校 – 教材　IV. D922.22

中国版本图书馆 CIP 数据核字（2018）第 193476 号

本书是作者以 35 年教学与科研经验写就的税法学专业书，研究资料全面翔实、原理阐述精练系统，附之以税务实务工作提供的第一手真实案例，对税法学理论的基本问题以及税法实务的热点、难点问题进行了深入探讨。本书系统地介绍了我国现行税收法律体系和 18 个税种，讲述了各税种的基本原理、征税范围、应纳税额的计算、税收优惠、税收征收管理。全书分为 11 章，包括税法概论，税收征收管理法，税务行政管理法，增值税法，消费税法，关税法和船舶吨税法、城市维护建设税法、教育费附加和地方教育附加，企业所得税法，个人所得税法，资源税法、城镇土地使用税法和耕地占用税法，房产税法、契税法、土地增值税法和烟叶税法，车辆购置税法、车船税法、印花税法和环境保护税法等内容。

本书适合作为会计、税务、法学等专业学生的教材使用，也适合在职的会计人员和税务人员培训使用。

出版发行：机械工业出版社（北京市西城区百万庄大街 22 号　邮政编码：100037）

| | |
|---|---|
| 责任编辑：孟宪勐 | 责任校对：殷　虹 |
| 印　　刷：北京市荣盛彩色印刷有限公司 | 版　　次：2018 年 9 月第 1 版第 1 次印刷 |
| 开　　本：185mm×260mm　1/16 | 印　　张：17.5 |
| 书　　号：ISBN 978-7-111-60766-3 | 定　　价：39.00 元 |

凡购本书，如有缺页、倒页、脱页，由本社发行部调换

| | |
|---|---|
| 客服热线：（010）88379210　88361066 | 投稿热线：（010）88379007 |
| 购书热线：（010）68326294　88379649　68995259 | 读者信箱：hzjg@hzbook.com |

# Preface 前言

长期以来，税收为支持我国经济发展方式的转变、实现经济平稳较快发展、服务和改善人民生活提供了有效的政策支持和可靠的财力保证。税收法律制度是现行法律体系中的一个特殊综合领域，它既涉及宪法等法律规范，又包含宏观调控的经济法规范，还包含大量的行政法规范；既要借鉴民法的制度，又有税收犯罪的定罪量刑等问题。因而，税收法律专业性很强。近年来，随着我国财税体制改革的不断深入，税收法律制度也发生了许多变化，如全面推行“营改增”、开征环境保护税等，以及国务院总理李克强于2018年3月28日主持召开国务院常务会议，确定深化增值税改革的措施。会议决定，从2018年5月1日起，一是将制造业等行业的增值税税率从17%降至16%，将交通运输、建筑、基础电信服务等行业及农产品等货物的增值税税率从11%降至10%，预计全年可减税2 400亿元；二是统一增值税小规模纳税人标准，将工业企业和商业企业小规模纳税人的年销售额标准由50万元和80万元上调至500万元，并在一定期限内允许已登记为一般纳税人的企业转登记为小规模纳税人，让更多企业享受按较低征收率计税的优惠；三是对装备制造等先进制造业、研发等现代服务业符合条件的企业和电网企业在一定期限内未抵扣完的进项税额予以一次性退还。2018年4月25日国务院总理李克强主持召开国务院常务会议决定再推出7项减税措施支持创业创新和小微企业发展。为了使广大读者能够更好地掌握最新的税法知识，我们特地编写了本教材。

本教材是在过去教材的基础上，吸收国内外相关教材的精华，并结合中国税收法律、国际税收惯例和税收实务编写而成的。本教材的主要特点在于：第一，既注重基本税务处理的理论阐述，又注重与中国现行税收理论及实践的结合，以税收法律制度为依据，但又不是对税收法律制度的简单解读；第二，对税法理论的阐述力求精练、简明和通俗易懂，不同于以往税法教材的叙述方式，而是以较直观的表现形式予以展现，使学生一目了然，易于其掌握；第三，注重理论与案例、实践的结合，对每一理论问题的阐述均配有恰当的案例，每章内容均配有对相关案例的分析，便于培养学生的实践能力和发现问题、分析问题与解决问题的能力，有利于提高其职业判断能力；第四，配备颇具特色的同步测试题，非常适合学生进行课后消化、复习与提高。

本教材既可作为高等院校法学、会计、财务管理专业本科高年级学生学习“税法”等课程时使用，又可作为会计、财务管理实务工作者在开展继续教育时使用。

本教材由陈文军教授担任主编并负责统稿、整理和定稿，安阳学院的路燕娜老师参加了本书的编写工作，具体分工如下：陈文军负责第一章以及第四章至第十一章的编写工作，路燕娜负责第二章、第三章的编写工作。

本教材的编写得到南京师范大学泰州学院法学院院长韦宝平教授、商学院院长张薇教授，南京师范大学金陵女子学院院长赵媛教授的悉心指导和大力帮助，也得到南京师范大学金陵女子学院会计与财务管理系系主任李云博士、高爱芳博士等的帮助与支持，在此一并致以最诚挚的谢意。本教材的编写，参考了诸多相关文献，在此对全体文献作者表示衷心的感谢；同时还要对王洪波、高伟、孟宪勐等编审人员特别表示感谢，他们为本教材的出版付出了辛勤的劳动，他们的工作不仅保证了本教材的顺利出版，还减少了本教材中的错误，使之增色不少。

最后恳请各位同人对本教材进行批评指正！

陈文军<br>2018年6月2日于南京

# Suggestion 教学建议

“税法”课程是一门应用经济类课程，其研究的主要内容是中国现行的主要税收法律制度。这些税收法律制度是国家法律制度的重要组成部分，也是商学院学生必须掌握的内容之一。“税法”的知识体系安排如下。

“税法”课程的内容由三部分组成，即税法的基础知识、税收征收管理法和中国现行税收法律制度。

第一部分主要讲解税法的基础知识。对于研修“税法”的学生来讲，这部分内容是学生准确理解税收法律条文的基础，没有这部分内容的铺垫，学生不但对我国税法缺乏整体、全面的认识，而且会对许多税法内容难以理解和记忆。所以，学生对这部分内容决不可忽视。

第二部分介绍了税收征收管理法、税务行政法制的主要内容，其中税收征收管理法是重点。这部分内容既可以通过选择题、简答题的形式考查，也可以通过与具体税种结合在案例分析题中考查。

第三部分是本课程的主要内容，这部分较为详细地介绍了我国现行的主要税收法律制度，包括流转税、所得税、财产税、资源税、行为税等税收法律制度。从政府组织税收收入的角度来讲，这些税种的重点分三个层次安排：第一个层次是增值税和企业所得税；第二个层次是消费税；第三个层次是资源税和环境保护税。从课程讲授和考题分值排列来看，其重点章节的层次安排与此基本相同。增值税和企业所得税不但必然出现在选择题和案例分析题中，而且间或出现在简答题和论述题中，并且占的分值很大。消费税在选择题中多有涉及，间或案例分析题也会涉及。个人所得税也是重要的考查内容，这个税种主要在计算题中出现。

在“税法”课程的学习过程中，学生要注意以下学习要求和方法，其有助于学生快速、牢靠、全面地掌握课程知识。

第一，全面、系统地通读教材。

第二，抓住重点，强化记忆。

第三，充分利用对比的方法学习和记忆各税种的法律制度内容，这样做的好处是便于记忆，可以有效提高学生的辨别能力和判断能力，对提高单项选择题和多项选择题的正确率有帮助；同时可以提高学生的计算能力以及案例分析能力。如何运用对比的方法提高学习和记忆能力呢？“税法”各税种的主要法律规定都按照相同的结构安排：纳税人——课税客体——税率——应纳税额计算——纳税义务发生事件——纳税期限——纳税地点——起征点——减免规定。这方便学生对比各税种之间的异同，有利于学生分析和记忆。

第四，活学活用和综合运用所学知识。运用法律知识解决实际问题是学习本课程的最终目的，所以考题中分值最重的项目就是最后的案例分析题。在学习过程中，学生要注重理论联系实际；同时，注重知识点之间的相互结合，如增值税、消费税、关税、税收征收管理等彼此之间的综合运用。

**学时分配建议（供参考）**

| 教材内容类别 | 章节架构 | 学时安排 |
| --- | --- | --- |
| 基础知识（共1章） | 第一章　税法概论 | 3 |
| 程序法（共2章） | 第二章　税收征收管理法 | 6 |
| | 第三章　税务行政管理法 | 3 |
| 实体法（共8章18个税种） | 第四章　增值税法 | 6 |
| | 第五章　消费税法 | 3 |
| | 第六章　关税法和船舶吨税法、城市维护建设税法、教育费附加和地方教育附加 | 3 |
| | 第七章　企业所得税法 | 6 |
| | 第八章　个人所得税法 | 6 |
| | 第九章　资源税法、城镇土地使用税法和耕地占用税法 | 6 |
| | 第十章　房产税法、契税法、土地增值税法和烟叶税法 | 6 |
| | 第十一章　车辆购置税法、车船税法、印花税法和环境保护税法 | 6 |
| 合计 | | 54 |

Contents 目 录

Chapter1

# 第一章

# 税法概论

## 引言　名人论税收

税收是维系一个民族命运的大血脉。

——卡尔·马克思

现代税收体系是在崇高的原则和实用主义政治之间的一种不那么令人舒服的折中方法。

——保罗·萨缪尔森

纳税和死亡一样毋庸置疑。

——丹尼尔·迪福

世界上除了死亡和纳税，其他都不是必然的。

——本·富兰克林

## 第一节　税收概述

### 一、税收的含义

税收是政府为了满足社会公共需要，凭借政治权力，按照法律规定，强制、无偿地取得财政收入的一种形式。

（1）税收是一种分配，体现着特定的分配关系。国家征税，就是把一部分社会产品和国民收入强制地转变为国家所有，归国家支配使用；征税的过程，就是一部分社会产品和国民收入从纳税人手中转变为国家所有的分配过程。不仅如此，国家征税的结果，还会引起社会成员占有社会产品和国民收入比例的变化，一部分社会成员占有的比例会减少。社会产品分配关系是社会生产关系的组成部分，所以税收作为一个分配范畴，在不同的社会制度下，与该社会的生产关系的性质相适应，体现着性质不同的分配关系。

（2）税收是国家为了实现其职能，取得财政收入的一种方式。国家是阶级统治的工具，国家政权为了行使其职能，维持其正常的活动，必须耗用一定的物质资料，因而必须采用适当的方式取得财政收入。税收就是国家在一定客观经济条件下取得财政收入的一种方式。

（3）国家征税凭借的是政治权力。国家取得任何一种财政收入，总是要凭借国家的某种权力。马克思指出："在我们面前有两种权力，一种是财产权力，也就是所有者权力；另一种是政治权力，即国家的权力。"从经济性质上看，税收同利润、利息、地租有相同的一面，但从取得方式上看却与它们存在差别。取得利润、利息、地租依靠占有生产资料和资本，不凭借政治权力，而课征捐税凭借政治权力，不以生产资料和资本占有为依托。

**延伸阅读：税法与税收、税制**

从三者的概念上看，税法是指国家制定的用以调整国家与纳税人之间征纳活动的权利与义务关系的法律规范的总称；税收是指国家凭借其政治权力，强制、无偿地参与国民收入分配，取得财政收入的一种手段；税制是指国家及其有关部门制定的各种税收法令和征管办法的总称。

从三者的联系上看，总体上说，三者是辩证统一、互为因果的关系。具体地说，税收、税制与税法都以国家为前提，与财政收入密切相关；国家对税收的需要决定了税制与税法的存在，而税制与税法的存在决定了税收的分配关系；税制与税法是税收内容的具体规范和权力保证；税收是税制与税法的执行结果，同时，税收又是衡量税制与税法科学性、合理性的重要标准；严格意义上的税法是税制的核心内容，而税制又是对税法的必要解释和补充。

从三者的区别上看，一是在范畴上，税收属于经济基础范畴，税制与税法则属于上层建筑范畴；二是在立法上，税法的制定权属于国家立法机关或其授权的国家行政机关，而税制的制定权除属于税法的制定部门外，还属于财政机关、税务机关、海关等；三是在效力上，税法具有法律强制的约束力，而税制具有行政约束力和一定的法律效力，在实际执行过程中，当税制与税法有抵触时，应以税法的规定为准。

## 二、税收的特征

### 1. 税收的强制性

税收的强制性，是指国家以社会管理者身份，直接凭借政治权力，用法律、法令形式对征纳双方权利与义务的制约。其具体表现就是以法律形式颁布的税收制度和法令。从根本上说，税收的强制性是由税收的依据，即国家政治权力所决定的。因而它是一种超经济强制，不受生产资料所有制的限制，对不同所有者都可行使国家课税权。税收的强制性包括两个方面：一是税收分配关系的建立具有强制性，它是通过立法的程序确定的，国家依法征税，纳税人必须依法纳税，不允许有任何超越税法的行为；二是税收征收过程具有强制性，税收征税的法律保证是税法，税法从征税和纳税两方面来规范、约束、保护和巩固税收分配关系。

### 2. 税收的无偿性

税收的无偿性，是指国家征税以后，税款就成为国家财政收入的一部分，由国家预算安排直接用于满足国家行使职能的需要，不再直接返还给纳税人，也不付出任何形式的直接报酬和代价。税收的无偿性是针对具体的纳税人而言的，也就是说，国家征税不是与纳税人之间进行等量财富的交换或补偿，而是纳税人无偿地向国家缴纳财富；国家不需要对原纳税人直接返还已纳税款，也不需要直接对纳税人提供相应的服务或给予相应的特许权利。它只是所有权的单向转移。税收的无偿性是针对具体纳税人而言的。明确税收的无偿性特征，可以把税收同国有资产收益、公债和规费收入等财政收入形式区别开来。

### 3. 税收的固定性

税收的固定性，是指国家征税必须通过法律的形式，预先规定征税对象、纳税人和征税标准等征税规范，按照预定的标准征税。这些事先规定的事项对征纳双方都有约束力，纳税人只要取得了应纳税收入或发生了应纳税行为，就必须按照规定纳税。征收机关也必须按照预先规定的标准征收，不得随意变更标准。这样，税收的固定性不仅体现在课税对象的连续有效，还意味着课税对象和征收额度之间的关系是有固定限度的。所以，税收的固定性就包含时间上的连续性和征收比例上的限度性。固定性是国家稳定地取得财政收入的基本保证，也是税收区别于罚没、摊派等财政范畴的重要标志。

税收的三个形式特征是统一的整体。强制性是实现税收无偿征收的强有力的保证；无偿性是税收这种特殊分配手段本质的体现；固定性是强制性和无偿性的必然要求。税收的三个形式特征是缺一不可的统一整体，是税收区别于其他财政收入范畴的基本标志，也是鉴别财政收入是不是税收的基本标准。税收的形式特征，不因社会制度不同而改变。

## 三、税收的分类

1994 年税制改革之后，我国的税种由 37 个缩减至目前的 18 个，具体是增值税、消费税、企业所得税、个人所得税、资源税、城镇土地使用税、房产税、城市维护建设税、耕地占用税、土地增值税、车辆购置税、车船税、印花税、契税、烟叶税、环境保护税、关税、船舶吨税。关税和船舶吨税由海关征收，因此，目前税务部门征收的税种只有 16 个。税收的分类就是按照一定的标准和方法，对形式或特点相同或相近的税种进行的系统分析、归纳和综合。目前，对税收的分类主要有以下几种。

### 1. 以税收管理和使用权限为标准，可分为中央税、地方税、中央与地方共享税

（1）中央税又被称为国税，是指管辖权和收入支配权划归中央的税收。在我国，中央税包括消费税、关税、车辆购置税、海关代征的进口环节消费税和增值税。

（2）地方税又被称为地税，是指管辖权和收入支配权划归地方各级的税收。在我国，地方税主要有烟叶税、城镇土地使用税、耕地占用税、房产税、城市房地产税、土地增值税、车船税、契税等。

（3）中央与地方共享税又被称为共享税，是指中央与地方共同课征或支配使用的税收。在我国，中央与地方共享税包括增值税、资源税、企业所得税、个人所得税、印花税、城市维护建设税。

按照税收管理和使用权限明确划分中央税、地方税、中央与地方共享税，并完善各种税收体系，是与市场经济原则和公共财政原理相一致的，是实现分税制财政体制的基础。它有利于规范中央与地方之间的财政关系；有利于事权、财权、财力的有机结合；有利于增强宏观调控能力和地方因地制宜地处理区域范围内的公共事务的能力，提高财政管理效率和效益。

**2. 以税收负担能否转嫁为标准，可分为直接税和间接税**

（1）直接税是指由纳税人直接负担、不易转嫁的税种。这种税的纳税人就是负税人。一般我们认为所得税和财产税属于直接税。

（2）间接税是指纳税人能够将税负转嫁给他人负担的税种。这种税的纳税人不一定是负税人。一般我们认为对商品课税属于间接税，如增值税、消费税、关税等。

**3. 以税收的计税依据为标准，可分为从量税和从价税**

（1）从量税，亦称“从量计征”，是指以课税对象的重量、面积、件数、容积等数量指标为依据，采取固定税额计征的税收。在西方国家，从量税也称“单位税”，如美国的酒按加仑㊀计算征税。

（2）从价税，亦称“从价计征”，是指以课税对象的价值或价格为计税依据的税收。增值税、关税、房产税等都属于从价税。

从量税不受商品价格变化的影响，有利于鼓励企业改进商品包装，从而增加企业利润，计算也比较简单，但如果课税对象等级划分过粗则不利于公平税负。从价税受商品价格的影响，即税额随商品价格的提高而增加，随商品价格的下降而减少；税收负担比较合理，但却不利于企业改进商品包装，因为包装费会打入商品价格，从而提高税额。

**4. 以课税对象为标准，可分为流转税、所得税、财产税、资源税和行为税**

（1）流转税又称为商品税，是指以纳税人的商品流转额或非商品流转额为征税对象的一类税，包括增值税、消费税、关税等。

（2）所得税又称为收益税，是指以纳税人的净所得（纯收益或纯收入）为征税对象的一类税，包括个人所得税、企业所得税等。

（3）财产税是指以各类动产和不动产为征税对象的一类税，包括一般财产税、遗产税、赠予税等。

（4）资源税是指以应纳资源税的产品为征税对象的一类税。

（5）行为税是国家为了对某些特定行为进行限制或开辟某些财源而征收的一类税。

以课税对象划分税种是最基本、最常见的一种分类方法。

**5. 以税收与价格的关系为标准，可分为价内税与价外税**

（1）价内税是指在征税对象的价格之中包含有税款的一类税。货款中包含税款，购买方无须另外支付税款，如我国现行的消费税。

㊀ 1加仑（英）≈ 4.546 升；1加仑（美）≈ 3.785 升。

（2）价外税是指税款独立于征税对象的价格之外的税种，我国的增值税是价外税。

**6. 以税收的侧重点或着眼点为标准，可分为对人税与对物税**

（1）早期的对人税是主要着眼于人身因素而征收的税种，如人头税、人丁税。现代的对人税是以作为主体的人为基础并考虑个人具体情况而征收的税种，如所得税。

（2）对物税是指凡着眼于物的因素而征收的税种，如对商品、财产的征税。

**7. 以征税标准是否具有依附性为标准，可分为独立税与附加税**

（1）独立税又称为主税，是指凡无须依附于其他税种而仅依自己的征税标准独立征收的税种。大多数税种均为独立税。

（2）附加税是指附加于其他税种之上征收的税种。狭义的附加税仅指以其他税种的征税额作为自己征收标准的税种；广义的附加税还包括直接以其他税种的征收标准作为自己征收标准的税种。在我国，附加税主要有城市维护建设税、教育费附加等。

**8. 以税收收入形态为标准，可分为实物税与货币税**

（1）实物税是指以实物形式缴纳的税种，主要存在于商品经济不发达的时代和国家。

（2）货币税是指以货币形式缴纳的税种，是市场经济国家最普遍、最基本的税收形式。

# 第二节 税法基础

## 一、税法的概念

### （一）税法的含义

税法是国家制定的用于调整国家和纳税人之间在税收征纳方面的权利和义务关系的法律规范的总称。广义的税法是指一切涉及税收关系的法律规范的总称。狭义的税法仅指由国家最高权力机关以正式立法形式颁布的税收法律，通常冠以“税法”名称。

税收是经济领域内的分配环节，而税法则是反映这一经济活动的上层建筑，税收决定税法，没有税收就没有税法；反之，税法规范税收，没有税法，税收便失去了法律依据，税收活动难以正常进行，国家难以组织财政收入、实现预算。

### （二）税法与其他法律的关系

税法在我国的法律体系中，除自身规定的内容外，在某种情况下也需要援引一些其他法律，税法与其他法律或多或少地有着相关性。此处主要阐述税法与宪法、民法、刑法等最为密切相关的法律之间的关系。

**1. 税法与宪法的关系**

宪法是我国的根本大法，它是制定所有法律、法规的依据和章程，因而也是制定税法的根本依据。《中华人民共和国宪法》（以下简称《宪法》）规定“中华人民共和国公民有依照法律纳税的义务”，从而明确了国家可以向公民征税，并要有法律依据的基本要求。因此，《宪法》的这一规定是立法机关制定税法并据以向公民征税、公民依照税法纳税的最根本的法律依据。《宪法》规定“国家要保护公民的合法收入、财产所有权，保护公民的人身自由不受侵犯等”，因此在制定税法时要规定公民纳税人享有的各项权利以及国家税务机关行使征税权的约束条件，同时还要求税务机关在行使征税权时不侵犯公民纳税人的合法权益等。《宪法》还规定“中国公民在法律面前人人平等”，因此在制定税法时也应遵循这一原则，即要平等对待所有的纳税人，不能因为纳税人的种族、性别、出身、年龄等不同而在税收上给予不平等的待遇。

**2. 税法与民法的关系**

税法与民法有着本质的区别。税法的本质是国家依据政治权力进行征税，是调整国家与纳税人征纳关系的法律规范，这种税收征纳关系不是商品的关系，而是国家意志和强制的关系，其调整方法的主要特点是命令和服从；民法是调整平等主体之间，即公民之间、法人之间、公民与法人之间财产关系和人身关系的法律规范，其调整方法的主要特点是平等、等价和有偿。

税法与民法两者之间又具有联系，当税法的某些规范与民法的规范基本相同时，税法一般援引民法条款。在征税过程中，经常涉及大量的民事权利和义务问题，如印花税中有关经济合同关系的成立、房产税中有关房屋产权的认定等，这些在民法中已有规定，所以在税法中未做另行规定。

**3. 税法与刑法的关系**

税法与刑法有本质的区别，主要表现为调整的范围不同。刑法是关于犯罪、刑事责任与刑罚的法律规范；税法则是调整税收征纳关系的法律规范。

税法与刑法有着密切的联系，主要表现在：两者对违反税法的行为都规定了处罚条款。但应当指出的是，违法与犯罪是两个不同的概念，违反了税法并不一定就是税收犯罪，如我国现行的《中华人民共和国税收征收管理法》(以下简称《税收征管法》) 第六十三条规定：纳税人伪造、变造、隐匿、擅自销毁账簿、记账凭证，或在账簿上多列或不列、少列收入，或经税务机关通知申报而拒不申报或进行虚假的纳税申报，不缴或少缴应纳税款的，由税务机关追缴其不缴或少缴的税款、滞纳金，并处不缴或少缴税款的 0.5 倍以上 5 倍以下的罚款；构成犯罪的，依法追究刑事责任。而《中华人民共和国刑法》(以下简称《刑法》) 第二百零一条规定：纳税人采取欺骗、隐瞒手段进行虚假纳税申报或不申报，逃避缴纳税款数额较大并且占应纳税款 10% 以上的，处 3 年以下有期徒刑或拘役，并处罚金；数额巨大且占应纳税款 30% 以上的，处 3 年以上 7 年以下有期徒刑，并处罚金。从上面可以看出，两者之间的区别就在于情节是否严重，轻者给予行政处罚，重者则要给予刑事处罚。

**4. 税法与行政法的关系**

税法与行政法有十分密切的联系，主要表现为税法具有行政法的一般特性。税收实体法和税收程序法中都有大量内容是对国家机关之间、国家机关与法人或自然人之间的法律关系的调整。在税收法律关系中，居于领导地位的一方总是国家，这体现国家单方面意志，不需要征纳双方意思表示完全一致。另外，税收法律中争议的解决一般按照行政复议程序和行政诉讼程序进行。

税法与行政法也有一定的区别。与一般行政法所不同的是，税法具有经济分配的性质，并且经济利益由纳税人向国家无偿单方面转移，这是一般行政法所不具备的。几乎每一个社会再生产的环节都有税法的参与与调节，其广度和深度是一般行政法所不能比的。另外，行政法大多为授权性法规，所含的少数义务性规定也不像税法一样涉及货币收益的转移，而税法则是一种义务性法规。

### （三）税法的地位与作用

**1. 税法的地位**

税法是我国法律体系的重要组成部分，其地位是由税收在国家经济活动中的重要性决定的。一方面税收收入是政府取得财政收入的主要来源，而财政收入是维持国家机器正常运转的经济基础；另一方面，税收是国家宏观调控的经济杠杆和重要手段。因此，税法是调整国家与企业和公民个人收入分配关系的最基本、最直接的方式，特别是在市场经济条件下，税收收入的上述两项功效表现得非常明显和直接。税与法密不可分，有税必有法，无法不成税。现代国家大多奉行立宪征税、依法治税的原则，即政府的征税权由宪法授予，税收法律需经立法机关批准，税务机关履行职责必须依法办事，税务争讼要按法定程序解决。简而言之，国家的一切税收活动均以法定形式表现出来，因此，税法属于国家法律体系中一个重要的部门法，它是调整国家与各个经济单位及公民个人分配关系的基本法律规范。

**2. 税法的作用**

（1）税法是国家宏观调控经济的法律手段。

我国建立和发展社会主义市场经济体制的一个重要改革目标就是国家从过去习惯于运用行政手段直接管理经济向主要运用经济、法律手段宏观调控经济转变。税收作为国家宏观调控经济的重要手段，通过制定税法，以法律的形式确定国家与纳税人之间的利益分配关系，调节社会成员的收入水平，调整产业结构，促进社会资源的优化配置，使之符合国家宏观经济的发展。

（2）税法是国家组织财政收入的法律保障。

为了维护国家机器的正常运转以及促进国民经济健康有序发展，国家必须筹集大量的资金，即组织国家财政收入；为了保证税收组织财政收入职能的发挥，必须通过制定税法，以法律的形式确定企业、单位和个人履行纳税义务的具体项目、数额和纳税程序，惩治偷逃税款的行为，防止税款流失，保证国家依法征税，及时足额地取得税收收入。针对我国现阶段税费并存的宏观分配格局，今后一段时间，我国实施税制改革的一个重要目的就是要逐步提高税收占国民生产总值的比重，以保障财政收入。

（3）税法能有效地保护纳税人的合法权益。

税法能有效地保护纳税人的切身利益。如果税务机关随意征税，就会侵犯纳税人的合法权益，影响纳税人的正常经营，这是法律所不允许的。因此，税法在确定税务机关征税权力和纳税人履行纳税义务的同时，相应规定了税务机关必须尽到的义务和纳税人应该享有的权利，如纳税人享有延期纳税权、申请减税免税权、多缴税款要求退还权、不服税务机关的处理决定申请复议或提起诉讼权等。税法还严格规定了对税务机关执法行为的监督制约制度，如进行税收征收管理必须按照法定的权限和程序行事，造成纳税人合法权益损失的要承担赔偿责任等。所以，税法不仅是税务机关征税的法律依据，同时也是纳税人保护自身合法权益的重要法律依据。

（4）税法是维护国家权益，有力促进国际经济交往的可靠保证。

在国际经济交往中，任何国家对在本国境内从事生产、经营的外国企业或个人都拥有税收管辖权，这是国家权益的具体体现。我国自改革开放以来，在平等互利的基础上，不断扩大和发展同各国、各地区的经济交流与合作，利用外资，引进技术的规模、渠道和形式都有了很大发展。我国在建立和完善涉外税法的同时，还同80多个国家和地区签订了避免双重征税的协定。这些税法规定既维护了国家的权益，又为鼓励外商投资，保护国外企业或个人在华合法经营，发展国家间平等互利的经济技术合作关系提供了可靠的法律保障。

## （四）税收法律体系

税法作为法律规范来说，具有与国家法律体系中其他法律一样的共性。但是，由于它所调整的法律关系对象不同，又是一个独立的法律体系，因而具有与其他法律不同的特征，如税与法共存、税收征税主体的固定性、税收权利和义务不完全对等，等等。一般来说，严密的税收法律体系应包括以下几个方面的内容。

（1）税收法律。税收法律是指由权力机关（立法机关，在我国是全国人民代表大会及其常务委员会）通过的税收法律，通常由宪法、税收基本法、税收实体法和税收行政法及刑法等构成。

（2）宪法。《宪法》第十二条规定："社会主义的公共财产神圣不可侵犯。国家保护社会主义的公共财产。禁止任何组织或者个人用任何手段侵占或者破坏国家的和集体的财产。"税法规定应当由纳税人（单位或个人）上缴国家的税款，其财产所有权依法为国家所有，任何纳税人拖欠、抗缴国家税款，或其他诸如隐匿、瞒报、弄虚作假、少报应税所得的行为，均应被视为对国家财产的侵犯，是违反宪法并应受到法律制裁的行为。《宪法》第五十六条规定："中华人民共和国公民有依照法律纳税的义务。"

（3）税收基本法。税收基本法是在宪法的规定下专门制定的用以系统全面调整税收法律关系的法律，是税收法律关系领域内的基本法律，在宪法与税收部门法之间担负着承上启下的作用。税收基本法的内容包括：立法的原则、宗旨，税收原则，税法管辖，税务机关的法律地位及其权利义务、纳税人的法律地位及其权利义务、税收行政执法、税务司法。其中，税务机关、纳税人的法律地位及其权利义务是其核心内容，税收执法和税收司法是其重要内容。

（4）税收实体法。税收实体法是对国家征收的各种税种进行具体规定的法律。目前，我国的税收实体法主要包括税收法律和税收行政法规两种方式。前者包括全国人民代表大会常务委员会立法通过的《中华人民共和国个人所得税法》（以下简称《个人所得税法》)、《中华人民共和国企业所得税法》(以下简称《企业所得税法》);后者包括国务院颁布的《中华人民共和国增值税暂行条例》(以下简称《增值税暂行条例》)等。

(5)税收行政法。税收行政法是以规范税收行政执法行为为主要内容,对税务机关行政执法、税务机关与纳税人之间的权利义务相互关系及因不当的税收执法而导致的诸如复议、诉讼、赔偿等专门加以规定的法律。2001 年 4 月 28 日颁布的《税收征管法》是我国重要的税收行政法。除此之外,《中华人民共和国行政复议法》(以下简称《行政复议法》)、《中华人民共和国行政诉讼法》(以下简称《行政诉讼法》)、《中华人民共和国国家赔偿法》(以下简称《国家赔偿法》)的有关内容也是税收行政法体系的重要组成部分。

(6)刑法。1997 年 3 月修订的《中华人民共和国刑法》对涉及危害税收征管的犯罪行为增设了"危害税收征管罪"一节。

(7)税收行政法规。税收行政法规是指国家最高行政机关(在我国是中华人民共和国国务院)制定和颁布的有关国家行政管理活动的各种规范性文件,一般使用条例、办法、规则、规定等名称,其地位高于地方各级权力机关制定和颁布的各种规范性文件。2002 年国务院发布的《中华人民共和国税收征收管理法实施细则》(以下简称《征管法实施细则》)就属于税收行政法规。

(8)地方性法规。在我国,各省、自治区、直辖市的人民代表大会及其常务委员会,根据本行政区域的具体情况和实际需要,在同宪法、法律、行政法规不相抵触的前提下,可以制定地方性法规,发布决议和决定。县级以上地方各级人民政府发布决定和命令,其中带有规范性的法律文件,也是法律形式之一。民族自治地区的人民代表大会有权依照当地民族的政治、经济和文化的特点,制定自治条例和单行条例。地方性法规的生效范围受到一定的约束,其只能在各政权机关管辖的范围内生效。

## 第三节 税法原则

税法的原则反映税收活动的根本属性,是税收法律制度建立的基础。税法原则包括税法基本原则和税法适用原则。

### 一、税法基本原则

税法基本原则是统领所有税收规范的根本准则,是包括税收立法、执法、司法在内的一切税收活动所必须遵守的。

#### (一)税收法定原则

党的十八届三中全会审议通过的《中共中央关于全面深化改革若干重大问题的决定》中提出了"落实税收法定原则"。这是我国在党的文件中首次明确提出税法原则中这一最根本的原则。

税收法定原则又称为税收法定主义,是指税法主体的权利义务必须由法律加以规定，税法的各类构成要素都必须且只能由法律予以明确。如果没有响应法律作为前提，国家则不能征税，公民也没有纳税的义务。税收法定原则贯穿税收立法和执法的全部领域，其内容包括税收要件法定原则和税务合法性原则。

税收要件法定原则是指有关纳税人、课税对象、课税标准等税收要件必须以法律形式做出规定，且有关征税要素的规定必须尽量明确。具体来说，它要求：

（1）国家开征的任何税种都必须由法律进行专门确定才能实施。

（2）国家对任何税种征税要素的变动都应当按相关法律的规定进行。

（3）征税的各个要素应当由法律做出专门的规定，这种规定还应当尽量明确。如果规定得不明确则定会产生漏洞或者歧义。在税收的立法过程中对税收的各要素加以规定之后，还应当采用恰当准确的用语，使之明确化，尽量避免使用模糊性的文字。

税务合法性原则是指税务机关按法定程序依法征税，不得随意减征、停征或免征，无法律依据不征税。具体来说，它要求：

（1）立法者在立法的过程中对各个税种征收的法定程序加以明确规定。这既可以使纳税得以程序化，提高工作效率，节约社会成本，又尊重并保护了税收债务人的程序性权利，促使其增强纳税的意识。

（2）征税机关及其工作人员在征税过程中，必须按照税收程序法和税收实体法的规定行使自己的职权，履行自己的职责，充分尊重纳税人的各项权利。

### （二）税收公平原则

一般认为，税收公平原则包括税收横向公平和纵向公平，即税收负担必须根据纳税人的负担能力分配：负担能力相等，税负相同；负担能力不等，税负不同。税收公平原则源于法律上的平等性原则，所以许多国家的税法在贯彻税收公平原则时，都特别强调“禁止不平等对待”的法理，禁止给予特定纳税人歧视性对待，也禁止在没有正当理由的情况下给予特定纳税人特别优惠。

### （三）税收效率原则

税收效率原则包含两方面：一是经济效率；二是行政效率。前者要求税法的制定要有利于资源的有效配置和经济体制的有效运行，后者要求提高税收行政效率，节约税收征管成本。

### （四）实质课税原则

实质课税原则指应根据客观事实确定是否符合课税要件，并根据纳税人的真实负担能力决定纳税人的税负，而不能仅考虑相关外观和形式。

## 二、税法适用原则

税法适用原则是指税务行政机关和司法机关运用税收法律规范解决具体问题所必须遵循的准则。税法适用原则并不违背税法基本原则，而且在一定程度上体现着税法基本原则。

但是与其相比，税法适用原则含有更多的法律技术性准则，更为具体化，包括以下内容。

**1. 法律优位原则**

法律优位原则的基本含义为法律的效力高于行政立法的效力。法律优位原则在税法中的作用主要体现在处理不同等级税法的关系上。法律优位原则明确了税收法律的效力高于税收行政法规的效力，对此还可以进一步推论为税收行政法规的效力优于税收行政规章的效力。效力低的税法与效力高的税法发生冲突，效力低的税法是无效的。

**2. 法律不溯及既往原则**

法律不溯及既往原则是绝大多数国家所遵循的法律程序技术原则。其基本含义为：一部新法实施后，新法实施之前人们的行为不得适用新法，而只能沿用旧法。在税法领域内坚持这一原则，目的在于维护税法的稳定性和可预测性，使纳税人能在知道纳税结果的前提下做出相应的经济决策。这样，税收的调节作用才会较为有效。

**3. 新法优于旧法原则**

新法优于旧法原则也称后法优于先法原则。其含义为：新法、旧法对同一事项有不同规定时，新法的效力优于旧法。其作用在于避免因法律修订带来新法、旧法对同一事项有不同规定而引起法律适用的混乱，为法律的更新与完善提供法律适用上的保障。新法优于旧法原则在税法中普遍适用，但是当新税法与旧税法处于普通法与特别法的关系时，以及某些程序性税法引用“实体从旧，程序从新原则”时，可以例外。

**4. 特别法优于普通法原则**

特别法优于普通法原则的含义为对同一事项两部法律分别定有一般和特别规定时，特别规定的效力高于一般规定的效力。特别法优于普通法原则打破了税法效力等级的限制，即居于特别法地位的级别较低的税法，其效力可以高于作为普通法的级别较高的税法。

**5. 实体从旧，程序从新原则**

实体从旧，程序从新原则的含义包括两个方面：一是实体税法不具备溯及力，即在纳税义务的确定上，以纳税义务发生时的税法规定为准，实体性的税法规则不具有向前的溯及力；二是程序性税法在特定条件下具备一定的溯及力，即对在新税法公布实施之前发生，却在新税法公布实施之后进入税款征收程序的纳税义务，原则上新税法具有约束力。

**6. 程序优于实体原则**

程序优于实体原则是关于税收诉讼法的原则。其基本含义为：在诉讼发生时税收程序法优于税收实体法。适用这一原则，是为了确保国家课税权的实现，不因争议的发生而影响税款的及时、足额入库。

## 第四节 税法要素

### 一、税法要素的含义

税法要素，是各种单行税法具有的基本要素的总称。首先，税法要素既包括实体性的，也包括程序性的；其次，税法要素是所有完善的单行税法共同具备的，仅为某一税法所单独具有而非普遍性的内容，不构成税法要素，如扣缴义务人。

## 二、税法要素的内容

税法要素一般包括总则、纳税义务人、征税对象、税目、税率、纳税环节、纳税期限、纳税地点、减税免税、罚则、附则等项目。

### （一）总则

总则主要包括立法依据、立法目的、适用原则等。

### （二）纳税义务人

纳税人是纳税义务人的简称，是税法明确规定的直接向税务机关负有纳税义务的单位和个人；纳税人包括自然人和法人。自然人是指居民或公民个人，法人是指具有法人资格的单位或组织。就企业而言，其法人资格至少应同时具备以下条件：①依法成立，必须在政府管理部门登记注册，有合法的独立的经营条件和完备的手续，并取得政府和法律的正式承认；②必须有独立的经济核算权，而不是企业内部的下属单位或只有核算形式的附属单位；③能够独立对外与其他经济组织签订合同、协议和办理其他各种经济业务；④能够独立承担民事上的财产义务以及能以自己的名义参加民事活动和诉讼。

纳税人中的法人和自然人并不是按税种截然分开的，大部分税种都是同时面向法人和个人的；另外按国际惯例，独资企业、合伙企业不是法人。尽管独资企业、合伙企业可以以企业名义与外界开展业务活动，但却不能以企业的名义纳税，独资企业、合伙企业均是以独资者个人或合伙人个人的形式交纳所得税，因此独资企业、合伙企业不是纳税人。

另外，需要说明的是，除了纳税人外，还应注意扣缴义务人、负税人等。扣缴义务人，是指税法规定负有代扣代缴、代收代缴义务的单位和个人。它虽然不直接负担纳税义务，但我国税法仍把它作为纳税主体，扣缴义务人所承担的权利义务与纳税人基本相同。负税人是指最终负担税款的单位和个人。

### （三）征税对象

征税对象又叫征税客体，它是应该承担某种税的对象。它表明国家应对什么进行征税，纳税人应就什么纳税。

征税对象是确立税种的重要标志，通常征税对象不同，税种也就不同，如企业所得税是以企业应征税所得额为征税对象的税；增值税是以产品增值额为征税对象的税；消费税是以应税消费品的销售额或销售数量为征税对象的税。征税对象体现了不同税种的根本界限。

与征税对象密切相关的概念还有纳税依据，又称计税依据、计税标准或税基，它是计算应纳税额的直接依据。不同税种，其纳税依据是不同的，比如营业税的纳税依据是营业额，所得税的纳税依据是所得额，消费税的纳税依据是销售额或销售数量。如果纳税依据是价值形态，那么征税对象和纳税依据是一致的；如果纳税依据是实物形态，那么征税对象和纳税依据一般不一致，如车船使用税，其征税对象是车辆、船舶，而纳税依据却是车船的吨位。

### （四）税目

税目是在税法中对征税对象分类规定的具体的征税项目，反映具体的征税范围，是对课税对象质的界定。设置税目的目的，首先是明确具体的征税范围，凡列入税目的即为应税项目，未列入税目的，则不属于应税项目；其次，划分税目也是贯彻国家税收调节政策的需要，国家可根据不同项目的利润水平以及国家经济政策等为依据制定高低不同的税率，以体现不同的税收政策。并非所有的税种都需要规定税目，有些税种不分课税对象的具体项目，一律按照课税对象的应税数额采用同一税率计征税款，因此，一般无须设置税目，如企业所得税。有些税种具体课税对象比较复杂，需要规定税目，如消费税、增值税等，一般都规定有不同的税目。

### （五）税率

税率是指应纳税额与征税对象数额之间的比例，它表明国家征税的深度、纳税人负担税负的轻重。税率是税收制度中的核心问题，税率高低直接关系到国家财政收入和纳税人税收负担。

税率是发挥税收杠杆作用的重要手段，国家对同一税种制定高低各异的税率，往往体现出国家鼓励什么、限制什么的奖限政策。税率可以采用百分比表示，也可以采用绝对额表示。由此，我们常将税率分为比例税率、累进税率和定额税率三种类型。

**1. 比例税率**

比例税率是指对同一征税对象只规定一个征税比例的税率。比例税率常用于流转额的征税，如增值税率为16%，消费税率为10%；它不因产品或销售额数量的不同而改变。比例税率计算简便，征税方便，但不能调节收入悬殊的情况。

**2. 累进税率**

累进税率又称等级税率，是指按照征税对象的数额大小，规定不同等级的税率。征税对象数额越大，征收的税率越高；反之，征税对象数额越小，征收的税率越低。这种税率多运用于对所得额的征税，如个人所得税率。这种税率调节作用明显。累进税率又可具体划分为以下三种类型。

（1）全额累进税率。它是指对征税对象的全部数额都按照与之相应的等级税率征税的税率。由于全额累进税率在两个级距的临界部分常出现税负增加超过所得额的不合理现象，所以在实践中很少被采用。

（2）超额累进税率。它把征税对象按数额的大小分成若干等级，每一等级规定一个税率，分别计算税额，税率依次提高；当征税对象数额增加，需要提高一级税率时，只对增加的部分按提高一级的税率计征税额。这样，同一纳税人要适用几个税率来计算应纳税额，最后将计算结果相加，从而得出应纳税额。这种税率能调节不同收入的差别，体现了合理负担的原则，我国目前的个人所得税就采用该种税率。

（3）超倍累进税率。它把征税对象的一定数额作为一个基数，以此基数为1倍，按不同超倍数采用不同的累进税率计征。它其实是超额累进税率的变形，我国原来的个人工资调节税曾采用该种税率。

**3. 定额税率**

定额税率又称固定税额，是指根据课税对象计量单位直接规定固定的征税数额。征税对象的计量单位可以是重量、数量、面积、体积等自然单位，也可采用复合计量单位，如资源税中的天然气以千立方米为计量单位。显然，定额税率一般适用于从量征收的税种。定额税率使用方便、简单明了，税额不受征税对象价格和生产经营成本变动的影响。

### （六）纳税环节

纳税环节是指征税对象按其在社会再生产过程中的分布或运动状况应缴纳税款的环节。它在商品征税方面具有重要意义，以至于人们往往认为纳税环节是运用于商品征税领域的特殊概念。税法规定了在产品流转过程中应纳税额在什么环节缴纳，如对一种产品，可以选择在生产环节纳税，也可选择在批发、零售环节纳税，同时也可以在每个环节都纳税。我国现行税制对产品流转采用每道环节都征税的办法，同时采用对增值额征税，以克服重复征税和税负不平衡的现象。

### （七）纳税期限

纳税期限是税法所规定的纳税人应该履行纳税义务、缴纳税款的时间限制。合理规定和严格执行纳税期限，对于保证财政收入的及时性和财政收支平衡有重要作用，纳税人应该依法在规定的纳税期限内缴纳税款，并应根据纳税期限，合理安排现金量，保证足额、及时纳税。

通常，根据纳税人的具体情况和特点，纳税期限可以分为以下三种。

**1. 按期纳税**

根据我国增值税法规定，增值税应根据纳税人的生产经营情况和税额大小，分别由主管税务机关核定为1日、3日、5日、10日、15日、30日为一期，逐期计算纳税。

**2. 按次纳税**

我国对进出口商品应纳增值税，是在纳税人发生纳税义务后，按次计算缴纳的。

**3. 按时预缴**

它指按规定的时间提前预缴。比如，我国企业所得税，就是采用按月或按季预缴的方式，待年终再进行汇算清缴。

### (八) 纳税地点

纳税地点是指纳税人申报、缴纳税款的场所，包括机构所在地、经济活动发生地、财产所在地、报关地等。

### (九) 减税免税

减税免税是对某些纳税人和征税对象采取减少或者免予征税的特殊规定。

### (十) 罚则

罚则主要是对纳税人违反税法的行为采取的处罚措施。

### (十一) 附则

附则一般都规定与该法紧密相关的内容，如该法的解释权、生效时间等。

## 第五节 税收立法

### 税收管理体制的概念

税收管理体制是指在各级国家机构之间划分税收管理权限的制度。税收管理权限，包括税收立法权、税收法律法规的解释权、税种的开征或停征权、税目和税率的调整权、税收的加征和减免权等。如果按大类划分，我们可以简单地将税收管理权限划分为税收立法权和税收执法权两类。税权的划分有纵向划分和横向划分的区别。纵向划分是指税权在中央与地方国家机构之间的划分；横向划分是指税权在同级立法、司法、行政等国家机构之间的划分。我国的税收管理体制是税收制度的重要组成部分，也是财政管理体制的重要内容。

### (一) 税收立法的含义

税收立法是国家立法机关或其授权的机关根据一定的立法程序，制定税收法律规范的一系列活动。它是国家整个立法工作的重要组成部分，包括制定、修改和废止税收法律等环节。通过税收立法，一方面要确定国家、集体、个人之间的税收分配关系，以及我国与外国政府或外籍人员的税收权益分配关系；另一方面要制定正确处理这些关系所必须遵守的程序和准则。

只有对税收立法，才能做到有法可依，避免“以权代法、以言代法”等问题的出现。做好税收立法工作，对正确处理国家、集体、个人之间及中央与地方政府之间的经济利益关系，促进税务机关依法征税和依法行政，维护纳税人的合法权益，促进经济的良性运行和发展，保证国家财政收入等，都具有积极的现实意义。

## （二）税收立法原则

税收立法原则是指在税收立法活动中必须遵循的准则。我国的税收立法原则是根据我国的社会性质和具体国情确定的，是立法机关根据社会经济活动、经济关系，特别是税收征纳双方的特点确定的，并贯穿于税收立法工作始终的指导方针。税收立法主要应遵循以下五项原则。

### 1. 从实际出发

从实际出发，这是唯物主义的思想路线在税收立法实践中的运用和体现。贯彻这一原则，首先，要求税收立法必须根据经济、政治发展的客观需要，反映客观规律，也就是从我国国情出发，充分尊重经济社会发展规律和税收分配理论。其次，要客观反映一定时期，国家、社会、政治、经济等各方面的实际情况，既不能被某些条条框框束缚，也不能盲目抄袭别国的立法模式；在此基础上，充分运用科学知识和技术手段，不断丰富税收立法理论，完善税法体系，以适应社会主义市场经济发展的客观需要。

### 2. 公平

在税收立法中一定要体现公平原则。所谓公平，就是要体现合理负担原则。在市场经济体制下，参加市场竞争的各个主体需要有一个平等竞争的环境，而税收的公平是实现平等竞争的重要条件。公平主要体现在以下三个方面：一是从税收负担能力来看，负担能力大的应多纳税，负担能力小的应少纳税，没有负担能力的不纳税；二是从纳税人所处的生产和经营环境来看，由于客观环境优越而取得超收入或级差受益者应多纳税，反之则少纳税；三是从税负平衡来看，不同地区、不同行业间及多种经济成分之间的实际税负必须尽可能公平。

### 3. 民主决策

民主决策主要指在税收立法过程中必须充分倾听群众的意见，严格按照法定程序进行，确保税收法律能体现广大群众的根本利益。坚持这一原则，要求税收立法的主体应以人民代表大会及其常务委员会为主，按照法定程序进行；对税收法案的审议，要进行充分的辩论，倾听各方面的意见；税收立法过程要公开化，让广大人民群众及时了解税收立法的全过程，以及立法过程中各个环节的争论和如何达成共识的情况。

### 4. 原则性与灵活性相结合

在制定税法时，要求明确、具体、严谨、周密。但是，为了保证税法制定后在全国范围内，在各个地区都能贯彻执行，不致与现实脱节，又要求在制定税法时，不能规定得过细、过死，这就要求必须坚持原则性与灵活性相结合。具体来讲，就是必须贯彻法制的统一性与因时、因地制宜相结合。法制的统一性，表现在税收立法上，就是税收立法权只能由国家最高权力机关来行使，各地区、各部门不能擅自制定违反国家法律的“土政策”“土规定”。但是，我国又是一个幅员辽阔、人口众多、多民族的国家，各地区的经济文化发展水平不平衡，因而对不同地区不能强求一致。因此，为了照顾不同地区特别是少数民族地区不同的情况和特点，为了充分发挥地方的积极性，在某些情况下，允许地方在遵守国家法律、法规的前提下，制定适合当地的实施办法等。因此，只有贯彻这一原则，才能制定出既符合全国统一性要求又能适应各地区实际情况的税法。

**5. 法律的稳定性、连续性与废、改、立相结合**

制定税法是与一定的经济基础相适应的。税法一旦制定，在一定阶段内就要保持其稳定性，不能朝令夕改、变化不定。税法经常变动，不仅会破坏税法的权威性和严肃性，而且会给国民经济生活造成非常不利的影响。但是，这种稳定性不是绝对的，因为社会政治、经济状况是不断变化的，税法也要进行相应的发展变化。这种发展变化具体表现在：有的税法已经过时，需要废除；有的税法部分失去效力，需要修改、补充；根据新的情况，需要制定新的税法。此外，还必须注意保持税法的连续性，即税法不能中断，在新的税法未制定前，原有的税法不应随便中止、失效；在修改、补充原有的税法和制定新的税法时，应保持与原有税法的承续关系，应在原有税法的基础上，结合新的实践经验，修改、补充原有的税法和制定新的税法。只有遵循这一原则，才能制定出符合社会政治、经济发展规律的税法。

### （三）税法立法机关

根据《中华人民共和国宪法》《中华人民共和国全国人民代表大会组织法》《中华人民共和国国务院组织法》及《中华人民共和国地方各级人民代表大会和地方各级人民政府组织法》的规定，我国的立法体制是：全国人民代表大会及其常务委员会行使立法权，制定法律；国务院及所属部委，有权根据宪法和法律制定行政法规和规章；地方人民代表大会及其常务委员会，在不与宪法、法律、行政法规相抵触的前提下，有权制定地方性法规，但要报全国人大常委会和国务院备案；民族自治地方的人大有权依照当地民族政治、经济和文化的特点，制定自治条例和单行条例。

各有权机关根据国家立法体制规定所制定的一系列税收法律、法规、规章和规范性文件，构成了我国的税收法律体系。税法有广义和狭义之分。广义概念上的税法包括所有调整税收关系的法律、法规、规章和规范性文件，是税法体系的总称；而狭义概念上的税法，特指由全国人民代表大会及其常务委员会制定和颁布的税收法律。由于制定税收法律、法规和规章的机关不同，其法律级次不同，因此其法律效力也不同。

**1. 全国人民代表大会及其常务委员会制定的税收法律**

《宪法》第五十八条规定："全国人民代表大会及其常务委员会行使国家立法权。"其他任何机关都没有制定税收法律的权力。在国家税收中，凡是基本的、全局性的问题，如国家税收的性质、税收法律关系中征纳双方权利与义务的确定，税种的设置，税目、税率的确定等，都需要由全国人大及其常委会以税收法律的形式制定实施，并且在全国范围内，无论对国内纳税人，还是涉外纳税人都普遍适用。

**2. 全国人大或人大常委会授权立法**

授权立法是指全国人民代表大会及其常务委员会根据需要，授权国务院制定某些具有法律效力的暂行规定或者条例。授权立法与制定行政法规不同。国务院经授权立法制定的规定或条例等，具有国家法律的性质和地位，它的法律效力高于行政法规，在立法程序上还须报全国人大常委会备案。

**3. 国务院制定的税收行政法规**

国务院作为最高国家权力机关的执行机关，是最高的国家行政机关，拥有广泛的行政立法权。我国的《宪法》规定，国务院可“根据宪法和法律，规定行政措施，制定行政法规，发布决定和命令”。行政法规作为一种法律形式，在中国法律形式中处于低于宪法、法律和高于地方法规、部门规章、地方规章的地位，也是在全国范围内普遍适用的。

**4. 地方人民代表大会及其常务委员会制定的税收地方性法规**

根据《中华人民共和国地方各级人民代表大会和地方各级人民政府组织法》的规定，省、自治区、直辖市的人民代表大会以及省、自治区的人民政府所在地的市和经国务院批准的较大的市的人民代表大会有制定地方性法规的权力。由于我国在税收立法上坚持“统一税法”的原则，因此，地方权力机关制定税收地方性法规不是无限制的，而是要严格按照税收法律的授权行事。

**5. 国务院税务主管部门制定的税收部门规章**

我国《宪法》第九十条规定：“国务院各部、各委员会根据法律和国务院的行政法规、决定、命令，在本部门的权限内，发布命令、指示和规章”，有权制定税收部门规章的税务主管机关是财政部、国家税务总局及海关总署。其制定规章的范围包括对有关税收法律、法规的具体解释，税收征收管理的具体规定、办法等。

**6. 地方政府制定的税收地方规章**

根据《中华人民共和国地方各级人民代表大会和地方各级人民政府组织法》的规定，省、自治区、直辖市的人民代表大会以及省、自治区的人民政府所在地的市和经国务院批准的较大的市的人民代表大会有制定地方性法规的权力。按照“统一税法”的原则，上述地方政府制定税收地方性法规，都必须在税收法律、法规明确授权的前提下进行，并且不得与税收法律、行政法规相抵触。没有税收法律、法规的授权，地方政府是无权自定税收规章的，凡是越权自定税收规章的没有法律效力。

### （四）税法立法程序

税法立法程序是指有权的机关在制定、认可、修改、补充、废止等税收立法活动中必须遵循的法定步骤和方法。目前，我国税收立法程序主要包括以下几个阶段。

**1. 提议阶段**

无论是税法的制定，还是税法的修改、补充和废止，一般由国务院授权其税务主管部门（财政部、国家税务总局及海关总署）负责立法的调查研究等准备工作，并提出立法方案或税法草案，上报国务院。

**2. 审议阶段**

税收法规由国务院负责审议。税收法律在经国务院审议通过后，以议案的形式提交全国人民代表大会或其常务委员会的有关工作部门，在广泛征求意见并做修改后，提交全国人民代表大会或其常务委员会审议通过。

**3. 通过和公布阶段**

税收行政法规，由国务院审议通过后，以国务院总理名义发布实施。税收法律，在全国人民代表大会或其常务委员会开会期间，先听取国务院关于制定税法议案的说明，然后经过讨论，以简单多数的方式通过后，以国家主席名义发布实施。

## 第六节 税收执法

税法的实施就是税法的执行。它包括税收执法及守法两个方面：一方面要求税务机关及税务人员正确运用税收法律，并对违法者实施制裁；另一方面，要求税务机关、税务人员、公民、法人、社会团体及其他组织严格遵守税收法律。

由于税法具有多层次的特点，因此在税收执法过程中，对其适用性或法律效力的判断，一般按以下原则掌握：一是层次高的法律优于层次低的法律；二是同一层次的法律中，特别法优于普通法；三是国际法优于国内法；四是实体法从旧，程序法从新。所谓遵守税法，是指税务机关及税务人员都必须遵守税法的规定，严格依法办事。遵守税法是保证税法得以顺利实施的重要条件。

税收执法权和行政管理权是国家赋予税务机关的基本权力，是税务机关实施税收管理和系统内部行政管理的法律手段。其中税收执法权是指税务机关依法征收税款，依法进行税收管理活动的权力。具体包括税款征收管理权、税务检查权、税务稽查权、税务行政复议裁决权及其他税务管理权。

### 一、税务机关设置

根据我国经济和社会发展及实行分税制财政管理体制的需要，现行税务机构设置是中央政府设立国家税务总局，省及省以下税务机构分为国家税务局和地方税务局两个系统，另由海关总署及下属机构负责关税征收管理和受托征收进出口增值税、消费税等税收。

国家税务总局对国家税务总局系统实行机构、编制、干部、经费的垂直管理，协同省级人民政府对省级地方税务局实行双重领导。

国家税务局系统包括省、自治区、直辖市国家税务局，地区、地级市、自治州、盟国家税务局，县（县级市、旗）国家税务局，征收分局和税务所。征收分局和税务所是县级国家税务局的派出机构，前者一般按照行政区划、经济区划或者行业设置，后者一般按照经济区划或者行政区划设置。

省级国家税务局是国家税务总局直属的行政机构，是本地区主管国家税收工作的职能部门，负责贯彻执行国家的有关税收法律、法规和规章，并结合本地实际情况制定具体实施办法。

地方税务局系统包括省、自治区、直辖市地方税务局，地区、地级市、自治州、盟地方税务局，县（县级市、旗）地方税务局，征收分局，税务所。省以下地方税务局实行上级税务机关和同级政府双重领导，以上级税务机关垂直领导为主的管理体制。

省级地方税务局是省级人民政府所属的主管本地区地方税收工作的职能部门，实行地方政府和国家税务总局双重领导，以地方政府领导为主的管理体制。

国家税务总局对省级地方税务局的领导，主要体现在税收政策、业务的指导和协调，对国家统一的税收制度、政策的监督，组织经验交流等方面。

**最新的改革动态：国税、地税合并敞开制度变革红利大门**

延续了24年的国税地税收征管体制画上句号。在全国统一的税收标尺下，企业能同等地履行缴税业务，并均等地享受税收减免政策，这直接降低了缴税成本，彰显了执法逻辑严肃性，税法权威性与公平性得到了有效维护与充分体现。

全国36个省（自治区、直辖市）级及计划单列市国税局、地税局于2018年6月15日合并且统一挂牌。国税地税征管体制改革迈出阶段性关键一步。按计划，7月底之前市、县级税务局将逐级分步完成集中办公、新机构挂牌，延续了24年的国税地税收征管体制至此画上了句号。

除了20世纪80年代初期的“利改税”之外，1994年实行的“分税制”也算得上是我国税收征管历史上一次力度空前的改革。“分税制”之前，省和省以下只有一个税务局，负责征收当地所有税收和非税收入，汇总之后由中央从总量中抽成，这种制度设计的弊端在于，不少地方将税收收入转为非税收入或采用减免企业税收的方法截留税收，致使中央财政占整体财政收入的比重持续下降，中央政府对国民经济的宏观调控能力大为削弱。实行“分税制”后，国税和地税机构分设作为配套措施正式推行，国税局负责征收中央税、中央与地方共享税，地税局主要负责征收地方税，而在地方税种中，营业税是最大税种。

自此，中央财政收入得到了大幅持续上升，但2016年实行的“营改增”实际预示着“分税制”进入了尾声。“营改增”之后，不仅是占地方税收收入33%的营业税不复存在，而且因为增值税是共享税，税收征管职能自然就转移到了国税局，但国税系统以一半的人员征收了全国近75%的税收收入，征管压力巨大，而营业税消失后地方主体税种缺失，地税部门征管任务大幅减少，且因地方税务局仅在业务上归属国家税务总局领导，人事却由同级政府决定，国税局很难从横向上调配人员，即便是国税局将部分征税职能委托给了地税局，但随后又出现了职责交叉及重复征税现象。显然，如果继续沿用国税、地税分设体制，不仅将增加两者之间的协调成本，降低税务部门征管效率，更容易给纳税人造成不必要的麻烦与负担。

有人说，24年后国税、地税再度走到一起，印证了“分久必合，合久必分”的那句老话，但我们觉得不能对此做出如此机械化的理解，毕竟不同的改革阶段有着不同的目标设定，而每个阶段的机构调整都须对准相应的改革目标，比如“分税制”

所对应的就是当时刚建立的“社会主义市场经济体制”框架，既要调动地方积极性，又要强化中央宏观调控能力；而新一轮财税体制改革所对应的则是要建立“国家治理体系和治理能力现代化”的制度基础，其重点是“适度加强中央事权和直接支出比重”，要是没有统一的税收制度体系及统一的征税运行机制保驾护航，推进国家治理改革的目标可能就是纸上谈兵。

事实上，顺应了“互联网+税务”的时代要求，通过连续三期“金税工程”的推动，国税与地税之间已联网运行，并在全国推行，两局合并的技术条件早已成熟。而在实质性的合并之后，不仅机构将得到整合，而且人员也将重组甚至精简。虽然撤并、裁减人员是一件非常艰难与棘手的事情，但至少可以保证国税、地税合并之后精简下来的人员能够充实到税务服务、税务监管以及稽查领域，从而加强税收征管的强度与效率。另外，国税、地税合并后还有办公场所、设备等存量资源可以利用与开发，如果将资源的变现用于加强内部硬件与软件的改造与升级，也可节约公共财政的增量开支，实际上也减轻了纳税人的负担。

当然，对纳税人而言，国税、地税合并使缴税成本直接降低才是最能体验到的真实感受。在“分税制”下，许多税种比如资源税，国税、地税都征缴，如果是央企，既要在国税局缴纳资源税，而根据属地管辖原则，还要在地税局缴纳资源税；同样，企业成立的时间不同，如果某一企业兼并收购了几个公司，就必须在国税局和地税局分别缴纳企业所得税。这种企业为缴税而“两头跑”的现象，别的不说，仅办税的跑路费就要凭空增加一倍。国税、地税合并后，纳税人面对的只有一个机构，而且缴税业务可“一厅通办”或者“一网通办”，制度交易成本大大降低。以全国六七千万家企业计，若每家一年跑国税、地税路途重复10次，一次100元，仅这一项，国税、地税合并就可为纳税人节省600亿元，可谓实实在在的红利。

再进一步分析，国税、地税合并所产生的制度变革意义远不止于此，还更深刻地体现在彰显执法逻辑严肃性的层面。基于本地GDP增长的需要，不少地方在招商引资的过程中往往承诺一些税收优惠，这种差异化的税收政策不仅导致地税系统征收效率过低和国家税收流失，而且引发了企业税负不平等及法定税率与实际税率脱节等问题。

以上地税局的存在导致当地政府获得较大程度的自由裁量权进而产生的税收乱象，都将因国税、地税的合并戛然而止。在全国统一的税收标尺下，企业能同等地履行税缴业务与均等地享受税收减免政策，税法的权威性与公平性得到了有效维护与充分体现。当然，可能有企业因税收优惠取消而感受到实际税负的增加，但从总体上而言，税收征管成本大幅降低，势必为将来降低间接税留出了空间，最终利于进一步减轻企业税收负担。对地方政府来说，失去了可以使用的税收优惠权杖，或许会用财政补贴的方式取而代之，但相比隐性的税收优惠，违规的财政补贴更容易被监管，这也会倒逼地方政府将注意力转到致力于改善营商环境和服务层面上来。

## 二、税款征收管理权限划分

我国《税收征管法》第二十八条规定，税务机关依照法律、行政法规的规定征收税款。根据《国务院关于实行财政分税制有关问题的通知》等有关法律、法规的规定，我国现行税制下税收执法管理权限的划分如下所示。

按税种划分中央和地方的收入。将维护国家权益、实施宏观调控所必需的税种划分为中央税；将同国民经济发展直接相关的主要税种划分为中央与地方共享税；将适合地方征管的税种划分为地方税，并充实地方税税种，增加地方税税收收入。对中央税，其税收管理权由国务院及其税务主管部门（财政部和国家税务总局）掌握，由中央税务机构负责征收；对地方税，其管理权由地方人民政府及其税务主管部门掌握，由地方税务机构负责征收；对中央与地方共享税，原则上由中央税务机构负责征收，共享税中地方分享的部分，由中央税务机构直接划入地方金库。

地方自行立法的地区性税种，其管理权由省级人民政府及其税务主管部门掌握。

属于地方税收管理权限，在省级及其以下的地区如何划分，由省级人民代表大会或省级人民政府决定。

除少数民族自治地区和经济特区外，各地均不得擅自开征和停征全国性的地方税种。

经全国人大及其常委会和国务院的批准，民族自治地区可以拥有某些特殊的税收管理权，如全国性地方税种某些税目、税率的调整权以及一般地方税收管理权以外的其他一些管理权等。

经全国人大及其常委会和国务院的批准，经济特区也可以在享有一般地方税收管理权之外，拥有一些特殊的税收管理权。

上述地方（包括少数民族自治地区和经济特区）的税收管理权的行使，必须以不影响国家宏观调控和中央财政收入为前提。

涉外税收必须执行国家的统一税法，涉外税收政策的调整权集中在全国人大常委会和国务院，各地一律不得自行制定涉外税收的优惠措施。

根据国务院的有关规定，为了更好地体现公平税负、促进竞争的原则，保护社会主义统一市场的正常发育，在税法规定之外，一律不得减税、免税，也不得采用先征后返的形式变相减、免税。

## 三、税收征收管理范围划分

目前，我国的税收分别由税务、海关等系统负责征收管理。

国家税务局系统负责征收和管理的税种有：增值税、消费税、车辆购置税，各银行总行、各保险总公司集中缴纳的所得税、城市维护建设税，中央企业缴纳的所得税，中央与地方所属企业、事业单位组成的联营企业、股份制企业缴纳的所得税，地方银行、非银行金融企业缴纳的所得税，海洋石油企业缴纳的所得税、资源税，部分企业的企业所得税，证券交易税。地方税务局系统负责征收和管理的税种有：城市维护建设税（不包括上述由国家税务局系统负责征收管理的部分）、部分企业所得税、个人所得税、资源税、城镇土地使用税、耕地占用税、土地增值税、房产税、车船税、印花税、契税。

海关系统负责征收和管理的项目有：关税、船舶吨税，海关系统还负责代征进出口环节的增值税和消费税。

## 四、税收收入划分

根据国务院关于实行分税制财政管理体制的规定，我国的税收收入分为中央政府固定收入、地方政府固定收入和中央政府与地方政府共享收入。

中央政府固定收入包括消费税（含进口环节海关代征的部分）、车辆购置税、关税、海关代征的进口环节增值税等。

地方政府固定收入包括城镇土地使用税、耕地占用税、土地增值税、房产税、车船税、契税。

中央政府与地方政府共享收入主要包括以下几种。

（1）增值税（不含进口环节由海关代征的部分）。中央政府分享 50%，地方政府分享 50%。

（2）企业所得税。中国铁路总公司、各银行总行及海洋石油企业缴纳的部分归中央政府，其余部分，中央政府与地方政府按 60% 与 40% 的比例分享。

（3）个人所得税。除储蓄存款利息所得的个人所得税外，其余部分的分享比例与企业所得税相同。

（4）资源税。海洋石油企业缴纳的部分归中央政府，其余部分归地方政府。

（5）城市维护建设税。中国铁路总公司、各银行总行、各保险总公司集中缴纳的部分归中央政府，其余部分归地方政府。

（6）印花税。多年来，证券交易印花税收入的 97% 归中央政府，其余 3% 和其他印花税收入归地方政府。为妥善处理中央与地方的财政分配关系，国务院决定，从 2016 年 1 月 1 日起，将证券交易印花税由现行按中央 97%、地方 3% 的比例分享全部调整为中央收入。

## 五、税务检查权

税务检查是税务机关依据国家的税收法律、法规对纳税人等管理相对人履行法定义务的情况进行审查、监督的执法活动。有效的税务检查可以抑制不法纳税人的侥幸心理，提高税法的威慑力，减少税收违法犯罪行为，保证国家收入，维护税收公平与合法纳税人的合法权益。税务检查包括以下两类：

（1）税务机关为取得确定税额所需的资料，证实纳税人纳税申报的真实性与准确性而进行的经常性检查，其依据是税法赋予税务机关的强制行政检查权。

（2）为打击税收违法犯罪而进行的特别检查，它可以分为行政性检查和刑事调查两个阶段。行政性检查属于税务检查权范围之内，从原则上讲，在纳税人有违反税法的刑事犯罪嫌疑的情况下，即调查的刑事性质确定后，案件应开始适用刑事调查程序。

## 六、税务稽查权

税务稽查是税务机关依法对纳税人、扣缴义务人履行纳税义务、扣缴义务情况所进行的税务检查和处理工作的总称。税务稽查权是税收执法权的一个重要组成部分，也是整个国家行政监督体系中的一种特殊的监督权行使形式。根据相关法律规定，税务稽查的基本任务是：依照国家税收法律、法规，查处税收违法行为，保障税收收入，维护税收秩序，促进依法纳税，保证税法的实施。税务稽查必须以事实为根据，以税收法律、法规、规章为准绳，依靠人民群众，加强与司法机关及其他有关部门的联系和配合。

## 七、税务行政复议裁决权

税务行政复议裁决权的行使是税收执法权的一个重要组成部分，该权力的实现对保障和监督税务机关依法行使税收执法权，防止和纠正违法或者不当的具体税务行政行为，保护纳税人和其他当事人的合法权益发挥着积极作用。根据《行政复议法》《税收征管法》和其他有关规定，为了防止和纠正违法或者不当的具体税务行政行为，保护纳税人及其他当事人的合法权益，保障和监督税务机关依法行使职权，纳税人及其他当事人认为税务机关的具体行政行为侵犯其合法权益，可依法向税务行政复议机关申请税务行政复议；税务行政复议机关受理行政复议申请，做出行政复议决定。税务行政复议机关是指依法受理税务行政复议申请，对具体行政行为进行审查并做出行政复议决定的税务机关。

在税务行政复议裁决权的行使过程中，税务行政复议机关中负责税收法制工作的机构具体办理行政复议事项，履行下列职责：

（1）受理行政复议申请；

（2）向有关组织和人员调查取证，查阅文件和资料；

（3）审查申请行政复议的具体行政行为是否合法与适当，拟定行政复议决定；

（4）处理或者转送对本规则第（9）条所列有关规定的审查申请；

（5）对被申请人违反行政复议法及本规则规定的行为，依照规定的权限和程序提出处理建议；

（6）办理因不服行政复议提起行政诉讼的应诉事项；

（7）对下级税务机关的行政复议工作进行检查和监督；

（8）办理行政复议案件的赔偿事项；

（9）办理行政复议、诉讼、赔偿等案件的统计、报告和归档工作。

行政复议活动应当遵循合法、公正、公开、及时、便民的原则，纳税人及其他当事人对行政复议决定不服的，可以依照《行政诉讼法》的规定向人民法院提起行政诉讼。

## 八、其他税收执法权

在除上述税收执法权的几个方面之外，根据法律规定，税务机关还享有其他相关税收执法权。其中主要的有税务行政处罚权等。税务行政处罚权是指税务机关依法对纳税主体违反税法尚未构成犯罪，但应承担相应法律责任的行为实施制裁措施的权力。税务行政处罚是行政处罚的基本组成部分，税务行政处罚权的行使对于保证国家税收利益，督促纳税人依法纳税有重要作用。税务行政处罚权的法律依据是《行政处罚法》和《税收征管法》等法律法规。根据《税收征管法》的相关规定，税务行政处罚的种类有警告（责令限期改正）、罚款、停止出口退税权、没收违法所得、收缴发票或者停止发售发票、提请吊销营业执照、通知出境管理机关阻止出境等。

## 同步测试题

### 一、名词解释

1. 税收
2. 税法
3. 纳税人
4. 扣缴义务人
5. 负税人

### 二、单项选择题

**1.** 下列关于税收法律关系的表述正确的是（　　）。

A. 税收法律关系的保护对权利主体双方是不平等的

B. 权利主体纳税义务人一方的确定，采用的是属地原则

C. 税收法律关系中最实质的东西是税收法律事实

D. 税收法律关系的产生、变更与消灭是由税收法律事实来决定的

**2.** 在下列税法适用原则中，打破税法效力等级限制的原则是（　　）。

A. 程序优于实体原则　　B. 法律不溯及既往原则

C. 特别法优于普通法原则　　D. 新法优于旧法原则

**3.** 在下列关于税收的说法中，正确的是（　　）。

A. 税收是国家取得财政收入的一种重要工具，其本质是一种生产关系

B. 税收分配是基于生产要素进行的分配

C. 国家课税是为了满足提供社会公共产品的需要

D. 国家要行使职能不需要财政收入作为保障

**4.** 下列说法不正确的是（　　）。

A. 征税对象是区分不同税种的重要标志

B. 税目是征税对象的具体化

C. 税率是衡量税负轻重的唯一标志

D. 纳税义务人即纳税主体

**5.** 税务合法性原则是指（　　）。

A. 纳税人、课税对象、课税标准等必须以法律形式做出规定

B. 禁止对特定纳税人给予歧视性对待，也禁止在没有正当理由的情况下对特定纳税人给予特别优惠

C. 税务机关按法定程序依法征税，不得随意减征、停征、免征，无法律依据不征税

D. 诉讼发生时税收程序法优于税收实体法

**6.** 有义务借助与纳税人的经济交往而向纳税人收取应纳税款并代为缴纳税款的单位是（　　）。

A. 负税人　　B. 代扣代缴义务人

C. 代收代缴义务人　　D. 代征代缴义务人

**7.** 经国务院授权，财政部和国家税务总局有（　　）。

A. 全国性税种的开征、停征权　　B. 税法的解释权

C. 制定税法实施细则的权力　　D. 税收条例的解释权

**8.** 下列税种中属于商品和劳务税的是（　　）。

A. 契税　　B. 增值税　　C. 资源税　　D. 房产税

**9.** 税收行政法规由（　　）制定。

A. 全国人民代表大会及常务委员会　　B. 地方人民代表大会及常务委员会

C. 财政部和国家税务总局　　D. 国务院

**10.** 税收征管法在税法不同类型中（　　）。

A. 既是实体法，又是普通法　　B. 既是实体法，又是程序法

C. 既是实体法，又是基本法　　D. 既是程序法，又是普通法

## 三、多项选择题

**1.** 一般认为，税收的形式特征包括（　　）。

A. 强制性　　B. 稳定性　　C. 无偿性　　D. 固定性

**2.** 在下列关于税法原则的表述中，正确的有（　　）。

A. 新法优于旧法原则属于税法的适用原则

B. 税法主体的权利义务必须由法律加以规定，这体现了税收法定原则

C. 税法的原则反映税收活动的根本属性，包括税法基本原则和税法适用原则

D. 在税法适用原则中的法律优位原则明确了税收法律的效率高于税收行政法规的效率

**3.** 在下列关于税法的地位的相关陈述中，正确的有（　　）。

A. 税法的地位在我国法律体系中是由税收在国家经济活动中的重要性决定的

B. 税收是取得财政收入的基本来源，而财政收入是维持国家机器正常运转的经济基础

C. 税收是国家宏观调控的重要手段

D. 税收与法密不可分，有税必有法，无法不成税

**4.** 税收职能是税收的一种长期固定的属性，我国社会主义税收的职能包括（　　）。

A. 组织财政收入职能　　B. 调控经济运行职能

C. 促进经济发展职能 D. 监督管理经济职能

5. 在下列关于税收实体法构成要素的说法中，正确的有（ ）。

A. 纳税人是税法规定的直接负有纳税义务的单位和个人，是实际负担税款的单位和个人

B. 征税对象是税法中规定的征税的标的物，是国家征税的依据

C. 税率是指对征税对象的征收比例或征收额度，是计算税额的尺度

D. 税目是课税对象的具体化，反映课税对象质的规定

6. 以税法的基本内容和功能效用为标准，可以将税法分为（ ）。

A. 税收基本法 B. 税收实体法

C. 税收征管法 D. 税收程序法

7. 在下列各项中，属于我国现行税法的有（ ）。

A. 税收基本法 B. 企业所得税法

C. 进出口关税条例 D. 中央与地方共享税条例

8. 我国现行税收制度中，没有采用的税率形式有（ ）。

A. 超率累进税率 B. 超额累进税率

C. 负税率 D. 超倍累进税率

9. 税法关于规定纳税时限的概念包括（ ）。

A. 纳税义务发生时间 B. 纳税期限

C. 缴库期限 D. 申报期限

10. 下列属于税收法律的有（ ）。

A. 个人所得税法

B. 关于外商投资企业和外国企业适用增值税、消费税、营业税等税收暂行条例的决定

C. 企业所得税法

D. 税务代理试行办法

11. 下列属于税收部门规章的有（ ）。

A. 税收征收管理法实施细则 B. 增值税暂行条例实施细则

C. 税务代理试行办法 D. 个人所得税法实施条例

## 四、是非判断题

1. 保护税收法律关系，就是指要保障国家财政收入。（ ）

2. 纳税期限是指纳税人按税法规定缴纳税款的期限，也就是税款的入库期限。（ ）

3. 税收的固定性是对强制性和无偿性的一种规范和约束。（ ）

4. 税收在社会再生产中属于分配范畴，税收分配是以国家为主体的分配。（ ）

5. 制定税收法律的机关只能是全国人民代表大会及其常务委员会。（ ）

6. 税务机关及税务人员对纳税人做出征税行为或处罚行为，必须以税法规定为依据，没有税法依据的行为是违法行为。（ ）

7. 税收经济职能是国家通过税收法令来约束社会与经济行为的功能。（ ）

**8.** 按照税法规定的征税对象，税法分为税收基本法、税收实体法和税收程序法。(　　)

**9.** 我国税收立法权一律集中在中央，地方不享有税收立法权。(　　)

**10.** 由税务机关负责征收的税种的征收管理，按《税收征管法》和《海关法》《进出口关税条例》的有关规定执行。(　　)

## 五、简答题

**1.** 简述税收的含义和职能。

**2.** 简述税收与税法的关系。

**3.** 简述税法的构成要素。

**4.** 简述税法的作用。

**5.** 简述我国现行税法体系中不同税种的类别。

## 六、综合计算题

**1.** 科华百货公司（增值税一般纳税人）兼营批发、零售、服务等业务，按照楼层分设家电组、黄金珠宝组、烟酒食品组、服装组、化妆护肤组、图书音像组，在财务部分账核算，统一纳税，另将顶层承包给大宝饮食公司经营“饮食大世界”，饮食收入归大宝饮食公司所有，百货公司每月收取承包费 30 000 元，2017 年 3 月发生如下业务：

（1）家电组采用交款提货的方式零售彩电，取得零售收入 80 000 元；采用以旧换新方式销售电冰箱，实际收到零售金额 40 000 元（已扣除了 2 000 元旧冰箱折价款）；当月从生产厂家购进家电，取得的增值税专用发票注明增值税税额 15 300 元，其中 10% 用于本企业员工福利；当期修理小家电取得含税修理费 27 846 元。

（2）黄金珠宝组当月零售翡翠手镯，零售金额 55 000 元；零售包金手镯，零售金额 5 000 元，零售 18K 金镶宝石首饰，零售金额 50 000 元；以旧换新销售 24K 足金首饰，实际收取零售额 70 000 元（已扣除了 30 000 元的旧金饰品的折价款），当月采购黄金珠宝取得的增值税专用发票注明增值税税额 23 800 元。

（3）服装组代销服装厂服装，向顾客收取现金 15 000 元，平价与服装厂结算，并按照零售额的 25% 向厂家收取返还收入。

（4）化妆护肤组进口高档化妆品一批，货价折合 500 000 元人民币，支付采购中介佣金 8 000 元，运抵我国境内输入地点起卸前的运费及保险费用 13 560 元，化妆品关税税率为 25%；批发和零售化妆品，取得不含税收入 1 000 000 元。

（5）图书音像组零售音像制品收入 24 000 元；将市场零售价 50 000 元的一批音像制品捐赠给其他企业；当月采购音像制品均取得增值税专用发票注明增值税税额 11 000 元；将一批市场零售价 20 000 元的音像制品与服装厂等价交换一批员工工作服，双方互开增值税专用发票。

**要求：**

（1）计算家电组当期应纳的增值税。

（2）计算黄金珠宝组当期应纳的增值税。

（3）计算黄金珠宝组当期应纳的消费税。

（4）计算服装组当期增值税的销项税额、进项税额和应纳税额。

（5）计算化妆品进口应纳的关税、增值税和消费税合计数（化妆品消费税税率为30%）。

（6）计算化妆护肤组当期应纳的增值税。

（7）计算图书音像组当期可抵扣的进项税额。

（8）计算图书音像组当期应纳的增值税。

**2.** 某玩具生产企业（增值税一般纳税人）注册资金1 000万元，2017年销售收入5 500万元，销售成本2 600万元，营业税金及附加500万元，销售费用1 100万元，管理费用790万元，财务费用410万元，投资损失26万元，营业外支出100万元，账面利润为–26万元。

会计师事务所在对该企业进行所得税汇算清缴时发现下列资料。

（1）投资收益–26万元为用权益法核算的对境内居民企业甲的投资损失26万元。

（2）财务费用410万元，其中50万元为购建固定资产向银行贷款的利息支出（该固定资产当年未达到使用状态）；360万元为向低税负地区关联企业借款9个月用于生产经营的3 000万元的利息支出，金融机构同期同类贷款年利率为9%。

（3）在管理费用中，60万元为预计负债支出；5万元为一项专利权的摊销金额，该专利权为当年7月以100万元价款（不含增值税）向境外企业（未在中国境内设立机构、场所）处购买的。

（4）在销售费用中，115万元为支付给某中介单位的销售佣金，该佣金在税法规定的扣除限额内，但是佣金中的40%为现金支付，取得了相关发票；800万元为广告费用支出。

（5）在营业外支出中，70万元为违反购销合同的违约金支出；10万元为诉讼费支出；20万元为违反政府规定被相关职能部门处罚的罚款支出。

（6）在审核同期相关账务时还发现，该企业在2月接受了一台不需要安装的机器设备的赠予，对方开具增值税专用发票注明价款10万元，增值税税款1.7万元。企业自行支付0.3万元运杂费将该设备运回，该设备当月投入使用，但是，企业在抵扣了增值税进项税额的同时，将该项受赠收入挂在往来账上，也没有对该设备提折旧（该企业的设备净残值规定为10%，折旧年限按照税法规定的最低折旧年限计算）。

**要求：**

（1）计算该企业投资收益的纳税调整金额。

（2）计算该企业借款利息的纳税调整金额。

（3）计算该企业管理费用的纳税调整金额。

（4）计算该企业销售费用的纳税调整金额。

（5）计算该企业营业外支出的纳税调整金额。

（6）计算该企业接受捐赠及设备使用的纳税调整金额。

（7）计算该企业的应纳税所得额。

（8）计算该企业当年应纳的所得税额。

（9）计算该企业应扣缴的企业所得税。

## 七、案例分析题

**1.** 2017 年 2 月 20 日，某县国税局两个税务干部在深入企业开展税收专项检查时，突然接到口头举报，说邻近的某电器商店有偷税行为，这时正开具未入账的单据。于是这两位税务干部接到举报后立即赶到该商店，出示税务检查证后，夺过了正在开具的销售单据，经清点核对，确实属于账外单据，未计入销售账簿，共计 25 840 元，应缴增值税 3 754.53 元，滞纳金 75.09 元。这时，该店的老板从外面回来，了解情况后，将税务干部手中的账外单据夺回，并拒绝接受在调查底稿上核对数字、签字盖章，也拒绝提供有关资料。2 月 21 日，该县国税局送达《税务处理决定书》，要求该电器商店补缴税款 3 754.53 元，滞纳金 75.09 元。与此同时，在依法履行税务行政处罚告知的有关程序后，于 2 月 26 日下达了《税务行政处罚决定书》，认定该电器商店偷税和拒绝税务检查等违法行为，并分别处以偷税数额 50% 的罚款和拒绝税务检查行为 2 000 元的罚款。该电器商店按期缴纳税款、滞纳金，但对罚款不服，依法向人民法院提起诉讼。

**要求：**回答以下问题。

（1）税法是由哪些内容构成的？

（2）税法的具体作用表现在哪几个方面？

（3）本案例中的纳税人有权拒绝税务机关的检查吗？

**2.** 2017 年，一家公路建设工程公司承接了某县境内高速公路路段的建设施工工程。施工期间，该公司从当地收购了 13 万多立方米的河沙、鹅卵石作为路基建设材料。据此，县地税局依照省地税局有关文件规定，核定该公司应缴纳资源税 255 864.96 元，并责令期限缴纳。该公司接到县地税局下达的税务处理决定后，认为河沙、鹅卵石不属于《中华人民共和国资源税暂行条例》及其实施细则所列举的应税矿产品，因此它不是资源税纳税主体，不应缴纳资源税。在足额缴纳 255 864.96 元税款后，该公司向该县地税局上级主管机关提出了税务行政复议申请。县地税局上级主管机关做出了维持县地税局原税务处理决定的复议决定。于是，该公司向县人民法院提起行政诉讼，要求法院撤销县地税局原税务处理决定，退还已经缴纳的资源税税款 255 864.96 元。县人民法院经审理后，认定县地税局适用税收法律错误，依法做出了撤销县地税局原税务处理决定。

**要求：**回答以下问题。

（1）如何理解税收法定原则？

（2）本案例中县地税局仅仅依据省地税局有关文件的规定征收资源税，违背了税法中哪项基本原则？

（3）县人民法院认定县地税局适用税收法律错误，做出撤销县地税局原税务处理决定是否正确？请说明理由。

Chapter2

# 第二章

# 税收征收管理法

**引导案例　税务所的强制措施违法吗?**

王海博在宝康县工商局办理了临时营业执照从事服装经营，但未向税务机关办理税务登记，被宝康县税务所查处，核定应缴纳税款300元，限其于次日缴清税款。王海博在限期内未缴纳税款，对核定的税款提出异议，税务所不听其申辩，直接扣押了其一件价值400元的服装；扣押后，王海博仍未缴纳税款，税务所将服装以300元的价格销售给内部职工，用以抵缴税款。

**讨论与思考问题：**

1. 对王海博的行为应如何处理?
2. 请分析宝康县税务所的执法行为有无不妥之处。

## 第一节　税收征收管理法概述

### 一、税收征收管理法的概念

税收征收管理法是有关税收管理法律规范的总称，包括税收征收管理法及税收征收管理的有关法律、法规和规章。《中华人民共和国税收征收管理法》于1992年9月4日第七届全国人民代表大会常务委员会第27次会议通过，1993年1月1日起施行，1995年2月28日第八届全国人民代表大会常务委员会第12次会议修订。2001年4月28日，第九届全国人民代表大会常务委员会第21次会议通过了修订后的《中华人民共和国税收征收管理法》，并于2001年5月1日起施行。2012年和2015年全国人民代表大会常务委员会对《中华人民共和国税收征收管理法》又进行过两次修订。

### 二、税收征收管理法的适用范围

我国征税机关包括税务、海关、财政等部门。税务机关征收各种工商税收，海关征收关税。《税收征管法》只适用于由税务机关征收的各种税收的征收管理。海关征收关税及代征的增值税、消费税等，适用其他法律、法规的规定。

值得注意的是，目前还有一部分政府收费由税务机关征收，如教育费附加。这些收费不适用《税收征管法》，不能采取《税收征管法》规定的措施，其具体管理办法由收费的条例和规章决定。

## 三、税收征收管理法的遵守主体

**1. 税务行政主体：税务机关**

税务行政主体是税务机关。《税收征管法》第五条规定："国务院税务主管部门主管全国税收征收管理工作。各地国家税务局和地方税务局应当按照国务院规定的税收征收管理范围分别进行征收管理。"《税收征管法》第十四条规定："税务机关是指各级税务局、税务分局、税务所和按照国务院规定设立的并向社会公告的税务机构。"

**2. 税务行政管理相对人：纳税人、扣缴义务人和其他有关单位**

税务行政管理相对人包括纳税人、扣缴义务人和其他有关单位。法律、行政法规规定负有纳税义务的单位和个人为纳税人。负有代扣代缴、代收代缴税款义务的单位和个人为扣缴义务人。纳税人、扣缴义务人必须依照法律、行政法规的规定缴纳税款，代扣代缴、代收代缴税款。纳税人、扣缴义务人和其他有关单位应当按照国家有关规定，如实向税务机关提供与纳税和代扣代缴、代收代缴税款有关的信息。

**3. 有关单位和部门**

《税收征管法》第五条规定："地方各级人民政府应当依法加强对本行政区域内税收管理工作的领导或者协调，支持税务机关依法执行职务，依照法定税率计算税额，依法征收税款。"

# 第二节 税务管理

税务管理是指税务机关在税收征收管理中对征纳过程实施的基础性的管理制度和管理行为。税务管理主要包括税务登记、发票开具与管理和纳税申报三个环节。

## 一、税务登记

税务登记又称纳税登记，是税务机关依据税法规定，对纳税人的生产、经营活动进行登记管理的一项法定制度，也是纳税人依法履行纳税义务的法定手续。

《税务登记管理办法》规定，凡有法律、法规规定的应税收入、应税财产或应税行为的各类纳税人（企业，企业在外地设立的分支机构和从事生产、经营的场所；个体工商户，从事生产、经营的事业单位），均应当办理税务登记。前款规定以外的纳税人，除国家机关、个人和无固定生产、经营场所的流动性农村小商贩外，也应当办理税务登记。扣缴义务人（国家机关除外）应当在发生扣缴义务时，到税务机关申报登记，领取扣缴税款凭证。

税务登记的种类包括：开业登记，变更税务登记，停业、复业登记，注销登记，外出经营报验登记，纳税人税种登记，扣缴义务人扣缴税款登记等。

### （一）开业登记

开业登记是指从事生产、经营的纳税人，经国家工商行政管理部门批准开业后办理的纳税登记。

**1. 开业登记的对象**

开业登记的纳税人分以下两类：①领取营业执照从事生产、经营的纳税人，包括企业，企业在外地设立的分支机构和从事生产、经营的场所，个体工商户，从事生产、经营的事业单位。②其他纳税人。根据有关规定，不从事生产、经营，但依照法律、法规的规定负有纳税义务的单位和个人，除临时取得应税行为以及只缴纳个人所得税、车船税的外，都应按规定向税务机关办理税务登记。

**2. 开业登记的时间和地点**

（1）领取营业执照从事生产、经营的纳税人，应当自领取工商营业执照之日起30日内，向生产、经营地或者纳税义务发生地的主管税务机关申报办理税务登记，如实填写税务登记表并按照税务机关的要求提供有关证件、资料。

（2）其他纳税人，除国家机关、个人和无固定生产、经营场所的流动性农村小商贩外，均应当自纳税义务发生之日起30日内，向纳税义务发生地的税务机关申报办理税务登记，税务机关核发税务登记证及副本。

以下几种情况应当比照开业登记办理：

（1）扣缴义务人应当自扣缴义务发生之日起30日内，向所在地的主管税务机关申报办理扣缴税款登记；

（2）跨地区的非独立核算分支机构应当自设立之日起30日内，向所在地的主管税务机关办理注册税务登记；

（3）从事生产、经营的纳税人到外县市临时从事生产、经营活动的，应当持税务登记证副本和所在地税务机关填开的外出经营活动税收管理证明，向营业地的税务机关报验登记，接受税务管理。

**3. 开业登记的程序**

（1）纳税人办理开业登记，应认真填写税务登记表，并提供相关证件、资料。税务登记表的主要内容包括：①单位名称、法定代表人或者业主姓名及其居民身份证、护照或者其他证明身份的合法证件的号码；②住所、经营地点；③登记类型；④核算方式；⑤生产经营方式；⑥生产经营范围；⑦注册资金（资本）、投资总额；⑧生产经营期限；⑨财务负责人、联系电话；⑩国家税务总局确定的其他有关事项。

纳税人在申报办理税务登记时，应当根据不同情况向税务机关如实提供以下证件和资料：①工商营业执照或其他核准执业证件；②有关合同、章程、协议书；③组织机构统一代码证书；④法定代表人或负责人或业主的居民身份证、护照或者其他证明身份的合法证件。

企业在外地的分支机构或者从事生产、经营的场所，在办理税务登记时，还应当提供由总机构所在地税务机关出具的在外地设立分支机构的证明。

（2）税务登记表的受理、审核。纳税人提交的证件和资料齐全且税务登记表的填写内容符合规定的，税务机关应及时发放税务登记证件；纳税人提交的证件和资料不齐全或税务登记表的填写内容不符合规定的，税务机关应当场通知其补正或重新填报；纳税人提交的证件和资料明显有疑点的，税务机关应进行实地调查，核实后予以发放税务登记证件。

（3）税务登记表的核发。税务机关应当自收到申报之日起30日内审核并发给税务登记证件。

（4）税务登记表的使用。除按照规定不需要发给税务登记证件的外，纳税人办理下列事项时，必须持税务登记证件：①开立银行账户；②申请减税、免税、退税；③申请办理延期申报、延期缴纳税款；④领购发票；⑤申请开具外出经营活动税收管理证明；⑥办理停业、歇业；⑦其他有关税务事项。

纳税人应当将税务登记证件正本在其生产经营场所或者办公场所公开悬挂，接受税务机关检查。纳税人、扣缴义务人遗失税务登记证件的，应当自遗失税务登记证件之日起15日内，书面报告主管税务机关，如实填写税务登记证件遗失报告表，并将纳税人的名称、税务登记证件号码、税务登记证件有效期、发证机关名称在税务机关认可的报刊上做遗失声明，凭报刊上刊登的遗失声明向主管税务机关申请补办税务登记证。

## （二）变更税务登记

变更税务登记是指纳税人在办理税务登记后，原登记内容发生变化时向原税务机关申报办理的税务登记。

### 1. 适用范围

纳税人发生下列情形应当办理变更税务登记：发生改变名称、改变法定代表人、改变经济性质或经济类型、改变住所和经营地点、改变生产经营方式、增减注册资金、改变隶属关系（不涉及主管税务机关变动的）、改变生产经营期限、改变或增减银行账号、改变生产经营权权属以及改变其他税务登记内容的。

### 2. 时间要求

纳税人已在工商行政管理机关办理变更登记的，应当自工商行政管理机关办理变更登记之日起30日内，办理变更登记；纳税人按照规定不需要在工商行政管理机关办理变更登记，或者其变更登记的内容与工商登记内容无关的，应当自税务登记内容实际发生变化之日起30日内，或者自有关机关批准或者宣布变更之日起30日内，办理变更登记。

### 3. 变更税务登记的程序、方法

纳税人持下列证件到原税务登记机关申报办理变更税务登记：①工商登记变更表及工商营业执照；②纳税人变更登记内容的有关证明文件；③税务登记机关发放的原税务登记证件（登记证正本、副本和登记表等）；④其他有关资料。

税务机关应当自受理之日起30日内，审核办理变更税务登记。纳税人税务登记表和税务登记证中的内容都发生变更的，税务机关按变更后的内容重新核发税务登记证件；纳税人税务登记表中的内容发生变更而税务登记证中的内容未发生变更的，税务机关不重新核发税务登记证件。

### （三）停业、复业登记

停业、复业登记是纳税人暂停和恢复生产经营活动而办理的税务登记。

**1. 停业登记**

从事生产、经营的纳税人，经确定实行定期定额征收方式的，其在营业执照核准的经营期限内需要停业的，应当在停业前向税务机关申报办理停业登记。纳税人的停业期限不得超过一年。

纳税人在申报办理停业登记时，应如实填写停业申请登记表，说明停业理由、停业期限、停业前的纳税情况和发票的领、用、存情况，并结清应纳税款、滞纳金、罚款。税务机关应收存其税务登记证件及副本、发票领购簿、未使用完的发票和其他税务证件。

**2. 复业登记**

纳税人应当于恢复生产、经营之前，向税务机关申报办理复业登记，如实填写停、复业报告书，领回并启用税务登记证件、发票领购簿及停业前领购的发票。

**3. 延长停业登记**

纳税人停业期满不能及时恢复生产经营的，应当在停业期满前向税务机关提出延长停业登记申请，并如实填写停、复业报告书，纳税人在停业期间发生纳税义务的，应当按照税收法律、行政法规的规定申报缴纳税款。

### （四）注销登记

注销登记是指纳税人在发生解散、破产、撤销以及依法终止纳税义务的其他情形时，向原登记税务机关申请办理的登记。

**1. 注销登记的适用范围及时间要求**

（1）适用范围。纳税人因经营期限届满而自动解散；企业由于改组、分级、合并等原因而被撤销；企业资不抵债而破产；纳税人因住所、经营地点迁移而涉及改变原主管税务机关的；纳税人被工商行政管理部门吊销营业执照；纳税人依法终止履行纳税义务的其他情形。

（2）时间要求。①纳税人发生解散、破产、撤销以及其他情形，依法终止纳税义务的，应当在向工商行政管理机关或者其他机关办理注销登记前，持有关证件向原税务登记机关申报办理注销税务登记。②按照规定不需要在工商行政管理机关或者其他机关办理注销登记的，应当自有关机关或者宣告终止之日起15日内，持有关证件向原税务登记机关申报办理注销税务登记。③从事生产经营的纳税人因住所、经营地点变动，涉及改变税务登记机关的，应当在向工商行政管理机关或者其他机关申请办理变更或者注销登记前或者住所、经营地点变动前，向原税务登记机关申报办理注销税务登记，并在30日内向迁达地税务机关申报办理税务登记。

（3）纳税人被工商行政管理部门吊销营业执照或者被其他机关予以撤销登记的，应当自营业执照被吊销或者被撤销登记之日起15日内，向原税务登记机关申报办理注销税务登记。

2. 注销登记的程序方法

纳税人办理注销登记前，应当向税务机关提交相关证明文件和资料，结清应纳税款、多退（免）税款、滞纳金和罚款，缴销发票、税务登记证件和其他税务证件，领取并填写注销税务登记申请审批表，经税务机关核准后，办理注销税务登记手续。

### （五）外出经营报验登记

从事生产经营的纳税人到外县市临时从事生产经营活动的，应当向所在地税务机关申请开具《外出经营活动税收管理证明》，税务机关按照"一地一证"的原则，核发《外出经营活动税收管理证明》，《外出经营活动税收管理证明》的有效期限一般为30日，最长不得超过180日。

纳税人应当在《外出经营活动税收管理证明》注明地进行生产经营前向当地税务机关报验登记，并提交下列证件、资料：①税务登记证件副本；②《外出经营活动税收管理证明》。纳税人在《外出经营活动税收管理证明》注明地销售货物的，除提交以上证件、资料外，应如实填写《外出经营货物报验单》，申报查验货物。

纳税人外出经营活动结束，应当向经营地税务机关填报外出经营活动情况申报表，并结清税款，缴销发票。

纳税人应当在《外出经营活动税收管理证明》有效期届满后10日内，持《外出经营活动税收管理证明》回原税务登记地税务机关办理《外出经营活动税收管理证明》缴销手续。

### （六）纳税人税种登记

纳税人在办理开业或变更税务登记的同时应当申请填报税种登记，由税务机关根据其生产、经营范围及拥有的财产等情况，认定录入纳税人所适用的税种、税目、税率、报缴税款期限、征收方式和缴库方式。税务机关依据纳税人税种登记表所填写的项日，自受理之日起3日内进行税种登记。

### （七）扣缴义务人扣缴税款登记

已经办理税务登记的扣缴义务人应当自扣缴义务发生之日起30日内，向税务登记地税务机关申报办理扣缴税款登记。税务机关在其税务登记证件上登记扣缴税款事项，税务机关不再发给扣缴税款登记证件。

根据税收法律、行政法规的规定可不办理税务登记的扣缴义务人，应当自扣缴义务发生之日起30日内，向机构所在地税务登记地税务机关申报办理扣缴税款登记，税务机关核发扣缴税款登记证件。

## 二、发票开具与管理

为了加强发票管理和财务监督，保障国家税收收入，维护经济秩序，根据《中华人民共和国税收征收管理法》，1993 年 12 月 12 日经国务院批准并实施了《中华人民共和国发票管理办法》，该管理办法于 2010 年 12 月 20 日重新修订。国务院税务主管部门统一负责全国的发票管理工作，在中华人民共和国境内印制、领购、开具、取得和保管发票的单位和个人，必须遵守《中华人民共和国发票管理办法》。

### （一）发票的概念

发票是指在购销商品、提供或者接受服务以及从事其他经营活动中，开具、收取的收付款凭证。它是确定经营收支行为发生的法定凭证，是会计核算的原始依据，也是税务稽查的重要证据。

发票的基本内容包括发票的名称、代码和号码、联次及用途、客户名称、开户银行及账户、商品名称或经营项目、计量单位、数量、单价、大小写金额、开票人、开票日期、开票单位（个人）名称（章）等。

税务机关是发票的主管机关，负责发票的印制、领购、开具、取得和保管、缴销的管理和监督。

**1. 发票的印制**

增值税专用发票由国务院税务主管部门确定的企业印制；其他发票按照国务院税务主管部门的规定，由省、自治区、直辖市税务机关确定的企业印制。禁止私自印制、伪造、变造发票。印制发票的企业必须按照税务机关批准的式样和数量印制发票。

发票应当套印全国统一发票监制章。全国统一发票监制章的式样和发票版面印刷的要求，由国务院税务主管部门规定。发票监制章由省、自治区、直辖市税务机关制作。禁止伪造发票监制章。

发票实行不定期换版制度。

**2. 发票的领购**

需要领购发票的单位和个人，应当持税务登记证件、经办人身份证明、按照国务院税务主管部门规定式样制作的发票专用章的印模，向主管税务机关办理发票领购手续。主管税务机关根据领购单位和个人的经营范围和规模，确认领购发票的种类、数量以及领购方式，在 5 个工作日内发给发票领购簿。

单位和个人在领购发票时，应当按照税务机关的规定报告发票使用情况，税务机关应当按照规定进行查验。

临时到本省、自治区、直辖市以外从事经营活动的单位或者个人，应当凭所在地税务机关的证明，向经营地税务机关领购经营地的发票。

税务机关对外省、自治区、直辖市来本辖区从事临时经营活动的单位和个人领购发票的，可以要求其提供保证人或者根据所领购发票的票面限额以及数量缴纳不超过 1 万元的保证金，并限期缴销发票。

按期缴销发票的，解除保证人的担保义务或者退还保证金；未按期缴销发票的，由保证人或者以保证金承担法律责任。

3. 发票的保管

开具发票的单位和个人应当建立发票使用登记制度，设置发票登记簿，并定期向主管税务机关报告发票使用情况，开错的作废发票必须将全部联次粘贴在原发票存根上套写“作废”字样或“误填作废”字样，一起妥善保管，以备查核。

已经开具的发票存根联和发票登记簿，应当保存 5 年。保存期满，报经税务机关查验后销毁。

4. 发票的缴销

发票的缴销是指用票单位和个人按照规定向税务机关上缴已经使用或者未使用的发票。一般包括下列几种情况：

（1）用票单位和个人已使用的发票存根保管期满后，应向主管税务机关造具清册，申请缴销；

（2）用票单位和个人发生解散、破产、撤销、合并、联营、分设、迁移、停业、歇业等情形时，应当在申报办理变更税务登记的同时，对原来印制、购买的发票向税务机关申请缴销；

（3）税务机关统一实行发票换版时，原来的发票在使用到期以后，用票单位和个人应当将其登记造册，集中送税务机关缴销；

（4）用票单位和个人有严重违反税务管理和发票管理行为的，由税务机关将其发票予以收缴。

在办理发票缴销手续时，由用票单位和个人根据发票管理规定，编制发票缴销清册，说明发票种类、号码及使用情况，说明缴销的依据和理由，经负责人签字，加盖单位公章后，连同发票一并报送税务机关。

## （二）发票的种类

根据《中华人民共和国发票管理办法》及其实施细则的有关规定，发票分为专用发票和普通发票两大类。专用发票特指增值税专用发票；普通发票按照征收管理的范围划分为一般普通发票和专业发票两类。

1. 增值税专用发票

增值税专用发票是指专门用于结算销售货物和提供加工、修理修配劳务与应税服务使用的一种发票，隶属于国家税务总局管理范围，其样式和印制及管理规定均由国家税务总局制定。

增值税专用发票只限于增值税一般纳税人领购使用，增值税小规模纳税人不得领购使用。一般纳税人有下列情形之一者，不得领购使用增值税专用发票。

（1）会计核算不健全，不能向税务机关准确提供增值税销项税额、进项税额、应纳税额数据及其他有关增值税税务资料的。

（2）有《税收征管法》规定的税收违法行为，拒不接受税务机关处理的。

（3）有下列行为之一，经税务机关责令限期改正而仍未改正的：虚开增值税专用发票；私自印制专用发票；向税务机关以外的单位和个人买取专用发票；借用他人专用发票；未按规定开具专用发票；未按规定保管专用发票和专用设备；未按规定申请办理防伪税控系统变更发行；未按规定接受税务机关检查。

（4）销售的货物全部属于免税项目者。

有上述情形的，如已领购专用发票，主管税务机关应暂扣其结存的专用发票和IC卡。

增值税专用发票的基本联次分四联，各联的用途规定如下：第一联为存根联，由销货方留存备查；第二联为发票联，作为购买方核算采购成本和增值税进项税额的记账凭证；第三联为抵扣联，作为购买方报送主管税务机关认证和留存备查的凭证；第四联为记账联，作为销售方核算销售收入和增值税销项税额的记账凭证。

专用发票开具时限规定如下：

（1）采用预收货款、托收承付、委托银行收款结算方式的，为货物发出的当天；

（2）采用交款提货结算方式的，为收到货款的当天；

（3）采用赊销、分期付款结算方式的，为合同约定的收款日期的当天；

（4）将货物交付他人代销的，为收到受托人送交的代销清单的当天；

（5）设有两个以上机构并实行统一核算的纳税人，将货物从一个机构移送其他机构用于销售，按规定应当征收增值税的，为货物移送的当天；

（6）将货物作为投资提供给其他单位或个体经营者的，为货物移送的当天；

（7）将货物分配给股东的，为货物移送的当天。

**2. 一般普通发票**

一般普通发票主要由营业税纳税人和增值税小规模纳税人使用，增值税一般纳税人在不能开具专用发票的情况下也可使用一般普通发票。一般普通发票由行业发票和专用发票组成。前者适用于某个行业的经营业务，如商业零售统一发票、商业批发统一发票、工业企业产品销售统一发票等；后者仅适用于某一经营项目，如广告费用结算发票、商品房销售发票等。发票的基本联次包括存根联、发票联、记账联。存根联由收款方或开票方留存备查；发票联由付款方或受票方作为付款原始凭证；记账联由收款方或开票方作为记账原始凭证。

**3. 专业发票**

专业发票是指国有金融、保险企业的存贷、汇兑、转账凭证、保险凭证；国有邮政、电信企业的邮票、邮单，话务、电报收据；国有铁路、国有航空企业和交通部门、国有公路、水上运输企业的客票、货票等。

专业发票是一种特殊种类的发票，它属于发票的管理范围，但经有关部门批准后，由主管部门自定式样，自行印制、发放和管理，自行负责。这是专业发票的特征，也是它与其他发票的区别之处。

### （三）发票的开具要求

销售商品、提供服务以及从事其他经营活动的单位和个人，对外发生经营业务收取款项，收款方应向付款方开具发票；收购单位和扣缴义务人支付款项时，由付款方向收款方开具发票。在开具发票时要遵守以下规定：

（1）单位和个人只有在发生经营业务、确认营业收入时，才能开具发票，未发生经营业务一律不得开具发票。

（2）开具发票时应按号顺序填开，填写项目齐全、内容真实、字迹清楚，全部联次一次性复写或打印，内容完全一致，并在发票联和抵扣联加盖单位财务印章或者发票专用章。

（3）填写发票应当使用中文。民族自治地区可以同时使用当地通用的一种民族文字；外商投资企业可以同时使用一种外国文字。

（4）使用电子计算机开具发票必须报主管税务机关批准，并使用税务机关统一监制的机打发票。开具后的存根联应当按照顺序号装订成册，以备税务机关检查。

（5）开具发票时间、地点应符合规定。发票的开票时间和地点是记载购销商品、提供货接受劳务等业务实际发生的时间和地点，必须准确，不能混淆销售商品、提供或接受劳务等业务实际发生的时间和地点，时间不得提前或错后。

（6）任何单位和个人不得转借、转让、代开发票；未经税务机关批准，不得拆本使用发票；不得自行扩大专业发票使用范围。

开具发票的单位和个人应当按照税务机关的规定存放和保管发票，不得擅自损毁。已经开具的发票存根联和发票登记簿，应当保存5年。保存期满，报经税务机关查验后销毁。

## 三、纳税申报管理

纳税申报是指纳税人、扣缴义务人按照法律、行政法规的规定，在申报期限内就纳税事项向税务机关书面申报的一种法定手续。

### （一）纳税申报方式

纳税人应依照法律、法规的申报期限、申报内容如实填写纳税申报表，办理纳税申报手续。纳税申报方式有以下几种。

#### 1. 直接申报

直接申报即上门申报，纳税人、扣缴义务人直接到税务机关办理纳税申报或者报送代扣代缴、代收代缴税款报告表，是一种传统申报方式。

#### 2. 邮寄申报

纳税人采用邮寄方式办理纳税申报的，应当使用统一的纳税申报专用信封，并以邮政部门收据作为申报凭据。邮寄申报以寄出的邮戳日期为实际申报日期。

#### 3. 数据电文申报

数据电文申报又称电子申报，是指经税务机关确定的电话语音、电子数据交换或网络传输等电子方式办理的纳税申报。纳税人的网上申报就是数据电文申报的一种形式。纳税人采用电子方式办理纳税申报的，应当按照税务机关规定的期限和要求保存有关资料，并定期书面报送主管税务机关。

**4. 简易申报**

实行定期定额征收的纳税人可以实行简易申报（按期纳税即视为申报）、简并征期（将若干纳税期的税款集中在一个纳税期缴纳）的申报方式。

### （二）纳税申报的其他相关规定

（1）纳税人在纳税期内没有应纳税款的，也应当按照规定办理纳税申报。

（2）纳税人享受减税、免税待遇的，在减税、免税期间应当按照规定办理纳税申报。

（3）纳税人、扣缴义务人不能按期办理纳税申报或者报送代扣代缴、代收代缴税款报告表的，经税务机关核准，可以延期申报。

（4）经核准延期办理前款规定的申报、报送事项的，应当在纳税期内按照上期实际缴纳的税额或者税务机关核定的税额预缴税款，并在核准的延期内办理税款结算。

# 第三节 税款征收

税款征收是税务机关将税款及时、足额地收入国库的一系列活动的总称。它是税收征收管理工作的重要组成部分，税务机关根据保证国家税款及时、足额入库，方便纳税人，降低税收成本的原则，确定税款征收方式。

## 一、税款征收方式

税款征收方式是指税务机关根据各税种的不同特点和纳税人的具体情况而确定的计算、征收税款的形式和方法。我国税款征收方式主要有以下几种。

**1. 查账征收**

查账征收是指由纳税人依据账簿记载，先自行计算缴纳税款，事后经税务机关查账核实，如有不符合税法规定的，则多退少补。查账征收的程序是：纳税人在规定的期限内，向税务机关报送纳税申报表和财务会计报表，经税务机关查账核实后，填写缴款书，由纳税人到当地开户银行缴纳税款。这种征收方式适用于掌握税收法律、法规，账簿、凭证、财务会计制度比较健全，能够如实反映生产经营成果、正确计算应纳税款的纳税人。

**2. 查定征收**

查定征收是指由税务机关根据纳税人的从业人员、生产设备、耗用原材料等情况，在正常生产经营条件下，对其生产的应税产品查实核定产量和销售额，然后依照税法规定的税率征收的一种税款征收方式。这种税款征收方式主要适用于生产经营规模较小、账册不健全、财务管理和会计核算水平较低、产品零星、税源分散的纳税人。

### 3. 查验征收

查验征收是由税务机关对纳税申报人的应税产品进行查验后征税，并贴上完税凭证、查验证或盖查验戳，从而据以征税的税款征收方式。这种税款征收方式主要适用于某些零星、分散的高税率工业产品，是通过查验数量，按市场一般销售价格计算其销售收入并据以征税的一种方法。

### 4. 定期定额征收

定期定额征收是指税务机关按照有关法律、法规的规定，按照一定的程序，核定纳税人在一定经营时间内的应纳税经营额以及收益额，并以此为计税依据，确定其应纳税额的一种税款征收方式。税务机关核定定额应依照以下程序办理：业户自报、典型调查、定额核定、下达定额。这种税款征收方式主要适用于生产经营规模小，又确无建账能力，经主管税务机关审核，县级以上税务机关批准可以不设置账簿或暂缓建账的小型纳税人。

### 5. 代扣代缴

代扣代缴是指按照税法规定，负有扣缴税款的法定义务人，在向纳税人支付款项时，从所支付的款项中直接扣收税款的方式。这种方式有利于对零星分散的税源实行源泉控制。

### 6. 代收代缴

代收代缴是指负有代收代缴义务的法定义务人，对纳税人应纳的税款进行代收代缴的方式，即由与纳税人有经济业务往来的单位和个人向纳税人收取款项时，依照税收的规定收取税款并代为缴入国库。

### 7. 委托代征

委托代征是指受托单位按照税务机关核发的代征证书的要求，以税务机关的名义向纳税人征收一些零散税款的一种税款征收方式。

### 8. 其他征收方式

除上述税款征收方式以外，随着科学技术的发展和税务改革的不断推进，新的更方便、快捷、安全、有效的税款征收方式有所发展，如利用网络申报、网络账户转账纳税的方式，用IC卡纳税的方式，利用税控系统纳税的方式等。

## 二、税款征收的其他相关规定

（1）纳税人、扣缴义务人按照法律、行政法规规定或者税务机关依照法律、行政法规规定确定的期限，缴纳或者解缴税款。

纳税人因有特殊困难，不能按期缴纳税款的，经省、自治区、直辖市国家税务局、地方税务局批准，可以延期缴纳税款，但是最长不得超过3个月。

（2）纳税人未按照规定期限缴纳税款的，扣缴义务人未按照规定期限解缴税款的，税务机关除责令限期缴纳外，从滞纳税款之日起，按日加收滞纳税款5‱的滞纳金。

（3）税务机关征收税款时，必须给纳税人开具完税凭证。扣缴义务人代扣、代收税款时，纳税人要求扣缴义务人开具代扣、代收税款凭证的，扣缴义务人应当开具。

（4）核定应纳税额。纳税人有下列情形之一的，税务机关有权核定其应纳税额：

1）依照法律、行政法规的规定可以不设置账簿的；

2）依照法律、行政法规的规定应当设置但未设置账簿的；

3）擅自销毁账簿或者拒不提供纳税资料的；

4）虽设置账簿，但账目混乱或者成本资料、收入凭证、费用凭证残缺不全，难以查账的；

5）发生纳税义务，未按照规定的期限办理纳税申报，经税务机关责令限期申报，逾期仍不申报的；

6）纳税人申报的计税依据明显偏低，又无正当理由的。

税务机关核定应纳税额的具体程序和方法由国务院税务主管部门规定。

## 第四节　税收检查

### 一、税收保全措施

税务机关有根据认为从事生产、经营的纳税人有逃避纳税义务行为的，可以在规定的纳税期之前，责令限期缴纳税款；在限期内发现纳税人有明显转移、隐匿其应纳税的商品、货物以及其他财产或者应纳税的收入的迹象的，税务机关可以责成纳税人提供纳税担保。纳税人不能提供纳税担保的，经县以上税务局（分局）局长批准，税务机关可以采取下列税收保全措施：

（1）书面通知纳税人开户银行或者其他金融机构冻结纳税人的金额相当于应纳税额的存款。

（2）扣押、查封纳税人的价值相当于应纳税款的商品、货物或者其他财产。

纳税人在前款规定的限期内缴纳税款的，税务机关必须立即解除税收保全措施；限期期满仍未缴纳税款的，经县以上税务局（分局）局长批准，税务机关可以书面通知纳税人开户银行或者其他金融机构从其冻结的存款中扣缴税款，还可以依法拍卖或者变卖所扣押、查封的商品、货物或者其他财产，以拍卖或者变卖所得抵缴税款。

个人及其家属维持生活必需的住房和用品，不在税收保全措施的范围之内。

### 二、税收强制执行

从事生产、经营的纳税人、扣缴义务人未按照规定的期限缴纳或者解缴税款，纳税担保人未按照规定的期限缴纳所担保的税款，由税务机关责令限期缴纳，逾期仍未缴纳的，经县以上税务局（分局）局长批准，税务机关可以采取下列强制执行措施：

（1）书面通知纳税人开户银行或者其他金融机构从其存款中扣缴税款。

（2）扣押、查封、依法拍卖或者变卖其价值相当于应纳税款的商品、货物或者其他财产，以拍卖或者变卖所得抵缴税款。

在税务机关采取强制执行措施时，对前款所列纳税人、扣缴义务人、纳税担保人未缴纳的滞纳金同时强制执行。

个人及其家属维持生活必需的住房和用品，不在强制执行措施的范围之内。

# 第五节 法律责任

## 一、税务违法行政处罚

纳税人如果违反了税收征收管理制度，但还没有构成犯罪的，将会受到严厉的行政处罚。

### （一）责令限期改正

责令限期改正又称警告，纳税人有下列行为之一的，由税务机关责令限期改正，可以处 2 000 元以上 10 000 元以下的罚款：①未按照规定的期限申报办理税务登记、变更或者注销登记的；②未按照规定设置、保管账簿或者保管记账凭证和有关资料的；③未按照规定将财务、会计制度或者财务、会计处理办法和会计核算软件报送税务机关备查的；④未按照规定将其全部银行账号向税务机关报告的；⑤未按照规定安装、使用税控装置，或者损毁或擅自改动税控装置的。

纳税人不办理税务登记的，由税务机关责令限期改正；逾期不改正的，经税务机关提请，由工商行政管理机关吊销其营业执照。

#### 1. 罚款

罚款是指税务机关强迫违反税法的当事人在一定期限内向国家缴纳一定数额的金钱的制裁措施，是运用最多的一种处罚形式。

纳税人未按照规定使用税务登记证件，或者转借、涂改、损毁、买卖、伪造税务登记证件的，处 2 000 元以上 10 000 元以下的罚款；情节严重的，处 10 000 元以上 50 000 元以下的罚款。

#### 2. 没收财产

没收财产适用于有违法所得的税收违法行为，是将犯罪分子个人所有的一部分或者全部强制无偿地收归国有的一种处罚行为。

#### 3. 收缴未用发票和暂停供应发票

从事生产、经营的纳税人、扣缴义务人有《税收征管法》规定的税收违法行为，拒不接受税务机关处理的，税务机关可以收缴其发票或者停止向其发售发票。

#### 4. 停止出口退税权

停止出口退税权适用于骗税行为。享有出口退税权的企业，以假报出口或者其他欺骗手段，骗取国家出口退税款的，税务机关可以在规定期间内停止为其办理出口退税。

### （二）税务违法刑事处罚

对危害税收征管罪的刑罚，包括管制、拘役、有期徒刑和死刑以及罚金和没收财产。其中，虚开增值税专用发票、虚开用于骗取出口退税、抵扣税款发票以及伪造、出售伪造的增值税专用发票罪的最高量刑是死刑；骗取出口退税罪、非法出售增值税专用发票罪的最高量刑是无期徒刑；其他最高量刑是有期徒刑。

在刑事处罚中，税款追缴优先。因犯偷税罪、抗税罪、逃避追缴欠税罪、骗取出口退税罪、虚开增值税专用发票罪，被判处罚金、没收财产的，在执行前，应当由税务机关追缴税款和所骗取的出口退税款。

### （三）税务行政复议

行政复议是指公民、法人或者其他组织，认为行政机关的行政行为侵犯了其合法权益，按照法定的程序和条件向做出该行政行为的上一级行政机关或法定机关提出申诉，由受理申请的行政机关对该行政行为进行复查并做出复议决定的活动。

纳税人、扣缴义务人、纳税担保人同税务机关在纳税上发生争议时，必须先依照税务机关的纳税决定缴纳或者解缴税款及滞纳金或者提供相应的担保，然后可以依法申请行政复议；对行政复议决定不服的，可以依法向人民法院起诉。

当事人对税务机关的处罚决定、强制执行措施或者税收保全措施不服的，可以依法申请行政复议，也可以依法向人民法院起诉。

当事人对税务机关的处罚决定逾期不申请行政复议，也不向人民法院起诉，又不履行的，做出处罚决定的税务机关可以采取税收强制执行措施，或者申请人民法院强制执行。

**【引导案例解析】**

1. 对王海博未办税务登记的行为，税务所应责令限期改正，逾期不改正的，税务机关可提请工商机关吊销其营业执照。

2. 税务所的执法行为属于税收强制执行措施，有以下不当之处。①对于扣押后仍不缴纳税款的，应当经县以上税务局（分局）局长批准，才能拍卖或变卖货物抵税。②应依法变卖所扣押的商品、货物；变卖应依法程序，而不能自行降价销售给内部职工。③纳税人对税务机关做出的决定享有陈述权和申辩权，税务所未听取王海博的申辩。

## 同步测试题

### 一、名词解释

1. 税务管理　　2. 税务登记
3. 纳税申报　　4. 税款征收
5. 税务代理

## 二、单项选择题

1. 下列各项中，不适用《税收征管法》的是（　　）。

A. 城市维护建设税　　B. 海关代征的增值税

C. 消费税　　D. 房产税

2. 根据《税收征管法》第十五条规定，税务机关应当于收到纳税人申报办理税务登记的一定时限内，为纳税人办理登记并发给税务登记证件。该规定的时限是税务机关收到申报的（　　）。

A. 当日　　B. 7 日内

C. 15 日内　　D. 30 日内

3. 以下表述不符合《税收征管法》规定的是（　　）。

A. 从事生产经营的纳税人应当自领取营业执照之日起30日内，向生产经营地或者纳税义务发生地的主管税务机关申报办理税务登记

B. 扣缴义务人应当自扣缴义务发生之日起30日内，向所在地的主管税务机关申报办理扣缴税款登记

C. 从事生产经营的纳税人应当自领取营业执照或发生纳税义务之日起15日内设置账簿

D. 扣缴义务人应当自税收法律、行政法规规定的扣缴义务发生之日起15日内，按照所代扣、代收的税种，分别设置代扣代缴、代收代缴税款账簿

4. 纳税人税务登记内容发生变化的，应当自工商行政管理机关或者其他机关办理变更登记之日起（　　）日内，持有关证件向原税务登记机关申报办理变更税务登记。

A.10　　B.15　　C.30　　D.60

5. 从事生产经营的纳税人外出经营，自其在同一县（市）实际经营或提供劳务之日起，在连续的12个月内超过180日的，应当自期满之日起（　　）日内，向生产经营所在地的主管税务机关申报办理税务登记，税务机关核发（　　）。

A. 15，临时税务登记证　　B. 15，临时税务登记证及副本

C. 30，临时税务登记证　　D. 30，临时税务登记证及副本

6. 根据《税收征管法》的规定，从事生产经营的纳税人，应当自领取税务登记证之日起（　）日内，将其财务、会计制度或者财务、会计处理办法和会计核算软件报送税务机关备案。

A. 5　　B.10　　C. 15　　D. 30

7. 以下关于税款征收原则的说法中，正确的是（　　）。

A. 税收优先于所有无担保债权

B. 税收优先于抵押权、质押权和留置权

C. 纳税人欠缴税款，同时又被税务机关决定处以罚款、没收违法所得的，税收优先于罚款、没收违法所得

D. 纳税人欠缴税款，同时又被税务机关以外的其他行政部门处以罚款、没收违法所得的，税收不优先于罚款、没收违法所得

**8.** 由于不可抗力或财务会计处理上的特殊情况等原因，纳税人不能按期进行纳税申报的，经税务机关核准，可以延期申报，但最长不得超过（　　）。

A. 1个月　　B. 3个月　　C. 半年　　D. 1年

**9.**《税收征管法》及其实施细则规定，从事生产经营的纳税人，应当自领取（　　）之日起15日内，将其财务、会计制度或者财务、会计处理办法和会计核算软件报送税务机关备案。

A. 税务登记证　　B. 发票领购簿

C. 营业执照　　D. 财务专用章

**10.**《税收征管法》及其实施细则规定，除法律、行政法规另有规定的以外，会计账簿、会计凭证、会计报表、完税凭证及其他有关资料应当保存（　　）年。

A. 3　　B. 5　　C. 10　　D. 20

## 三、多项选择题

**1.**《税收征管法》属于（　　）。

A. 税收实体法　　B. 税收程序法

C. 税收基本法　　D. 税收普通法

**2.** 下列各项中，不适用《税收征管法》的有（　　）。

A. 海关代征的消费税　　B. 关税

C. 车辆购置税　　D. 教育费附加

**3.** 纳税人应办理变更税务登记的情形有（　　）。

A. 纳税人改变名称

B. 纳税人改变隶属关系

C. 纳税人改变经营地址而改变原主管税务机关的

D. 纳税人银行账号改变

**4.** 根据《税收征管法》的规定，下列应当办理纳税申报的有（　　）。

A. 负有纳税义务的单位和个人　　B. 纳税期内没有应纳税额的纳税人

C. 扣缴义务人　　D. 享受减税、免税待遇的纳税人

**5.** 纳税人办理的下列事项中，必须提供税务登记证件的有（　　）。

A. 开立银行账户　　B. 领购发票

C. 纳税申报　　D. 缴纳税款

**6.** 如果委托加工的应税消费品，受托方没有履行代收代缴义务，则（　　）。

A. 委托方补缴消费税

B. 受托方补缴消费税

C. 对受托方处以应代收代缴税款50%以上3倍以下的罚款

D. 对受托方处以应代收代缴税款50%以上5倍以下的罚款

**7.** 纳税申报的对象包括（　　）的单位和个人。

A. 负有纳税义务　　B. 负有代扣代缴、代收代缴义务
C. 取得临时应税收入　　D. 享有减税、免税待遇

**8.** 经税务机关批准，纳税人可以采用（　　）等特殊申报方式进行纳税申报。
A. 邮寄申报　　B. 延期申报
C. 直接申报　　D. 数据电文申报

**9.** 下列项目中，符合税款征收方式的有（　　）。
A. 查账征收　　B. 查定征收　　C. 查验征收　　D. 委托代征税款

**10.** 根据《税收征管法》的规定，下列各项中税务机关有权核定其应纳税额的有（　　）。
A. 纳税企业擅自销毁账簿或拒不提供纳税资料的
B. 依照法律、行政法规的规定可以不设置账簿的
C. 依照法律、行政法规的规定应设置但未设置账簿的
D. 发生纳税义务未按照规定的期限办理纳税申报的

## 四、是非判断题

**1.** 纳税人在办理注销税务登记前，应当向税务机关结清应纳税款、滞纳金、罚款，但发票和其他税务证件则无须缴销。(　　)

**2.** 纳税人享受减税、免税待遇的，在减税、免税期间可以暂不办理纳税申报。(　　)

**3.** 对于未按规定设置、保管账簿或保管凭证和有关资料的纳税人，均应给予行政处罚，但罚款数额最高不超过 1 万元。(　　)

**4.** 纳税人所属跨地区的非独立核算的分支机构，由其总机构申报办理税务登记，不用向所在地税务机关申报办理注册税务登记。(　　)

**5.** 因税务机关的责任，致使纳税人未缴或者少缴税款的，税务机关在 3 年内可以要求纳税人补缴税款并加收滞纳金，但是不得处以罚款。(　　)

**6.** 纳税人因住所、经营地点变动而脱离原主管税务机关管辖区的，应向原税务机关申报办理注销税务登记，并向迁达地主管税务机关办理税务登记。(　　)

**7.** 纳税人须办理注销税务登记的，应在申报办理注销工商登记前，向原税务机关申报办理注销税务登记；在办理注销税务登记前，应当向税务机关结清应纳税款，缴销发票和其他税务证件。(　　)

**8.** 从事生产经营的纳税人到外县（市）从事生产经营活动的，必须持所在地税务机关填发的外出经营活动税收管理证明，向营业地税务机关报验登记，接受税务管理。(　　)

**9.** 对于个体工商户确实不能设置账簿的，经税务机关批准，可以不设账簿。(　　)

**10.** 从事生产经营的纳税人应当自领取营业执照或发生纳税义务之日起 30 日内设置账簿。(　　)

## 五、简答题

**1.** 什么是税务管理？新时期应如何加强税务管理工作？

**2.** 发票的种类有哪些？

**3.** 简述普通发票与专用发票的区别。

**4.** 纳税申报及税款征收的方式有哪些？

**5.** 简述税务违法的行政处理与司法处理的异同点。

## 六、综合计算题

**1.** 大华会计师事务所对南方公司进行年审时，发现该公司2016年11月的“销售费用—佣金”中有如下几笔记录。

（1）按照董事会批准的销售提成管理办法，用现金支付4 500元佣金给本企业销售部王某，经询问，这是因为王某在当月有较好的销售业绩，符合董事会奖励办法的规定。

（2）现金支付5 000元作为回扣给丙单位采购部李某，经询问，这是因为李某作为采购部长，在其采购部购买南方公司产品过程中提供了很大的支持。

（3）现金支付8 000元佣金给某中介公司，经询问，这是因为该中介公司成功介绍了南方公司一批货物的销售业务。

（4）现金支付6 000元佣金给某具有合法经营资格的中介个人赵某，这是因为赵某为该公司成功介绍了10万元的销售业务。

（5）其他资料：南方公司工资、薪金支出低于同行业水平；王某工资薪金5 000元，已按照规定缴纳了个人所得税。

**要求：**根据上述资料，按顺序回答下列问题。

（1）支付给王某的佣金存在什么问题，对企业所得税有什么影响？

（2）支付给李某的佣金存在什么问题，对企业所得税有什么影响？

（3）支付给中介公司的佣金存在什么问题，对企业所得税有什么影响？

（4）支付给赵某的佣金存在什么问题，对企业所得税有什么影响？

（5）上述业务涉及哪些税种的纳税调整？

（6）针对上述业务各税种调整的税额是多少？

**2.** 某县城一机械制造企业2017年自行核算的销售收入为8 000万元，销售成本为5 000万元，营业税金及附加为500万元，期间费用为2 300万元，其他支出合计为200万元，应纳税所得额为0。天地会计师事务所对其进行年终审计时发现如下情况。

（1）2017年1月企业受赠一台新的生产用机器设备，未取得增值税专用发票，在当月投入使用，相关合同证明其市场价10万元，该企业直接计入资本公积，并在当年提取折旧2万元。

（2）该企业当年核算的投资损失为10万元，系企业以权益法核算的被投资企业的亏损，影响了该投资企业的所得。

（3）该企业将销售产品取得的现金20万元漏记收入。

（4）其他资料：该企业向税务机关备案的生产设备残值率为5%，该企业为增值税一般纳税人；年终审计时发现该企业当年有3个月的账簿未用中文而采用英文记账。

**要求**：根据上述资料，按顺序回答下列问题。

（1）计算受赠设备及计提折旧应调整的应纳税所得额。

（2）计算投资损益应调整的应纳税所得额。

（3）计算漏记收入应调整的应纳税所得额。

（4）计算该企业应纳的企业所得税。

（5）根据《税收征管法》的有关规定，说明该企业存在的问题及应接受的惩罚。

## 七、案例分析题

**1.** 2017 年 3 月，A 市国税局稽查局在集贸市场专项检查中发现，下岗职工陈欣开办了一个农机产品经销点，经营范围主要是农机产品，2016 年 11 月，他仅办理了工商营业执照，没有办理税务登记便开始挂牌营业。A 市国税局稽查局认为，该纳税人不符合享受国家免征增值税的条件，于是做出了行政处理决定，对陈欣下达了《核定应纳税款通知书》，责令其补缴自开业以来应纳的增值税 1 300 元，并处罚款 700 元。陈欣对此不服，认为农机产品是农业生产资料，可以享受国家免税照顾，所以他没有办理税务登记，更没有去税务机关申报纳税。当地主管国税分局也认为，农机产品是农业生产资料，在商品流通环节一概不纳增值税，所以也一直没有过问此事。陈欣于 2017 年 3 月 8 日按规定缴清了全部税款、滞纳金和罚款，随后向市国税局申请复议，要求市国税局撤销稽查局做出的补缴税款、滞纳金以及行政处罚的处理决定。

市国税局经过审查，认为稽查局做出的具体行政行为认定事实清楚、证据确凿、适用法律法规正确、程序合法、内容适当，于是做出了税务行政复议决定，对陈欣下达了《税务行政复议决定书》，维持市国税局稽查局做出的税务处理决定。请问陈欣未办理税务登记是否能享受税收优惠政策？

**2.** 2017 年 5 月，三泰市税务机关对钱龙公司进行纳税检查时发现了以下几个问题：

（1）钱龙公司从一些个体工商户处购买货物，未经税务机关同意，取得了一部分增值税专用发票，并作为进项税额入账，已经抵扣进项税额 140 000 元。

（2）账外销售货物 280 000 元（不含税价格），未计入销售额，计算销项税额为 47 600 元。

（3）经核实，钱龙公司已经缴纳增值税 430 000 元，税务机关对钱龙公司做出追缴税款 187 600（140 000+47 600）元的处罚，并罚款 938 000 元。

**要求**：根据《税收征管法》的规定，对钱龙公司的行为和税务机关的行为做出判断，并提出处理意见。

Chapter3

# 第三章

# 税务行政管理法

**引导案例　查税也要守法：李某诉县地税局案**

2016年6月25日，某县地税局车辆税收管理所为防止税款流失，在通往某煤矿的公路上进行税收检查，查堵逃税车辆。个体营运车主李某驾驶运煤汽车路经此处时，税务检查人员将其拦住，两名身着税服的检查人员向李某出示税务检查证，并讲明实施检查的意图，车辆税收管理所工作人员郑某登上车门踏板准备进行检查。年初以来一直未申报纳税的李某惧怕检查，趁其他税务人员不备突然驾车企图逃离检查现场，郑某在十分危险的情况下强行爬进驾驶室，李某被迫停车。经随即追来的车管所其他税务人员检查，认定李某未按期申报纳税，向李某填发了《限期纳税通知书》和《查封扣押证》。根据《税收征管法》第二十七条，车辆税收管理所将李某的汽车扣押，停放在办公室后院的停车场内，要李某补缴上半年税款5 400元，李某四处托人到车辆税收管理所说情放车，均被拒绝，其间李某汽车的轮胎等部件被盗。

7月5日，李某向县人民法院起诉县地税局，要求地税局返还扣押的汽车并赔偿被盗部件及误工损失5 000元。县法院受理了此案，向县地税局发出应诉通知书，地税局在规定期限内提供了举证材料并聘请了律师为诉讼代理人。7月20日法院开庭进行了审理，7月25日县法院做出一审判决，撤销县地税局扣押李某汽车的具体行政行为，赔偿李某汽车部件被盗及误工损失5 000元，诉讼费由县地税局承担。

资料来源：抚顺工商联网。

**讨论与思考问题：**

1. 指出某县地税局在此案中执法存在的问题。
2. 法院的判决是否正确，依据是什么？

## 第一节　税收管理体制

### 一、税收管理体制的概念

税收管理体制是指在中央和地方之间划分税收管理权限，确立各自税权范围的一种税收制度。税收管理体制既是财政管理体制的重要组成部分，也是税务行政管理法的一项重要内容。其实质体现了中央和地方在行使课税及其管理全过程中的一种权利分配关系。

## 二、税收管理权限的划分

税收管理权限的划分，有纵向与横向划分之别。前者是指在中央和地方的国家机构之间划分税收管理权限；后者是指在同级立法、司法、行政等国家机构之间划分税收管理权限。我国税收立法权和执法权包括以下内容。

### （一）税收立法权

**1. 税收立法权的含义**

税收立法权是指制定、修改、解释或废止税收法律、法规、规章和规范性文件的权力。税收立法权可以按照税种类型、税法构成要素、税收执法级次等方面来划分。我国的税收立法权是按照税收执法级次来划分的。

**2. 税收立法权的内容**

税收立法权的内容主要有以下几项。

（1）全国人大及其常务委员会的税收立法权。全国人大及其常务委员会有全国性税种的立法权，包括中央税和在全国范围内征收的地方性税法的制定、公布权和税种的开征、停征权。

（2）国务院的税收立法权。经全国人大及其常务委员会授权，全国性税种可先由国务院以条例或暂行条例的形式发布施行，经过一段时期后，再修订并通过正式立法程序；国务院有权制定税法实施细则、增减税目和调整税率；国务院有权解释税法等。

（3）财政部和国家税务总局的税收立法权。经国务院授权，国家税务主管部门，即财政部和国家税务总局有税法的解释权和地方性税种实施细则的制定权。

（4）省级人大及其常务委员会的税收立法权。省级人大及其常务委员会根据本地区经济发展的具体情况和实际需要，在不违背国家统一税法、不影响中央财政收入、不妨碍社会主义统一市场的前提下，有权制定、公布、开征、停征全国性税种以外的地方税种（包括各种基金和费），但所立税法在公布实施前，须报全国人大常委会备案。

（5）省级人民政府的税收立法权。经省级人大及其常务委员会的授权，省级人民政府有本地区地方税法的解释权和制定地方税法实施细则、调整税目与税率的权力；在上述规定的前提下，制定一些税收征管办法；在全国性地方税条例规定的幅度内，确立本地区使用的税率（或税额）。上述权力除税法解释权外，在发布实施前须报国务院备案。

这里需要说明的是，地区性地方税的立法权应只限于省级立法机关及其授权的同级政府，不能层层下放。所立税法可在全省（市、自治区）范围内执行，也可在部分地区执行。

### (二) 税收执法权

#### 1. 税收执法权的含义

税收执法权是指贯彻执行各种税收法律制度的权力。税收执法权的含义包括两个方面：一是什么机关有税收立法权；二是各级机关的税收立法权如何划分。其内容主要包括税收征收权、管理权、检查权、处罚权、减免税审批权和地方性税种的停征权、税率依法确定权等。

#### 2. 税收执法权的内容

根据现行有关税收法律、行政法规的规定，我国现行税收执法权的划分主要包括以下几个方面：

（1）在分税制财政管理体制下，中央税的管理权归属于国务院及财政部和国家税务总局，由各级国家税务局负责征收管理；中央与地方共享税的管理权，按中央和地方政府各自的收入归属划分，由各级国家税务局负责征收管理，并将其地方收入部分直接划入地方金库。

（2）根据国务院的有关规定，各地区、各部门及单位和个人在税法规定之外一律不得减免税，也不得采用先征后返的形式变相减免税。

（3）地方自行立法的地区性税种，其税收管理权归属于各级人民政府及其税务主管部门；省级人民政府可根据本地区经济发展的实际情况，自行决定继续征收或停止征收屠宰税和筵席税，其具体征收办法要报国务院备案；属于地方税收的管理权限，在省级及其以下的地区如何划分，由省级人大或省级人民政府决定。

（4）除少数民族自治区和经济特区外，各地不得擅自停征全国性的地方税种。

（5）经全国人大及其常务委员会和国务院批准，少数民族自治区和经济特区拥有一般地方税收管理权外，还拥有某些特殊的税收管理权，比如民族自治区有全国性地方税种中某些税目、税率的调整权及地方性税种的减免权等；经济特区有对涉外企业地方所得税和某些项目预提所得税的减免税权等。

## 三、税务机关及其权限划分

### (一) 税务机构的总体设置

税务机构是为了实现税收功能专门设立的，代表国家行使税收管理权的专职机构。它在法律上具有多重功能，税务机关是代表国家行使税务行政管理、执行税收法令、组织税收收入等的职能机关。

根据国民经济与社会发展，以及实行分税制财政管理体制的需要，我国现行税务机构的设置规定为：中央政府设立国家税务总局；省及省级以下税务机构分设国家税务局（以下简称国税局）和地方税务局（以下简称地税局）两个系统。省级国税局受国家税务总局垂直领导，省以下级国税局受上级税务局垂直领导；省级地税局受同级人民地方政府和国家税务总局的双重领导，以地方人民政府领导为主，省级以下地税局受上级税务局和同级人民政府的双重领导，以上级地税局垂直领导为主。

### （二）国税局系统及其征管范围

国税局系统包括省（直辖市、自治区）、市（地区、地级市、自治州、盟）、县（县级市、旗）国税局、征收分局和税务所。省级国税局是国家税务总局的直属行政机构，是本地区主管国家税收工作的职能部门，负责贯彻执行国家有关税收法律、法规和规章，并结合本地区实际制定具体实施办法；征收分局和税务所是县级国税局的派出机构，前者一般按行政区划、经济区划或行业设置，后者一般按经济区划和行政区划设置。

国税局系统税收征收管理的范围包括：增值税，消费税，车辆购置税，中国铁路总公司、各银行总行、各保险总公司集中缴纳的所得税、城市维护建设税，中央企业缴纳的所得税，中央与地方所属企业、事业单位组成的联营企业、股份制企业缴纳所得税，地方银行、非银行金融企业缴纳的所得税，海洋石油企业缴纳的所得税、资源税，外商投资企业和外国企业缴纳的所得税，证券交易税（现行为对证券交易征收的印花税），个人所得税中对储蓄存款利息所得征收的部分，中央税的滞纳金、补税和罚款。

### （三）地税局系统及其征管范围

地税局系统包括省（直辖市、自治区）、市（地区、地级市、自治州、盟）、县（县级市、旗）地税局、征收分局和税务所，是国家税务总局对省级地税局的领导，主要体现在税收政策、业务指导和协调，对国家统一的税收制度、政策监督、组织经验交流方面。省级地税局是省级人民政府所述的主管本地区地方税收工作的职能部门，一般为正厅级行政管理机构。地税局系统税收征收管理的范围包括：城市维护建设税（不包括上述由国税局系统负责征收管理的部分），地方国有、集体企业、私营企业缴纳的所得税，个人所得税（不包括对储蓄存款利息所得征收的部分），资源税，城镇土地使用税，耕地占用税，土地增值税，房产税，车船税，烟叶税，契税，屠宰税，筵席税，地方税的滞纳金、补税和罚款。

### （四）中央与地方政府的税收收入

根据现行分税制财政管理体制的规定，我国的税收收入分为中央政府固定收入、地方政府固定收入和中央与地方共享收入。

**1. 中央政府固定收入**

中央政府固定收入包括国内消费税、关税及海关代征的增值税和消费税收入，以及印花税（从 2016 年 1 月起将证券交易印花税全部调整为中央收入）。

**2. 地方政府固定收入**

地方政府固定收入包括个人所得税、城镇土地使用税、耕地占用税、土地增值税、房产税、车船税、契税、烟叶税和其他地方附加收入。

3. 中央与地方共享收入

中央与地方共享收入主要规定包括以下几个方面：

（1）国内增值税。中央政府分享 50%，地方政府分享 50%。

（2）企业所得税。中国铁路总公司、各银行总行及海洋石油企业缴纳的部分归中央政府，其余部分中央与地方政府按 60% 和 40% 的比例分享。

（3）个人所得税。除储蓄存款利息所得的个人所得税外，其余部分的分享比例与企业所得税相同。

（4）资源税。海洋石油企业缴纳的部分归中央政府，其余部分归地方政府。

（5）城市维护建设税。中国铁路总公司、各银行总行、各保险总公司集中缴纳的部分归中央政府，其余部分归地方政府。

## 第二节　税务行政处罚

### 一、税务行政处罚的概念与原则

#### (一) 税务行政处罚的概念

税务行政处罚是指公民、法人或其他组织有违反税收法律、行政法规的违法行为，尚未构成犯罪的，依法应当承担行政责任的，由税务机关给予的处罚。

税务行政处罚是行政处罚的重要组成部分。为贯彻实施《中华人民共和国行政处罚法》(以下简称《行政处罚法》)（1996 年 3 月第八届全国人大第四次会议通过，2009 年 8 月第十一届全国人大常务委员会第十次会议予以修正），保护纳税人和其他税务当事人的合法权益，1996 年 9 月国家税务总局发布了《税务案件调查取证与处罚决定分开制度实试办法（试行)》和《税务听证程序实施办法（试行)》，并于 1996 年 10 月起施行。

#### (二) 税务行政处罚的原则

税务行政处罚中应遵循以下六项基本原则。

1. 法定处罚

实施税务处罚时，要有法定依据。法无明确规定不得处罚；处罚由法定的国家机关，即全国人大及其常委会、国务院、财政部、国家税务总局在其职权范围内设定；处罚要由法定的税务机关在其职权范围内按法定程序予以实施。

2. 公正公开

公正就是要防止偏听偏信，给予当事人了解其违法行为的性质及陈述、申辩的机会；公开是指税务行政处罚的依据和程序公开。

3. 事实依据

对违反税收法律制度的所有行为，不论案件大小，税务机关在执行行政处罚时，都要以违法行为人的违法事实为依据。

4. 过罚相当

在税务行政处罚的设定和实施方面，都要根据税务违法行为的性质、情节及危害程度，依法定的标准给予恰当的处罚，防止畸轻、畸重或一刀切。

5. 监督制约

对税务机关实施行政处罚进行内部和外部的监督制约。

6. 处罚与教育相结合

在处罚税务违法行为时，要坚持处罚与教育相结合的原则，以达到既纠正违法行为，又教育公民自觉履行纳税义务的目的。

## 二、税务行政处罚的设定与管辖

### （一）税务行政处罚的设定和种类

税务行政处罚的设定是指由特定的国家机关通过一定的形式规定公民、法人或其他组织的行为规范，以及违反该行为规范的行政制裁措施。其种类包括：①警告；②罚款；③没收违法所得、没收非法财物；④责令停产停业；⑤暂扣或吊销执照；⑥行政拘留；⑦法律、行政法规规定的其他行政处罚。

1. 税务行政处罚的设定

目前，我国税务行政处罚的设定规定为：

（1）全国人大及其常委会可通过法律的形式，设定各种税务行政处罚。

（2）国务院可通过行政法规的形式，设定除限制人身自由以外的税务行政处罚。

（3）国家税务总局可通过规章形式，设定警告和罚款，但税务行政规章对非经营活动中的违法行为设定的罚款不得超过 1 000 元；对非经营活动中的违法行为有违法乱纪所得的，设定的罚款不得超过违法所得的 3 倍（最高不得超过 3 万元)；没有违法所得的，设定罚款不得超过 1 万元；超过限额的，应当报国务院批准。

（4）地方性法规和地方性规章，均不得设定税务行政处罚。

2. 税务行政处罚的种类

我国现行税务行政处罚种类主要有财产罚和行为罚两种。财产罚包括罚款和没收非法所得两种；行为罚包括停止出口退税权、收缴发票或暂停供应发票和提请工商行政管理机关吊销其营业执照三种。

### （二）税务行政处罚的实施主体与管辖

1. 税务行政处罚的实施主体

税务行政处罚的实施主体是县以上的税务机关。各级税务机关的内设机构、派出机构不具备处罚主体资格，不能以自己的名义实施行政处罚。但税务所可实施罚款额在

2 000 元以下的税务行政处罚，这是《税收征管法》的特别授权。

2. 税务行政处罚的管辖

根据《行政处罚法》和《税收征管法》的规定，税务行政处罚由当事人税收违法行为发生地的县（市、旗）以上税务机关管辖。其具体含义有：一是从税务行政处罚的地域管辖来看，税务行政处罚实行行为发生地原则；二是从税务行政处罚的级别管辖来看，除法律特别授权的税务所外，必须是县（市、旗）以上税务机关；三是从税务行政处罚的管辖主体的要求来看，必须有税务行政处罚权。

## 三、税务行政处罚的程序与执行

### （一）税务行政处罚的程序

1. 税务行政处罚的简易程序

税务行政处罚的简易程序是指税务机关及其执法人员对于公民、法人或其他组织违反税收征收管理的行为，当场做出税务行政处罚决定的过程要求。

简易程序的适用条件有二：①案情简单、事实清楚、违法后果比较轻微，且有法定依据应当给予处罚的违法行为；②给予的处罚较轻，仅适用于对公民处以 50 元以下和对法人或其他组织处以 1 000 元以下罚款的违法案件。

2. 税务行政处罚的一般程序

除了适用于简易程序的税务违法案外，对于其他违法案件，税务机关在做出处罚决定前要按照税务行政处罚的一般程序进行。

（1）税务调查。对税务违法案件的调查由税务机关内设的调查机构负责，进行调查取证后，对依法应当给予行政处罚的，应及时提出处罚建议，以税务机关的名义制作《税务行政处罚事项通知书》，并送达当事人。调查终结后，应当制作调查报告，并及时将调查报告连同所有案卷材料移交审查机构。

（2）税务取证。审查机构收到调查机构移交的案卷材料后，填写《税务案件审查登记簿》，并应自收到调查机构移交的案卷材料之日起 10 日内审查终结，制作审查报告，并连同案卷材料报送税务机关负责人审批。

（3）税务听证。税务听证的范围是对公民做出 2 000 元以上或者对法人或其他组织做出 10 000 元以上罚款的案件；听证主持人应由税务机关内设的非本案调查机构的人员担任。听证的当事人应当在收到《税务行政处罚事项通知书》后 3 日内向税务机关书面提出听证要求，逾期不提出的，视为放弃听证权利；税务机关应当在当事人提出听证要求后 15 日内举行听证，并在举行听证的 7 日前将《税务行政处罚听证通知书》送达当事人；听证的全部活动，应由记录员制作笔录连同听证笔录附卷移交审查机构审查。

（4）税务决定。审查机构做出审查意见并报送税务机关负责人审批后，应在收到审批意见之日起 3 日内，分别制作以下处理决定，再报税务机关负责人签发：有应受行政处罚的违法行为的，根据情节轻重及具体情况予以处罚；违法行为轻微，依法可不予行政处罚的，不予行政处罚；违法事实不成立的，不得予以行政处罚；违法行为已构成犯罪的，移送公安机关。

适用上述一般程序的案件通常是情节比较复杂、处罚比较重的案件。

### （二）税务行政处罚的执行

**1. 税务行政处罚的履行**

税务机关做出行政处罚决定后，应当按照《征管法实施细则》的规定，送达当事人执行。当事人在法定期限内不申请复议也不起诉，并且在规定期限内又不履行的，税务机关可以申请法院强制执行。

**2. 税务人员当场收缴罚款**

税务机关对当事人做出罚款行政处罚决定的，当事人应当在收到行政处罚决定书之日起 15 日内缴纳罚款，到期不缴纳的，税务机关可对当事人每日按罚款数额的 3% 加处罚款。

**3. 税务行政罚款的收缴**

税务机关除依法可以当场收缴罚款的情形以外，实行做出罚款决定的税务机关与收缴罚款的机构分离的办法。

**4. 代收罚款协议的签订**

税务机关应当同代收罚款的机构签订代收罚款协议。代收罚款的机构应当将代收罚款协议报中国人民银行或当地分支机构备案，代收罚款的机构代收罚款，应当向当事人出具财政部规定的罚款收据。

# 第三节　税务行政争讼

## 一、税务行政争讼的概念

税务行政争讼是税务行政复议与税务行政诉讼的合称，是指在税务机关与纳税当事人之间发生纳税或处罚不服时所进行的税务行政或司法行为。税务行政复议是指纳税当事人不服税务机关及其工作人员做出的具体行政行为，根据当事人的申请，由上一级税务机关（复议机关）对复议申请内容进行复查并做出裁决的一种税务行政行为。税务行政诉讼是指纳税当事人认为税务机关及其工作人员做出的具体行政行为违法或不当，依法向人民法院提起行政诉讼，由人民法院按司法程序对集体税务行政行为的合法性和适当性进行审判的活动。

## 二、税务行政复议

### （一）税务行政复议的意义与特点

**1. 税务行政复议的意义**

依法开展税务行政复议活动，对于保护公民、法人或其他组织的合法权益，维护和促进税务机关依法办事，整顿税收秩序，加强税收管理以及依法治税等方面都具有积极的现实意义。

**2. 税务行政复议的特点**

税务行政复议的特点主要有以下四个方面：

第一，因税务管理对象当事人的申请而产生，以申请复议的具体行政行为为对象；

第二，复议要以申请人依法自动履行原具体行政行为为前提条件；

第三，由做出税务具体行政行为的上一级税务机关负责裁决；

第四，因征税行为发生的复议，复议与诉讼相衔接并构成税务行政复议的前置程序。

**3. 税务行政复议的原则**

税务行政复议的原则是指税务行政复议机关在解决和处理税务争议案件时必须始终遵循的基本准则。税务行政复议的原则主要包括以下几项。

（1）合法性原则。在税务行政复议中，复议机关审理税务行政复议案件，必须在查清客观情况的基础上，正确适用法律，严格依法办案；复议机关履行职责，其管辖权限应有合法的法律依据；审查复议申请的程序应依法进行。

（2）公开性原则。税务行政复议机关受理行政复议申请、进行复议审查、做出复议决定等，都应当公开进行；审理中的有关文书、证据、资料，对行政复议双方当事人都应当公开。

（3）公正性原则。税务行政复议机关在审理和审查行政复议申请时，必须依法、公正地进行，不能偏袒个别部门或下属机关。

（4）及时性原则。税务行政复议的受理、审查和做出行政复议决定，必须按照法律法规规定的时限，按期执行有关的程序，并做出复议决定，不得久拖不决，或是拖延不办。

（5）便民原则。税务行政复议活动应方便复议申请人，不能因为复议活动而造成人力、物力、财力的浪费，如原则上可采用书面复议形式，使申请人免于奔波，减少不必要的负担。

## （二）税务行政复议的机关

**1. 税务行政复议机关的含义**

税务行政复议机关（以下简称复议机关），是指依法受理行政复议申请，对具体行政行为进行审查并做出行政复议决定的税务机关。复议机关必须强化责任意识和服务意识，树立依法行政观念，认真履行税务行政复议职责，忠于法律，确保法律正确实施，坚持有错必纠。根据现行规定，复议机关是做出具体行政行为的税务机关的上一级税务机关或地方人民政府。

**2. 税务行政复议机关的职责**

复议机关是负责税收法制工作的专门机构，具体办理行政复议事项，履行下列职责：

（1）受理行政复议申请。

（2）向有关组织和人员调查取证，查阅文件和资料。

（3）审查申请行政复议的具体行政行为是否合法与适当，起草行政复议决定。

（4）处理或移送因认为税务机关的具体行政行为所依据的规定不合法而提出复议的审查申请。

（5）对被申请人违反《行政复议法》及其实施条例和《税务行政复议规则》规定的行为，依照规定的权限和程序向相关部门提出处理建议。

（6）研究行政复议工作中发现的问题，及时向有关机关或部门提出改进建议，及时向行政复议机关报告重大问题。

（7）指导和监督下级税务机关的行政复议工作。

（8）办理或组织办理行政诉讼案件应诉事项。

（9）办理行政复议案件的赔偿事项。

（10）办理行政复议、诉讼、赔偿等案件的统计、报告、归档工作和重大行政复议决定备案事项。

（11）其他与行政复议工作有关的事项。

### （三）税务行政复议的范围

#### 1. 税务行政复议的受案范围

复议机关受理申请人因对税务机关下列具体行政行为不服而提出的行政复议申请：

（1）应税行为。

（2）行政许可、行政审批行为。

（3）发票管理行为。

（4）税收保全措施、强制执行措施。

（5）行政处罚行为。

（6）不依法履行下列职责的行为：

1）颁发税务登记；

2）开具、出具完税、外出经营活动税收管理证明；

3）行政赔偿；

4）行政奖励；

5）其他依法应履行的职责。

（7）资格认定行为。

（8）不依法确认纳税担保行为。

（9）政府信息公开工作中的具体行政行为。

（10）纳税信用等级评定行为。

（11）通知出入境管理机关阻止出境行为。

（12）其他具体行政行为。

### 2. 税务行政复议的管辖范围

税务行政复议的管辖基本制度，原则上是实行由上一级税务机关管辖的复议制度。其规定主要包括：

（1）对各级国税局的具体行政行为不服的，向其上一级国税局申请行政复议。

（2）对各级地税局的具体行政行为不服的，向其上一级地税局或该税务局的本级人民政府申请行政复议。

（3）对国家税务总局的具体行政行为不服的，向国家税务总局申请行政复议。

## （四）税务行政复议的申请

### 1. 税务行政复议参加人

税务行政复议参加人是指在复议机关的组织下，依法参加税务行政复议活动的申请人、第三人、代理人和被申请人。

（1）税务行政复议的申请人。税务行政复议的申请人是指依法提起税务行政复议的税务当事人。申请人主要包括以下情形：

1）合伙企业申请行政复议的，应以工商行政管理机关核准登记的企业为申请人。

2）股份制企业的股东大会、董事会认为税务具体行政行为侵犯企业合法权益的，可以以企业的名义申请行政复议。

3）有权申请行政复议的公民死亡的，其近亲可申请行政复议。

4）有权申请行政复议的法人或其他组织发生合并、分立或终止的，承受其权利义务的法人或其他组织可申请行政复议。

5）非具体行政行为的行政管理相对人，但其权利直接被该具体行政行为所剥夺、限制或被赋予义务的公民、法人或其他组织，在行政管理相对人没有申请行政复议时，可单独申请行政复议。

6）同一行政复议案件申请人超过 5 人的，应推选 1~5 名代表参加行政复议。

（2）税务行政复议的第三人。税务行政复议的第三人是指与申请税务行政复议的具体行政行为有利害关系的其他公民、法人或其他组织。复议机关在行政复议期间，认为申请人以外的公民、法人或其他组织与被审查的具体行政行为有利害关系的，可通知其作为第三人参加行政复议。

（3）税务行政复议的代理人。税务行政复议的代理人是指受申请人或第三人的委托，在法律规定或当事人委托的权限范围内进行税务行政复议活动的人。

（4）税务行政复议的被申请人。税务行政复议的被申请人是指纳税人或其他税务当事人不服做出具体行政行为的税务机关。税务行政复议的被申请人主要包括：

1）申请人对具体行政行为不服申请行政复议的，做出该具体行政行为的税务机关为被申请人。

2）申请人对扣缴义务人的扣缴税款行为不服的，主管该扣缴义务人的税务机关为被申请人。

3）税务机关与法律、法规授权的组织以共同的名义做出具体行政行为的，其税务机关和该组织为共同被申请人。

4）税务机关按法律法规和规章规定，经上级税务机关批准做出具体行政行为的，批准机关为被申请人。

5）税务机关设立的派出机构、内设机构或其他组织，未经法律法规授权，以自己名义对外做出具体行政行为的，税务机关为被申请人。

6）被申请人不得委托本机关以外人员参加行政复议。

**2. 税务行政复议申请的要求**

税务行政复议申请的要求主要包括以下几项。

（1）复议的时限。申请可在知道税务机关做出具体行政行为之日起提出行政复议。

（2）复议的条件。申请人对《税务行政复议规则》规定的征税行为不服的，应先向复议机关申请行政复议；对行政复议不服的，可向人民法院提起行政诉讼。申请人申请行政复议的，必须依照税务机关根据法律法规确定的税额、期限，先行缴纳或解缴税款和滞纳金，或提供相应的担保，才可在缴清税款和滞纳金，或提供相应的担保得到做出具体行政行为的税务机关确认之日起 60 日内提出行政复议申请。

（3）复议的方式。申请人采用书面申请行政复议的，可采用当面递交、邮寄或传真等方式提出申请。

（4）直接诉讼。申请人对规定征税行为以外的其他具体行政行为不服的，可申请行政复议，也可直接向人民法院提起行政诉讼。

## （五）税务行政复议的受理

**1. 税务行政复议受理的条件**

税务行政复议申请符合下列规定的，复议机关应当受理：

1）属于《税务行政复议规则》规定的税务行政复议范围。

2）在法定申请期限内提出。

3）有明确的申请人和符合规定的被申请人。

4）申请人与具体行政行为有利害关系。

5）有具体的税务行政复议申请的条件。

6）符合《税务行政复议规则》规定的税务行政复议申请的条件。

7）属于收到税务行政复议申请的复议机关的职责范围。

8）其他复议机关尚未受理同一税务行政复议申请，法院尚未受理同一主体就同一事实提起的税务行政诉讼。

**2. 税务行政复议受理的时限**

复议机关收到税务行政复议申请后，应在 5 日内进行审查，决定是否受理。复议机关收到税务行政复议申请后，未按规定期限审查并做出不予受理决定的，视为受理。

**3. 税务行政复议的不予受理**

对于不符合规定的行政复议申请，决定不予受理，并书面告知申请人。

**4. 上级税务机关的复议受理**

上级税务机关认为复议机关不予受理行政复议申请的理由不成立的，可督促其受理；经督促仍然不受理的，责令其限期受理。

**5. 行政复议期间行政行为的执行**

行政复议期间税务具体行为不停止执行，但有下列情形之一的，可停止执行：一是被申请人认为需要停止执行的；二是复议机关认为需要停止执行的；三是申请人申请停止执行的；四是法律规定停止执行的。

**6. 行政复议之外的行政诉讼**

应先向复议机关申请行政复议，对复议决定不服再向法院提起具体行政行为，复议机关决定不予受理或受理后超过行政复议期限不做出答复的，申请人可自收到不予受理决定书之日起或行政复议期满之日起 15 日内，依法向法院提起行政诉讼。

### （六）税务行政复议的决定

**1. 税务行政复议的审查**

其规定主要包括：

（1）行政复议机构自受理行政复议申请之日起 7 日内，将行政复议申请书副本或复议申请复印件发送被申请人。被申请人自收到行政复议申请书副本或复议申请复印件之日起 10 日内提出书面答复，并提交当初做出具体行政行为的证据、依据和其他有关材料。

行政复议原则上采用书面审查办法，但在申请人提出要求或行政复议机构认为有必要时，应听取申请人、被申请人和第三人的意见，并向有关组织和人员调查了解情况。

（2）税务行政复议的听证。对重大、复杂的案件，在申请人提出要求或行政复议机关认为必要时，可采用听证的方式审理。

（3）税务行政复议的决定。税务行政复议的决定内容主要包括：

1）税务行政复议的基本结论。其结论包括维持、撤销、变更或确认违法、重新做出和予以驳回。行政复议机构应对被申请人的具体行政行为提出审查意见，经复议机关负责人批准，按照下列规定做出行政复议决定：

A. 具体行政行为认定事实清楚、证据确凿、适用依据正确、程序合法、内容适当的，决定维持。

B. 被申请人不履行法定职责的，决定其在一定期限内履行。

C. 具体行政行为有下列情形之一的，决定撤销、变更或确认该具体行政行为违法：主要事实不清、证据不足的；适用依据错误的；违反法定程序的；超越职权或滥用职权的；具体行政行为明显不当的。

2）做出撤销的具体行政行为。被申请人对已受理的行政复议申请，不按照规定提出书面答复，提交当初做出具体行政行为的证据、依据和其他有关材料的，视为该具体行政行为没有证据、依据，决定撤销该具体行政行为。

3）重新做出的具体行政行为。复议决定撤销或确认该具体行政行为违法的，可责令被申请人在一定期限内重新做出具体行政行为。

4）做出变更的具体行政行为。有下列情形之一的，复议机关可决定变更：认定事实清楚、证据确凿、程序合法，但是明显不当或者适用依据错误的；认定事实不清、证据不足，但经行政复议机关审理查明事实清楚，证据确凿的。

5）予以驳回的具体行政行为。有下列情形之一的，复议机关应决定驳回行政复议申请：申请人认为税务机关不履行法定职责申请行政复议，复议机关受理后发现该税务机关没有响应法定职责或在受理以前已经履行法定职责的；受理行政复议后，发现该行政复议申请不符合行政复议法及其实施条例和《税务行政复议规则》规定受理条件的。

（4）税务行政复议的中止。行政复议期间，有下列情形之一的，行政复议中止：

1）作为申请人的公民死亡，其近亲属尚未确定是否参加行政复议的。

2）作为申请人的公民丧失参加行政复议的能力，尚未确定法定代理人参加行政复议的。

3）作为申请人的法人或其他组织终止，尚未确定权利义务承受人的。

4）作为申请人的公民下落不明或被宣告失踪的。

5）申请人、被申请人因不可抗力，不能参加行政复议的。

6）行政复议机关因不可抗力原因暂时不能履行工作职责的。

7）案件涉及法律适用问题，需要有权机关做出解释或确认的。

8）案件审理需要以其他案件的审理结果为依据，而其他案件尚未审结的。

9）其他需要中止行政复议的情形。

（5）税务行政复议的终止。行政复议期间，有下列情形之一的，行政复议终止：

1）申请人要求撤回行政复议申请，行政复议机构准予撤回的。

2）作为申请人的公民死亡，没有近亲属，或其近亲属放弃行政复议权利的。

3）作为申请人的法人或其他组织终止，其权利义务的承受人放弃行政复议权利的。

4）申请人与被申请人依照《税务行政复议规则》的规定，经行政复议机构准许达成和解的。

5）行政复议申请受理以后，发现其他行政复议机关已经先于本机关受理，或法院已经受理的。

6）税务行政复议的赔偿。申请人在申请行政复议时可一并提出行政赔偿要求，复议机关对按《国家赔偿法》的规定应当赔偿的，在决定撤销、变更具体行政行为或确认具体行政行为违法时，应当同时决定被申请人依法赔偿。

### （七）税务行政复议的执行

#### 1. 税务行政复议决定的送达

复议机关应自受理申请之日起 60 日内做出行政复议决定。情况复杂不能在规定期限内做出复议决定的，经复议机关负责人批准可适当延期，并告知申请人和被申请人，但延期不得超过 30 日。复议机关做出行政复议决定应制作《行政复议决定书》，并加盖复议机构印章。行政复议决定书一经送达，即发生法律效力。

**2. 税务行政复议决定的履行**

被申请人应履行行政复议决定。被申请人不履行、无正当理由拖延履行行政复议决定的，复议机关或有关上级税务机关应责令其限期履行。

### （八）税务行政复议的监管

**1. 税务行政复议的督导工作**

各级复议机关应加强对履行行政复议职责的监督。行政复议机关负责对行政复议工作进行系统督促、指导。各级税务机关应建立健全行政复议工作责任制，将行政复议工作纳入本单位目标责任制。

**2. 税务行政复议的工作建议**

复议机关在行政复议期间，发现被申请人和其他下级税务机关的相关行政行为违法或需要做好善后工作的，可制作《行政复议意见书》。有关机关应自收到意见书之日起 60 日内，将其纠正情况报告复议机关。

**3. 复议案件资料的存档**

省以下各级税务机关应定期向上一级税务机关提交行政复议、应诉、赔偿统计表和分析报告，及时将重大复议决定报上一级行政复议机关备案。行政复议机关应按照规定将行政复议案件资料立卷归档。其案卷应按照行政复议申请分别装订立卷，一案一卷，做到目录清晰、资料齐全、分类规范、装订整齐。

## 三、税务行政诉讼

### （一）税务行政诉讼的特点与原则

**1. 税务行政诉讼的特点**

我国税务行政诉讼的特点主要表现在以下四个方面：第一，税务行政诉讼一般以税务行政争议为基本前提；第二，税务行政诉讼是依法请求的行政行为，没有纳税当事人的起诉行为，司法机关就无权受理；第三，税务行政诉讼是纳税当事人、税务机关和人民法院“三方”的法律关系；第四，税务行政诉讼必须按照法定的诉讼程序和方式进行。

**2. 税务行政诉讼的原则**

税务行政诉讼除遵循行政诉讼的共有原则（如法院独立行使审判权、实行合议、回避、公开、辩论、两审终审等）外，还必须遵循其特有的原则。

（1）人民法院特定主管原则。人民法院对税务行政案件只有部分管辖权，即人民法院只能受理具体税务行政行为引起的行政争议案件。

（2）合法性审查原则。除审查税务机关是否滥用权力、税务行政处罚是否显失公正以外，人民法院只对具体税务行政行为是否合法予以审查，原则上不直接判决变更。

（3）不适用调解原则。税收行政管理权是国家权力的重要组成部分，税务机关无权依自己意愿进行处置。人民法院不能对税务行政诉讼法律关系的双方当事人进行调解。

（4）起诉不停止原则。当事人不能以起诉为理由而停止执行税务机关所做出的具体行政行为。

（5）税务机关负举证责任原则。税务行政行为是税务机关单方依一定事实和法律做出的，只有税务机关最了解做出该行为的证据。如果税务机关不提供或不能提供证据，就可能败诉，以致影响国家或纳税人的合法权益。

（6）税务机关负责赔偿原则。依据《国家赔偿法》和《税收征管法》的有关规定，税务机关及其工作人员因执行职务不当，给税务当事人造成人身及财产损害的，应承担赔偿责任。

## （二）税务行政诉讼的受案与管辖

### 1. 税务行政诉讼的受案范围

税务行政诉讼的受案范围，在内容上大体与税务行政复议的受案范围一致。此外，还包括税务机关的复议行为，即复议机关改变了原具体行政行为和期限届满税务机关不予答复的情形。

### 2. 税务行政诉讼的管辖

税务行政诉讼的管辖是指人民法院之间受理第一审税务案件的职权分工。具体分为级别管辖、地域管辖和裁定管辖。

（1）级别管辖。级别管辖是指上下级人民法院之间受理第一审行政案件的分工和管理权限。根据《行政诉讼法》的规定，基层法院管辖一般的税务行政诉讼案件；中高级人民法院管辖本辖区内重大、复杂的税务行政诉讼案件；最高人民法院管辖全国范围内重大、复杂的税务行政诉讼案件。

（2）地域管辖。地域管辖是指同级人民法院之间受理第一审行政案件的分工和管理权限。其分为一般地域管辖和特殊地域管辖两种：前者是指按照最初做出具体行政行为的机关所在地来确定管辖法院，即由最初做出具体行政行为的税务机关所在地人民法院管辖；后者是指根据特殊行政法律关系或特殊行政法律关系所指的对象来确定管辖法院，即经过税务行政复议的案件，复议机关改变原具体行政行为的，由原告选择最初做出具体行政行为的税务机关所在地人民法院或复议机关所在地人民法院管辖。

（3）裁定管辖。裁定管辖是指人民法院依法自行裁定的管辖，包括移送管辖、指定管辖和管辖权的转移。其中移送管辖是指将人民法院已经受理的案件，移送给有管辖权的人民法院审理；指定管辖是指上级人民法院以裁定的方式，指定某下一级人民法院管辖某一案件；管辖权的转移是指上、下级人民法院对其所管辖的案件，在认为必要等情况下可以移交或报请审理。

## （三）税务行政诉讼的起诉和受理

### 1. 税务行政诉讼的起诉

税务行政诉讼的起诉是指公民、法人或其他组织认为自己的合法权益受到税务机关具体行政行为的损害而向人民法院提出诉讼要求，请求人民法院依法予以保护的诉讼行为。

纳税当事人在提出税务行政诉讼时必须符合以下4个条件：一是原告是认为具体税务行政行为侵犯其合法权益的公民、法人或其他组织；二是有明确的被告；三是有具体的诉讼请求和事实、法律根据；四是属于人民法院受案范围和受诉人民法院管辖。根据《税收征管法》等规定，对税务机关征税行为提起的诉讼，必须先经复议，对复议决定不服的，可在接到复议决定书之日起15日内向人民法院起诉；对其他具体行政行为不服的，当事人可在接到通知或知道之日起15日内直接向人民法院起诉，但在特殊情形下，起诉期为10年。在税务行政诉讼中，起诉权是单向性的权利，税务机关只有应诉权，且作为被告的税务机关也不能反诉。

### 2. 税务行政诉讼的受理

对纳税当事人的起诉，人民法院一般从以下几方面进行审查并做出是否受理的决定：审查是否属于法定的诉讼受案范围；审查是否具备法定的起诉条件；审查是否已经受理或正在受理；审查是否有管辖权；审查是否符合法定的期限；审查是否经过复议程序。

根据有关法律规定，人民法院接到诉状，经过审查，应当在7日内立案或做出裁定不予受理。原告对不予受理的裁定不服的，可以提起上诉。

## （四）税务行政诉讼的审理和判决

### 1. 税务行政诉讼的审理

人民法院审理行政案件实行合议、回避、公开审判和两审终审的审判制度。审理的核心是审查被诉具体行政行为是否合法，即做出该行政行为的税务机关是否依法享有该税务行政管理权；该行为是否依据一定的事实和法律做出；税务机关做出该行为是否遵照必备的程序等。

### 2. 税务行政诉讼的判决

人民法院对受理的税务行政案件，经过调查、收集证据和开庭审理之后，分别做出以下判决：

（1）维持判决。该判决适用于具体行政行为证据确凿，适用法律、法规正确，符合法定程序的案件。

（2）撤销判决。被起诉的具体行政行为主要证据不足，适用法律、法规错误，违反法定程序或超越职权、滥用职权，应判决撤销或部分撤销，并判决税务机关重新做出具体行政行为。

（3）履行判决。税务机关不履行或拖延履行法定职责的，判决其在一定期限内履行。

（4）变更判决。税务行政处罚显失公正的，可以判决变更。

对一审人民法院的判决不服，当事人可以上诉；对发生法律效力的判决，当事人必须执行，否则人民法院有权依据对方当事人的申请予以强制执行。

## 第四节 税务行政赔偿

### 一、税务行政赔偿的概念

税务行政赔偿是国家赔偿的重要组成部分。所谓国家赔偿是指国家机关及其工作人员违法行使职权，对公民、法人和其他组织的合法权益造成损害，由国家承担赔偿责任的制度。所谓税务行政赔偿是指税务机关对本身及其工作人员的职务违法行为给纳税人和其他税务当事人的合法权益造成的损害，代表国家予以赔偿的制度。

1994 年 5 月我国颁布了《中华人民共和国国家赔偿法》，并于 2010 年 4 月和 2012 年 10 月由全国人民代表大会常务委员会两次予以修正，它既是一部规范国家赔偿的实体法，又是一部具有较强操作性的程序法，同时也是税务行政赔偿的主要法律依据。此外，《税收征管法》也规定了税务行政赔偿的有关内容。

### 二、税务行政赔偿的要素

**1. 赔偿的构成要件**

赔偿的构成要件，主要包括以下四个方面：一是前提要件，即侵权行为主体须为税务机关及其工作人员或法律、法规授权的组织；二是核心要件，即税务机关及其工作人员的职务违法行为；三是必备要件，即存在对纳税人和其他税务当事人合法权益造成损害的事实；四是因果要件，即税务机关及其工作人员的职务违法行为与现实发生的损害事实存在着因果关系。

**2. 赔偿的请求人**

税务行政赔偿的请求人，即依法享有行政赔偿请求权的人，是指有权对税务机关及其工作人员的职务违法行为造成损害提出赔偿要求的人。根据现行有关法律规定，税务行政赔偿的请求人主要包括：一是受害的纳税人和其他税务当事人；二是受害公民的继承人和其他有抚养关系的亲属；三是承受原法人或其他组织权利的法人或其他组织。

**3. 赔偿的义务机关**

税务行政赔偿义务机关是指具体代表国家处理赔偿请求、支付赔偿费用、参加赔偿诉讼的行政机关。税务行政赔偿义务机关原则上是行使职权侵害公民、法人和其他组织合法权益的税务机关。通过上级税务机关行政复议的，最初造成侵权的税务机关为赔偿的义务机关，但上级税务机关行政复议决定加重损害的，则上级税务机关对加重损害部分履行赔偿义务；应当履行赔偿义务的税务机关被撤销的，继续行使其职权的税务机关或撤销该税务机关的行政机关为赔偿的义务机关。

4. 赔偿的请求时效

依据《国家赔偿法》的规定，请求税务行政赔偿的时效为两年，自税务机关及其工作人员行使职权时的行为被依法确认为违法之日起计算。如果税务行政赔偿请求人在赔偿请求时效的最后六个月内，因不可抗力或其他障碍不能行使请求权的，时效中止；从中止时效的原因消除之日起，赔偿请求时效期间继续计算。

5. 赔偿的特别保障

根据现行法律规定，税务行政赔偿请求人要求赔偿的，赔偿义务机关、复议机关和人民法院，不得向该赔偿请求人收取任何费用；对赔偿请求人取得的赔偿金不予征税。

## 三、税务行政赔偿的范围与程序

### (一) 税务行政赔偿的范围

税务行政赔偿的范围是指税务机关对本机关及其工作人员在行使职权时给受害人造成损害予以赔偿的范围。我国《国家赔偿法》规定的赔偿只包括对直接损害的赔偿，不包括对间接损害的赔偿。其范围限于对财产权和人身权中的生命健康权、人身自由权的损害进行赔偿，不包括精神损害等。依据现行法律规定，税务行政赔偿的范围如下所示。

1. 侵犯人身权的赔偿

人身权是作为自然人的人格权与身份权的合称，包括人身自由权、健康权、姓名权、名誉权和肖像权等。税务机关及其工作人员有下列违法行为的，应予以行政赔偿：

（1）违法拘留或违法采取限制公民人身自由的行政强制措施的。

（2）非法拘禁或以其他方式非法剥夺公民人身自由的。

（3）以殴打、虐待等行为或唆使、放纵他人以殴打、虐待等行为造成公民身体伤害或死亡的。

（4）违法使用武器、警械造成公民身体伤害或死亡的。

（5）造成公民身体伤害或死亡的其他违法行为。

2. 侵犯财产权的赔偿

我国《国家赔偿法》规定的财产权仅限于公民、法人或其他组织的财产权，具体包括物权、债权、知识产权、经营自主权、物质帮助权等。税务机关及其工作人员有下列违法行为的，予以行政赔偿：

（1）违法实施罚款、吊销许可证和执照、责令停产停业、没收财物等行政处罚的。

（2）违法对财产采取查封、扣押、冻结等行政强制措施的。

（3）造成财产损害的其他违法行为。

3. 不承担赔偿的情形

一般有损害必赔偿，但在特定情况下，虽有损害发生，税务机关也不予赔偿。不承担税务行政赔偿的情形主要包括：

（1）税务机关工作人员与行使职权无关的行为，如税务人员与他人签订民事合同的行为等。

（2）因纳税当事人自己行为致使损害发生的，其自己的行为是指受害人的个人行为，包括受害人制造假象、欺骗税务执法人员，以及自伤自残等行为。

（3）法律规定的其他情形。如因国家行为、立法行为、军事行为及不可抗力等。

### （二）税务行政赔偿的程序

税务行政赔偿的程序是指税务机关和人民法院处理行政赔偿问题应遵循的法定方式、方法、步骤、顺序和时限的总称。其方式主要包括单独提出、在申请行政复议时一并提出和在提起行政诉讼时一并提出赔偿请求。

#### 1. 税务行政赔偿的非诉程序

非诉税务行政赔偿程序是指不通过司法程序而由税务机关来处理行政赔偿问题的程序。其步骤主要包括：

（1）赔偿请求的提起。提出赔偿请求的条件是必须具备赔偿请求权、向赔偿义务机关提起、在法定期限内提出和属于应当赔偿的范围。税务行政赔偿请求人应先提出其赔偿要求，其项数可是一项或数项。

（2）赔偿请求的形式。请求人提起赔偿请求时，原则上应当递交由本人书写的《税务行政赔偿申请书》，包括受害人的基本情况和具体的要求、事实根据及理由，以及申请的年月日。

（3）赔偿请求的受理。赔偿义务机关收到请求人的赔偿申请书后，应按规定对其进行审查，并在10日内分别做出应当或不予受理的处理；税务机关受理后，应对赔偿申请及损害事实情况、违法行为与损害结果间是否有因果关系等进行审理。审理期间如请求人撤回赔偿申请，经税务机关同意，应终止审理，资料归档。

（4）赔偿请求的处理。税务机关应在收到赔偿申请书之日起2个月内制作《赔偿决定书》，决定予以赔偿或不予赔偿。应予以赔偿的，在规定的期限内依照法定的赔偿方式和计算标准给予赔偿；逾期不赔偿或赔偿请求人对赔偿数额有异议的，赔偿请求人可在期限届满之日起3个月内向人民法院提起诉讼。

#### 2. 税务行政赔偿的诉讼程序

税务行政赔偿诉讼是指将税务行政赔偿争议交由人民法院审理并做出裁决的活动。其程序主要包括：

（1）赔偿诉讼的起诉条件。提起诉讼应当具备的条件有：原告是税务行政侵权行为的受害人；有明确的被告；有具体的诉讼请求和相应的事实根据；属于人民法院受案范围及受诉人民法院管辖；原告单独提出赔偿请求的，必须经赔偿义务机关先行处理；在法律规定的时效（2年）内起诉。

（2）行政赔偿诉讼的审判。税务行政赔偿诉讼采用合议制。在行政赔偿诉讼中，原告应对被诉具体行政行为造成损害的事实提供证据。被告有权提供不予赔偿或减少赔偿额方面的证据。

（3）行政赔偿诉讼的调解。赔偿诉讼可采用调解，这是与行政诉讼在审理方式上的较大的区别。受害人与赔偿义务机关达成协议的，应制作《行政赔偿调解书》，写明赔偿请求、案件事实和调解结果。调解书在双方当事人签收后，即具有法律效力。

**3. 税务行政赔偿的追偿制度**

税务行政赔偿的追偿制度是指违法行使职权给纳税当事人合法权益造成损害的税务工作人员，在主观上有过错，税务机关赔偿其造成的损害后，再追究其责任的制度。其实质是对违法行使职权的税务人员的惩罚。

## 四、税务行政赔偿的方式和标准

### （一）税务行政赔偿的方式

税务行政赔偿的方式是税务机关承担行政赔偿责任的具体形式。按现行的法律规定，税务行政赔偿以支付赔偿金为主要方式。如果赔偿义务机关能够通过返还财产或恢复原状实施赔偿的，应当返还财产或恢复原状。

**1. 支付赔偿金**

支付赔偿金是指税务机关以货币形式支付赔偿金额，补偿受害人所受损害的方式。

**2. 返还财产**

返还财产是指税务机关将违法取得的财产返还给受害人的赔偿方式。

**3. 恢复原状**

恢复原状是指税务机关对受害人所受损害进行修复，使之恢复到损害前的形式和性能的赔偿方式。

### （二）税务行政赔偿的标准

**1. 税务行政侵害人身权的赔偿标准**

税务行政侵害人身权的赔偿标准，其规定主要包括：

（1）侵犯公民人身自由的，每日赔偿金按照国家上年度职工日平均工资计算。

（2）造成公民身体伤害的，应支付医疗费、护理费及赔偿因误工减少的收入。减少的收入每日赔偿金按国家上年度职工日平均工资计算，但最高限额不超过其5倍。

（3）造成公民部分或全部丧失劳动能力的，应支付医疗费、护理费、残疾生活辅助具费、康复费等因残疾而增加的必要支出和继续治疗所必需的费用，以及残疾赔偿金。残疾赔偿金根据丧失劳动能力的程度，按照国家规定的伤残等级确定，最高不超过国家上年度职工日平均工资的20倍。造成全部丧失劳动能力的，对其抚养无劳动能力的人，还应当支付生活费。

（4）造成公民死亡的，应支付死亡赔偿金、丧葬费，总额为国家上年度职工日平均工资的20倍。对死者生前抚养无劳动能力的人，还应支付生活费。

**2. 税务行政侵害财产权的赔偿标准**

税务行政侵害财产权的赔偿标准，其规定主要包括：

（1）违法征收税款、加收滞纳金的，返还税款及滞纳金。

（2）违法对应予出口退税而未退税的，应给予退税。

（3）违法罚款、没收非法所得或违反国家规定征收财物、摊派费用的，返还财产。

（4）违法查封、扣押和冻结，造成财产损坏或灭失的，应恢复原状或给付相应的赔偿金。

（5）应返还的财产损坏的，能恢复原状的恢复原状，不能恢复原状的按照损害程度给付赔偿金。

（6）应返还的财产灭失的，给付相应的赔偿金。

（7）财产已经拍卖或变卖的，给付拍卖或变卖所得的价款；变卖的价款明显低于财产价值的，应当支付相应的赔偿金。

（8）返还执行的罚款或罚金、追缴或没收的金钱，解除冻结的存款或汇款的，应当支付银行同期存款利息。

（9）对财产权造成其他损害的，按照直接损失给予赔偿。

**【引导案例解析】**

1. 某县地税局及其所属车辆税收管理所在上述案件中主要存在下述五个方面的问题：

第一，公路上拦车检查，超越了《税收征管法》规定的权限。《税收征管法》第三十二条赋予税务机关六个方面的税务检查权，但未授予税务机关在公路上拦车检查的权力；国务院及国家税务总局在相关文件中明确规定税务机关不准以任何形式上路检查征税，该县地税局车辆税收管理所在公路上拦车检查的行为，违反了法律法规和规章的规定，属于越权执法。

第二，适用法律错误。某县地税局认定李某未按期申报纳税，应当按《税收征管法》第二十三条第四款和第三十九条规定处理。根据《税收征管法》第二十三条第四款，纳税人发生纳税义务，未按规定的期限办理纳税申报，经税务机关责令限期申报，逾期仍不申报的，税务机关有权核定其应纳税额；《税收征管法》第三十九条规定，纳税人未按照规定的期限办理纳税申报的，由税务机关责令限期改正，可以处2 000元以下的罚款，逾期不改正的，可以处以2 000元以上10 000元以下的罚款。地税局车辆税收管理所未按上述规定处理，却引用《税收征管法》第二十七条规定对李某填发《限期纳税通知书》和《查封扣押证》，采取强制执行措施，适用法律错误。

第三，违反法定程序。《税收征管法》第二十七条规定，从事生产经营的纳税人未按规定的期限缴纳税款，由税务机关责令限期缴纳，逾期仍未缴纳的，经县以上税务局（分局）局长批准，税务机关可以采取强制执行措施。某县地税局车辆税收管理所在检查现场填发《查封扣押证》，没有经过县以上税务局（分局）局长批准，显然违反了法定程序。

第四，税务执法文书使用不规范，程序不到位。首先，《限期纳税通知书》和《查封扣押证》同时下达，不能体现“逾期仍未缴纳”的法定程序；其次，未开付汽车扣押清单；再次，下达的执法文书未填制《送达回证》。

第五，没有妥善保管扣押的汽车，汽车部件被盗导致纳税人合法利益遭受损失，因而应承担赔偿责任。

2. 县法院判决撤销县地税局扣押李某汽车的具体行政行为，赔偿李某汽车部件被盗及误工损失 5 000 元是正确的，判决所依据的一是《行政诉讼法》第五十四条第二款，根据该条款规定，具体行政行为有主要证据不足，适用法律、法规错误，违反法律程序，超越职权，滥用职权等行为之一的，判决撤销或者部分撤销，并可以判决被告重新做出具体行政行为；二是《行政诉讼法》第六十八条，该条款规定行政机关或者行政机关的工作人员做出的具体行政行为侵犯公民、法人或其他组织的合法权益造成损害的，由该行政机关或者该行政机关工作人员所在的行政机关负责赔偿。《国家赔偿法》第四条也规定行政机关及其工作人员在行使职权时，违法对财产采取查封、扣押、冻结等行政强制措施的，受害人有取得赔偿的权利。

本案例考核的主要是税务检查的权限、税务行政强制执行措施的适用条件和程序及有关文书的使用等问题，旨在使学生理解和掌握《税收征管法》第二十三条、第二十七条、第三十二条、第三十九条，《行政诉讼法》第五十四条、第六十八条以及《国家赔偿法》第四条的有关规定。

## 同步测试题

### 一、名词解释

1. 税收管理体制
2. 税务行政处罚
3. 税务行政争议
4. 税务行政复议
5. 税务行政诉讼

### 二、单项选择题

**1.** 下列各项中，（　　）是违反《行政处罚法》规定的。

A. 全国人民代表大会及其常务委员会可以通过法律的形式设定各种税务行政处罚

B. 国务院可以通过行政法规的形式设定除限制人身自由以外的税务行政处罚

C. 国家税务总局可以通过规章的形式设定警告和罚款

D. 国家各级财政部门可以通过规章的形式设定罚款

**2.** 税务行政规章对经营活动中的违法行为，没有违法所得的，设定罚款不得超过（　　）元；超过限额的应当报（　　）批准。

A. 1 000，国务院　　　　B. 1 000，财政部

C. 10 000，国务院　　D. 10 000，财政部

**3.** 根据有关规定，税务行政复议的受案范围仅限于税务机关做出的（　　）。

A. 税务具体行政行为　　B. 税务抽象行政行为

C. 税务具体法律行为　　D. 税务抽象法律行为

**4.** 税务行政处罚简易程序只适用于对公民（　　）元以下和对法人或其他组织处以（　　）元以下罚款的违法案件。

A. 50，1 000　　B. 50，10 000

C. 100，1 000　　D.100，10 000

**5.** 税务机关对当事人做出罚款行政处罚规定，当事人应当在收到《行政处罚决定书》之日起（　　）日内缴纳罚款。

A. 5　　B. 10　　C. 15　　D. 30

**6.** 下列对税务行政复议相关规定表述不正确的是（　　）。

A. 因征税问题引起的争议，税务行政复议是税务行政诉讼的必经前置程序，未经复议不能向法院起诉，经复议仍不服的才能起诉

B. 税务行政复议的受案范围仅限于税务机关做出的税务具体行政行为

C. 有权申请行政复议的法人或其他组织发生合并、分立或终止的，承受其权利义务的法人或其他组织可以申请行政复议

D. 申请人、第三人、被申请人可以委托代理人代为参加行政复议

**7.** 可以通过行政法规形式设定税务行政处罚（除限制人身自由）的机构是（　　）。

A. 全国人民代表大会　　B. 国务院

C. 国家税务总局　　D. 财政部

**8.** 税务所可以实施罚款额在（　　）元以下的税务行政处罚。

A. 200　　B. 2 000　　C. 500　　D. 1 000

**9.** 我国税务行政处罚的实施主体是（　　）。

A. 税务机关的内设机关　　B. 税务机关的派出机构

C. 县以上的税务机关　　D. 税务所

**10.** 对税务行政复议决定不服的，可在接到复议决定书之日起（　　）日内向人民法院起诉。人民法院接到诉状，经过审查，应在（　　）日内立案或做出裁定不予受理。

A. 15　　B. 7，15

C. 15，7　　D. 30，7

## 三、多项选择题

**1.** 税务行政复议与诉讼的区别有（　　）。

A. 受理机关不同　　B. 适用程度不同

C. 调节广度不同　　D. 争议双方的法律地位不同

**2.** 全国人大及其常委会的税收立法权主要包括（　　）。

A. 中央税税法制定权　　B. 税种开征、停征权
C. 税目税率调整权　　D. 税收法律解释权

**3.** 经全国人大及其常委会授权，国务院的税收立法权主要有（　　）。
A. 全国性税种可先以实施条例的形式发布实行
B. 全国性税种可先以暂行条例的形式发布实行
C. 制定税法实施细则
D. 税目税率调整权

**4.** 下列属于税务行政诉讼特有原则的有（　　）。
A. 人民法院特定主管原则　　B. 合法性审查原则
C. 由税务机关赔偿的原则　　D. 起诉不停止执行原则

**5.** 申请人与被申请人在行政复议机关做出行政复议决定以前可达成和解，行政复议机关也可调解，下列选项中可和解与调解的有（　　）。
A. 行使自由量裁权做出的具体行政行为　　B. 行政赔偿
C. 行政奖励　　D. 确定应税所得率

**6.** 由地方税务局系统负责征收管理的税种主要有（　　）。
A. 增值税与城建税　　B. 房产税与印花税
C. 车船税与契税　　D. 城镇土地使用税

**7.** 根据现行分税制财政管理体制的规定，属于中央政府固定收入的有（　　）。
A. 国内消费税　　B. 进出口关税
C. 国内增值税　　D. 海关代征增值税和消费税

**8.** 税务行政处罚的设定机关有（　　）。
A. 全国人大及其常委会　　B. 国务院
C. 地方人大及其常委会　　D. 国家税务总局

**9.** 关于税务行政复议申请的相关规定，下列表述中正确的有（　　）。
A. 申请人向复议机关申请行政复议，复议机关已经受理的，在法定行政复议期限内，申请人不得再向人民法院起诉
B. 申请人向人民法院提起行政诉讼，人民法院已经受理的，不得申请行政复议
C. 申请人向复议机关申请行政复议，复议机关已经受理的，在法定行政复议期限内，申请人可以再向人民法院起诉
D. 申请人向人民法院提起行政诉讼，人民法院已经受理的，申请人可以申请行政复议

**10.** 国家税务总局制定的税务行政处罚规章中，对非经营活动中的违法行为设定的处罚为（　　）。
A. 违法行为设定罚款不得超过 1 000 元
B. 违法行为设定罚款不得超过 10 000 元
C. 有违法所得的，设定罚款最高不得超过 30 000 元
D. 没有违法所得的，设定罚款不得超过 10 000 元

## 四、是非判断题

1. 税收管理体制的实质，体现了中央与地方在行使课税及其管理全过程中的一种权利分配关系。(　　)
2. 我国的税收立法权是按照税法构成要素和税收执法级次来划分的。(　　)
3. 我国的税收立法权一律集中在中央，地方不享有任何税收立法权。(　　)
4. 经全国人大及其常委会的授权，国务院可以以条例或暂行条例的形式发布实行全国性税种。(　　)
5. 财政部和国家税务总局有税法解释权及制定税收条例、税收征管法实施细则的权力。(　　)
6. 涉及税收政策的调整权集中在全国人大及其常委会和国务院，各地一律不得自行制定涉外税收的优惠措施。(　　)
7. 各地区、各部门及单位和个人在税法规定之外一律不得减免税，也不得采用先征后返的形式变相减免税。(　　)
8. 除税收实体法中规定的以外，各地均不得擅自停征全国性地方税种。(　　)
9. 民族自治地区有全国性地方税种某些税目、税率的调整权和地方性税种的减免税权。(　　)
10. 税务机关具有多重性质和功能，它是代表国家行使税务行政管理、执行税收法令和组织税收收入的职能机关。(　　)

## 五、简答题

1. 简述我国税收管理体制。
2. 我国税务机关是如何设置的？其职责范围有哪些？
3. 如何理解税务行政复议与诉讼的含义和特征？
4. 税务行政处罚、复议、诉讼与应诉的基本规定有哪些？
5. 什么是税务行政赔偿？其范围与标准有哪些？

## 六、综合计算题

**1.** 素雅化妆品厂系增值税一般纳税人，2016 年已缴纳增值税 100 万元、消费税 200 万元、城市维护建设税 28 万元、企业所得税 50 万元。2017 年税务机关在税务检查中发现该厂在 2016 年账簿上虚列成本费用 90 万元。假设不考虑除企业所得税以外的其他税费，请问对这种行为应如何处罚？

**2.** 三泰公司于2016 年度实现利润 500 万元，其中国债利息收入 10 万元，国家重点建设债券利息收入 40 万元，本年摊销了上年境外已纳税款超过我国税法抵扣限额 8 万元。该公司本年计算的应纳税额 =（500−10−40）× 25%=112.5 万元。税务机关审核后，认为该公司的应纳税所得额有错误，并将这认定为偷税行为，并做出如下处罚：

（1）追缴偷税款 =（40+8）× 25%=12 万元。

（2）由于偷税额占全部应纳税额的 10.67%，偷税金额超过 10 万元，所以税务机关认为该公司犯了偷税罪，除追缴税款外，还应对有关责任人处以 3 年以下有期徒刑。

（3）根据偷税情况，税务机关决定对该公司处以 1~5 倍的罚款，并按偷税天数征收 2‰ 的滞纳金。

（4）由于该公司认为税务机关的罚款行政决定计算有误，偷税比例应为 9.6%，即 $12 \div [(500-10+8) \times 25\%] = 9.6\%$，属定性错误，拒不缴纳罚款，并准备上诉法院。税务机关遂决定从《行政处罚决定书》下达之次日起，加罚 3‰ 的罚款。

（5）公司收到税务机关《行政处罚决定书》下达之次日起，向人民法院上诉税务机关，人民法院不予受理。

**请问：**

（1）以上税务机关的各种行为是否正确？若不正确，指出正确的处罚方法。

（2）公司的行为是否正确？若不正确，应如何纠正？

## 七、案例分析题

**1.** 个体户刘金海开办一家体育器材专卖店，在 2017 年 2 月 3 日到银京市滨江区工商管理局办理了个体工商户营业执照，于 2 月 26 日开始正式营业。

5 月 5 日，滨江区国税局在检查时发现该专卖店未按规定在领取营业执照 30 日内办理税务登记，于是向其下达《责令限期改正通知书》，要求刘金海在 3 日内到税务机关办理税务登记。时至 6 月 10 日，刘金海依然没有办理税务登记，滨江区国税局决定依照《税收征管法》的规定，提请滨江区工商管理局吊销刘金海的个体工商户营业执照。滨江区工商管理局按照国税局的提请，依法吊销了刘金海的个体工商户营业执照。刘金海认为处罚过于严厉，于是向市国税局申请行政复议，要求撤销吊销其营业执照的决定。

对于是否受理刘金海的复议申请，税务机关内部有两种不同意见。一种意见认为刘金海的复议申请符合《行政复议法》的规定，但不属于市国税局受理，应当按照《行政复议法》的规定，告知刘金海向有管辖权的复议机关提出；另一种意见认为，刘金海之所以被吊销营业执照是因为违反了《税收征管法》有关税务登记管理的规定，据此，理应由税务机关受理其行政复议申请。请问：本案例中的税务机关是否有权受理刘金海的复议申请？为什么？

**2.** 万里百货商场（增值税一般纳税人）2017 年 5 月发生的购销业务如下：

（1）代销服装一批，从零售总额中按 10% 提取的代销手续费为 3.6 万元。

（2）购入副食一批，货款已付，但尚未验收入库，取得的专用发票上注明的价款、税款分别为 64 万元和 10.88 万元，专用发票已经通过认证。

（3）购入百货类商品一批，货款已付，取得的专用发票上注明税款 3.26 万元，购入化妆品一批，取得的专用发票上注明价款、税款分别为 60 万元和 10.20 万元，已经支付货款 50%。后由于未能与厂家就最终付款方式达成一致，在当地主管税务机关已经承诺开具进货退出证明单的情况下，将进货的一半退回厂家，并已经取得厂家开具的红字专用发票。

（4）采用分期付款方式购入钢琴两台，已经取得的专用发票上注明的价款、税款分别为 6 万元和 1.02 万元，当月已经付款 40%，余额再分 6 个月付清。

（5）采用以旧换新方式销售冰箱 136 台，每台冰箱零售价 3 000 元，对以旧换新者以 2 700 元的价格出售，不再支付旧冰箱收购款。

（6）采用分期收款方式销售本月购进的钢琴两台，每台零售价 4.68 万元，合同规定当月收款 50%，余款再分 5 个月收回。

（7）除以上各项业务外，万里百货商场本月其他商品零售额为 168 万元。

申报期内万里百货商场计算并申报的本月应纳的增值税情况如下：

销项税额 = 3.6 × 16%+0.27 × 136 × 16%+4.68 ÷ 2 × 2 × 16%+168 × 16%=34.08（万元）

进项税额 = 3.26+10.20+1.02=14.48（万元）

应纳税额 = 34.08−14.48=19.60（万元）

经主管税务机关审核，万里百货商场被认为进行了虚假申报，税务机关据此做出了相应的补税税务处理决定。

**要求**：根据上述资料，回答下列问题。

（1）万里百货商场计算的当月应纳的增值税税款是否正确？如有错误，请指出错在何处，并正确计算当月应纳的增值税税款。

（2）构成偷税罪的具体标准是多少？万里百货商场是否构成偷税罪？

（3）对于主管税务机关的处理决定，万里百货商场拟提出税务行政复议申请和行政诉讼。就此案例说明：应向何处提出复议申请？被申请人是谁？复议机关应在多少日内做出复议决定？是否可以不经复议程序直接向法院提起行政诉讼？为什么？

Chapter4

# 第四章

# 增值税法

**引导案例　触目惊心的全国第一大税案：金华县虚开增值税专用发票案**

本案例是1994年税制改革到1998年，全国虚开增值税专用发票金额最大的案件。1997年3月，根据群众举报，国务院领导指示国家税务总局查办浙江省金华县虚开增值税专用发票案。国家税务总局立即成立了检查组。经过5个多月的艰苦努力，金华税案真相被基本查清。这个仅有56万人口的金华县，1994～1997年的3年时间里，共有218家企业参与虚开增值税专用发票，虚开发票65 536份，价税合计63.1亿元。其中，税额9.2亿元，涉及30个省级行政区，给国家造成税收损失7.5亿元。无论从发案时间之长、波及范围之广来看，还是从犯罪金额之大、造成危害之严重来看，金华税案当时都堪称全国第一大税案。

根据上述案例，请谈谈你对我国增值税的认识，这则案例对你有何启发。

## 第一节　增值税概述

### 一、增值税的产生与发展

1921年法国人西蒙斯正式提出增值税的名称，并详细阐述了增值税的要素内容。为了消除重复征税的弊端，法国于1954年对原营业税进行了一次全方位的改革，把对全额征税改为对增值额征税，并逐步形成了一套较为完整的增值税征收制度。

增值税在法国实践成功后，陆续被许多国家借鉴采用，至今世界已有170多个国家和地区实行了增值税。增值税逐步发展成为各国税制中的主体、优良税种。

我国从1979年开始试行增值税；1983年在全国范围内开征；1984年国务院发布《中华人民共和国增值税暂行条例（草案）》。1993年12月13日发布的《中华人民共和国增值税暂行条例》，确立了从1994年1月1日起，增值税的征税范围为销售货物，提供加工、修理修配劳务和进口货物。2008年11月5日，国务院修订《中华人民共和国增值税暂行条例》，决定从2009年1月1日起，在全国范围内实施增值税转型改革。2012年1月1日起，我国率先在上海实行交通运输业及部分现代服务业的营业税改征增值税试点改革。随后，北京市、天津市、江苏省、安徽省、浙江省、福建省、湖北省、广东省等地区从2012年9月1日起先后被纳入营业税改征增值税的试点地区。经国务院批准，从2013年8月1日起，在全国范围内开展交通运输业及部分现代服务业的营业税改征增值税试点。从2014年1月1日起，铁路运输和邮政业也被纳入营业税改征增值税的试点范围。从2016年5月1日起，在全国范围内全面推开"营改增"试点，建筑业、房地产业、金融业、生活服务业等全部营业税纳税人纳入试点范围，由缴纳营业税改为缴纳增值税。

## 二、增值税的概念

增值税是以商品和劳务在流转过程中产生的增值额作为征税对象而征收的一种流转税。按照我国增值税法的规定，增值税是对在我国境内销售货物，提供加工修理修配劳务（以下简称提供应税劳务），销售服务、无形资产及不动产（以下简称发生应税行为），以及进口货物的企业、单位和个人，就其销售货物、提供应税劳务、发生应税行为的增值额和货物进口金额为计税依据而课征的一种流转税。

增值税的征税对象是增值额。所谓增值额，从理论上讲，就是商品销售收入额或劳务收入额扣除生产资料消耗或物质消耗后的余额。其用价值形式表示即是商品价值总额（$C+V+M$）中劳动者新创造的价值（$V+M$）部分。对增值额这一概念，可以从两个方面来理解。首先，从某个生产经营单位的角度来看，增值额是这个单位的商品销售额或劳务收入额扣除外购商品额（相当于物化劳动的价值）后的余额。它大体相当于该单位全体员工所创造的价值。其次，从一个商品生产销售的全过程的角度来看，增值额是商品在生产流通过程的各个环节所创造的增值额之和，相当于该商品的最终销售额。

## 三、增值税的特点

增值税是刚性的流转税，是对流转额中的增值额征税，这与其他流转税种相比有其不同的特点。增值税的特点主要有以下几项。

### 1. 不重复征税

不重复征税是增值税最本质的特点。它只是对增值额征收的一种税。增值税这一特点能有效地排除传统流转税重复征税和税负不公的弊端。

### 2. 税负逐环向前推移

由于采用税款抵扣，商品流通中各环节的经营者作为纳税人购进货物时随同购进货物的价款向销售方支付增值税进项税额，销售时随同销售产品的价款向购买方收取增值税销项税额，再将销项税额扣除进项税额的差额作为应纳税额上缴税务机关。这样，在流转过程中纳税人并不承担增值税税款，税款抵扣，环环相连，随着各环节交易活动的进行，增值税税负逐环向前推移，作为纳税人的生产经营者并不是增值税的真正负担者，而最终消费者才是全部税款的承担者。

**3. 价外计税，价税分离**

税金不包含在销售价格内，将税款与价格分开，使企业的成本核算不受增值税的影响。

**4. 凭票管理与抵扣**

发生交易行为时，销售方应该开具增值税专用发票给购买方，专用发票上注明货物的价款、税款及价税合计数，销售方凭专用发票上价税合计的金额收取货款，而购买方凭专用发票上注明的税款在计算当期应纳税额时进行抵扣。

**5. 税基广宽，具有征收的普遍性和连续性**

无论是从横向来看，还是从纵向来看，增值税的征收都有着广宽的税基。从生产经营的横向关系来看，无论工业、商业，还是劳务服务活动，只要有增值收入就要纳税；从生产经营的纵向关系来看，每一货物无论经过多少生产经营环节，都要按各道环节上发生的增值额逐次征税。

## 四、增值税的类型

根据抵扣项目的不同，增值税的类型可分为生产型增值税、收入型增值税和消费型增值税。

**1. 生产型增值税**

生产型增值税是指在计算应纳增值税额时，既不能减去固定资产额，也不能减去折旧的增值税。其税基相当于国民生产总值，既包括消费资料，也包括生产资料。由于扣除范围小且税基大，所以在同等税率下可以取得较多财政收入，或以较低税率取得同等财政收入。

**2. 收入型增值税**

收入型增值税是指在计算应纳增值税额时，只允许在当期销项税额中扣除折旧部分所含税金。其税基相当于国民收入，且小于生产型增值税税基。

**3. 消费型增值税**

消费型增值税是指在计算应纳增值税额时，对纳税人购入固定资产的已纳税款，允许一次性地从当期销项税额中全部扣除，从而使纳税人用于生产应税产品的全部外购生产资料均不负担税款。其税基仅为国民收入中的消费资料。由于允许抵扣固定资产，因而可以彻底避免重复征税，降低资本密集型产业或企业的生产成本。

相比较而言，生产型增值税的税基最大，消费型增值税的税基最小。发达国家大都实行消费型增值税。我国以前实行生产型增值税，从 2009 年 1 月 1 日起转变为实行消费型增值税。

## 第二节 增值税法的一般规定

增值税法是指国家制定的用以调整增值税征收与缴纳双方之间权利义务关系的法律规范。我国现行增值税的基本规范是2017年11月19日国务院令第691号公布的修改后的《中华人民共和国增值税暂行条例》。

### 一、征税范围

根据修改后的《中华人民共和国增值税暂行条例》的规定，在中华人民共和国境内销售货物或者提供加工、修理修配劳务（以下简称劳务），销售服务、无形资产、不动产以及进口货物的单位和个人，为增值税的纳税人。增值税的征税范围分为一般规定和特殊规定。

#### （一）征税范围的一般规定

**1. 销售或者进口的货物**

货物是指有形动产，包括电力、热力、气体在内。销售货物，是指有偿转让货物的所有权。

**2. 提供的加工、修理修配劳务**

加工是指受托加工货物，即委托方提供原料及主要材料，受托方按照委托方的要求制造货物并收取加工费的业务；修理修配是指受托对损伤和丧失功能的货物进行修复，使其恢复原状和功能的业务。

**3. 提供的应税服务**

应税服务，是指陆路、水路、航空、管道等交通运输服务，邮政储蓄服务、金融保险服务、电信服务、文化创意服务等。

**4. 销售服务、无形资产或者不动产**

销售服务、无形资产或者不动产，是指有偿提供服务，有偿转让无形资产或者不动产，但属于下列非经营活动的情形除外。

（1）行政单位收取的同时满足以下条件的政府性基金或者行政事业性收费：

1）由国务院或者财政部批准设立的政府性基金，由国务院或者省级人民政府及其财政、价格主管部门批准设立的行政事业性收费。

2）收取时开具省级以上（含省级）财政部门监（印）制的财政票据。

3）所收款项全额上缴财政。

（2）单位或者个体工商户聘用的员工为本单位或者雇主提供取得工资的服务。

（3）单位或者个体工商户为聘用的员工提供服务。

（4）财政部和国家税务总局规定的其他情形。

#### （二）征税范围的特殊规定

增值税的征税范围，总的来讲，包括上述四大项，但实务中某些特殊项目或行为是否属于增值税的征税范围，即属于征税范围的特殊行为。

（1）视同销售货物行为。单位或个体经营者的下列行为，视同销售货物。

1）将货物交付他人代销。

2）销售代销货物。

3）设有两个以上机构并实行统一核算的纳税人，将货物从一个机构移送至其他机构用于销售，但相关机构设在同一县（市）的除外。

4）将自产或委托加工的货物用于非应税项目。

5）将自产或委托加工或购买的货物作为投资，提供给其他单位或个体经营者。

6）将自产或委托加工或购买的货物分配给股东或投资者。

7）将自产或委托加工的货物用于集体福利或个人消费。

8）将自产或委托加工或购买的货物无偿赠送他人。

9）单位和个体工商户向其他单位或者个人无偿提供应税服务，但以公益活动为目的或者以社会公众为对象的除外。

10）财政部和国家税务总局规定的其他情形。

上述 10 种行为确定为视同销售货物行为，均要征收增值税。

（2）兼营不同税率的货物或应税劳务。

（3）在实际经济活动中，企业不一定从事单一税率的增值税应税项目，有时需要按照经营活动的需要兼营不同税率确定的应税项目。这样，就出现了一个对各种兼营行为在适用税种、税率和计算纳税上如何正确进行税务处理的问题。对此，税法都做了具体规定。所谓兼营不同税率的货物或应税劳务，是指纳税人生产或销售不同税率的货物，或者既销售货物又提供应税劳务和应税服务。例如，某农村供销社既销售税率为 16% 的家用电器，又销售税率为 13% 的化肥、农药等。对这种兼营行为，税法规定的税务处理方法是：纳税人兼营不同税率的货物或应税劳务和应税服务，应当分别核算不同税率货物或应税劳务和应税服务的销售额，未分别核算销售额的，从高适用税率。所谓分别核算，主要是指对兼营的不同税率货物或应税劳务和应税服务在取得收入后，应分别如实记账，分别核算销售额，并按照不同的税率各自计算应纳税额，以避免适用税率混乱，出现少缴或多缴税款的现象。所谓未分别核算销售额的，从高适用税率，是指兼营不同税率的货物或应税劳务和应税服务而取得的混合在一起的销售额，本应按 16% 或 13% 高低不同的税率分别计税，但由于未分别核算，因此，只能以不减少上缴国家的税收为前提，对混在一起的销售额一律按 16% 的高税率计税。这样规定，有利于促进纳税人健全账簿，正确核算应纳税额。

## 二、纳税义务人和扣缴义务人

### （一）纳税义务人

#### 1. 纳税义务人的一般规定

在中华人民共和国境内销售货物或者加工、修理修配劳务，销售服务、无形资产、不动产以及进口货物的单位和个人，为增值税的纳税人。

单位是指企业、行政单位、事业单位、军事单位、社会团体及其他单位。

个人，是指个体工商户和其他个人。

单位以承包、承租、挂靠方式经营的，承包人、承租人、挂靠人（以下统称承包人）以发包人、出租人、被挂靠人（以下统称发包人）名义对外经营并由发包人承担相关法律责任的，以该发包人为纳税人；否则，以承包人为纳税人。

资管产品运营过程中发生的增值税应税行为，以资管产品管理人为增值税的纳税人。

采用承包、承租、挂靠经营方式的，区分以下两种情况界定纳税人。

（1）同时满足以下两个条件的，以发包人为纳税人：

1）以发包人名义对外经营。

2）由发包人承担相关法律责任。

（2）不同时满足以下两个条件的，以承包人为纳税人：

1）两个或者两个以上的纳税人，经财政部和国家税务总局批准可以视为一个纳税人合并纳税。具体办法由财政部和国家税务总局另行规定。

2）纳税人应当按照国家统一的会计制度进行增值税会计核算。

**2. 纳税义务人的分类**

按照纳税义务人的经营规模和会计核算健全程度的不同，可将增值税的纳税义务人分为一般纳税人与小规模纳税人。一般纳税人可以使用增值税专用发票，并可以用扣税法抵扣发票上注明的已纳增值税额；而小规模纳税人则不得使用增值税专用发票，也不能进行税款抵扣。

（1）小规模纳税人。小规模纳税人是指年应税销售额在规定标准以下，并且会计核算不健全，不能按规定报送有关税收资料的增值税纳税人。

1）年应税销售额在规定标准以下。年应税销售额是指纳税人在连续不超过 12 个月的经营期内累计应税销售额，包括免税销售额。

第一，从事货物生产或者提供加工、修理修配劳务的纳税人，以及从事货物生产或者提供应税劳务为主，并兼营货物批发或者零售的纳税人，年应税销售额在 500 万元以下的。

第二，除上述规定以外的纳税人，主要指从事货物批发或零售的纳税人年应税销售额在 500 万元以下的。

第三，"营改增"试点企业，年应税销售额小于 500 万元的。

第四，非企业性单位，不经常发生应税行为可选择按小规模纳税人纳税。

2）会计核算不健全。会计核算不健全是指不能正确地核算增值税的销项税额、进项税额和应纳税额，不能按规定报送有关税收资料。会计核算健全是指能够按照国家统一会计制度规定设置账簿、根据合法、有效凭证核算。

（2）一般纳税人。一般纳税人是指年销售额在规定标准以上，并且能够按照会计制度和税务机关的要求进行会计核算的企业和企业性单位。除上述小规模纳税人以外的其他纳税人属于一般纳税人。

### （二）扣缴义务人

中华人民共和国境外单位或者个人在境内发生应税行为，在境内未设有经营机构的，以购买方为增值税扣缴义务人。财政部和国家税务总局另有规定的除外。

## 三、增值税的税率

在我国，增值税实行比例税率。税率的调整由国务院决定。

（1）纳税人销售货物、劳务、有形动产租赁服务或者进口货物，除本条第二项、第四项、第五项另有规定外，税率为16%。

（2）纳税人销售交通运输、邮政、基础电信、建筑、不动产租赁服务，销售不动产，转让土地使用权，销售或者进口下列货物，税率为10%：

1）粮食等农产品、食用植物油、食用盐；

2）自来水、暖气、冷气、热水、煤气、石油液化气、天然气、二甲醚、沼气、居民用煤炭制品；

3）图书、报纸、杂志、音像制品、电子出版物；

4）饲料、化肥、农药、农机、农膜；

5）国务院规定的其他货物。

（3）纳税人销售服务、无形资产，除本条第一项、第二项、第五项另有规定外，税率为6%。

（4）纳税人出口货物，税率为零，国务院另有规定的除外。

（5）境内单位和个人跨境销售国务院规定范围内的服务、无形资产，税率为零。

小规模纳税人增值税征收率为3%，国务院另有规定的除外。

# 第三节　增值税的计税方法

增值税的计税方法，包括一般计税方法、简易计税方法和扣缴计税方法。

## 一、一般计税方法

一般纳税人销售货物或者提供应税劳务或者发生应税行为适用一般计税方法计税。其计算公式为：

当期应纳增值税额 = 当期销项税额 − 当期进项税额

## 二、简易计税方法

小规模纳税人销售货物、提供应税劳务或者发生应税行为适用简易计税方法计税。简易计税方法的公式为：

当期应纳增值税额 = 当期销售额（不含增值税）× 征收率

一般纳税人销售或者发生财政部和国家税务总局规定的特定的货物，或者应税劳务、应税行为，也可以选择适用简易计税方法计税，但是，不得抵扣进项税额。其主要包括以下几种情况。

（1）县级及县级以下小型水力发电单位生产的自产电力。小型水力发电单位是指各类投资主体建设的装机容量为5万千瓦以下的小型水力发电单位。

（2）自产建筑用和生产建筑材料所用的砂、土、石料。

（3）以自己采掘的砂、土、石料或其他矿物连续生产的砖、瓦、石灰（不含黏土实心砖、瓦）。

（4）自己用微生物、微生物代谢产物、动物毒素、人或动物的血液或组织制成的生物制品。

（5）自产的自来水。

（6）自来水公司销售自来水。

（7）自产的商品混凝土。

（8）单采血浆站销售非临床用人体血液。

（9）寄售商店代售寄售物品。

（10）典当业销售死当物品。

（11）药品经营企业销售生物制品。

（12）公共交通运输服务，包括轮客渡、公交客运、地铁、城市轻轨、出租车、长途客运、班车。

（13）经认定的动漫企业为开发动漫产品提供的动漫脚本编撰、形象设计、背景设计、动画设计、分镜、动画制作、摄制、描线、上色、画面合成、配音、配乐、音效合成、剪辑、字幕制作、压缩转码服务，以及在境内转让动漫版权。

（14）电影放映服务、仓储服务、装卸搬运服务、收派服务和文化体育服务。

（15）以纳入“营改增”试点之日前取得的有形动产为标的物提供的经营租赁服务。

（16）在纳入“营改增”试点之日前签订的尚未执行完毕的有形动产租赁合同。

（17）以清包工方式提供的建筑服务。

（18）为甲供工程提供的建筑服务。

（19）销售2016年4月30日前取得的不动产。

（20）房地产开发企业销售自行开发的房地产老项目。

（21）出租2016年4月30日前取得的不动产。

（22）提供非学历教育服务。

（23）一般纳税人收取试点前开工的一级公路、二级公路、桥、闸通行费。

（24）一般纳税人提供人力资源外包服务可以选择适用简易计税方法，按照5%的征收率计算缴纳增值税。

（25）一般纳税人2016年4月30日前签订的不动产融资租赁合同，或以2016年4

月30日前取得的不动产提供的融资租赁服务。

（26）纳税人转让2016年4月30日前取得的土地使用权。

（27）一般纳税人提供劳务派遣服务，可以选择差额纳税，以取得的全部价款和价外费用，扣除代用工单位支付劳务派遣员工的工资、福利和为其办理社会保险及住房公积金后的余额为销售额，按照简易计税方法，按照5%的征收率计算缴纳增值税。

一般纳税人销售或者提供或者发生财政部和国家税务总局规定的特定的货物、应税劳务、应税行为，一经选择适用简易计税方法计税，36个月内不得变更。

## 三、扣缴计税方法

境外单位或者个人在境内发生应税行为，在境内未设有经营机构的，扣缴义务人按照下列公式计算应扣缴税额。

应扣缴税额＝购买方支付的价款÷（1＋税率）×税率

# 第四节　增值税应纳税额的计算

## 一、一般计税方法应纳税额的计算

我国目前对一般纳税人采用的一般计税方法是间接计算法，即先按当期销售额和适用税率计算出销项税额，然后将当期准予抵扣的进项税额进行抵扣，从而间接计算出当期增值额部分的应纳税额。一般纳税人当期应纳税额，取决于当期销项税额和当期进项税额这两个因素，而前者的关键在于确定当期销售额。

### （一）销项税额的计算

销项税额是指纳税人销售货物、提供应税劳务以及发生应税行为时，按照销售额或者应税劳务收入或者应税行为收入与规定税率计算并向购买方收取的增值税税额。销项税额的计算公式为：

销项税额＝销售额×适用税率

在适用税率既定的前提下，销项税额的大小主要取决于销售额的大小。

#### 1. 一般销售方式下的销售额

销售额是指纳税人销售货物、提供应税劳务以及发生应税行为时向购买方收取的全部价款和价外费用。价外费用是指价外收取的各种性质的收费，但下列项目不包括在内。

（1）受托加工应征消费税的消费品所代收代缴的消费税。

（2）同时符合以下条件代为收取的政府性基金或者行政事业性收费：

1）由国务院或者财政部批准设立的政府性基金，由国务院或者省级人民政府及其财政、价格主管部门批准设立的行政事业性收费；

2）收取时开具省级以上财政部门印制的财政票据；

3）所收款项全额上缴财政。

（3）以委托方名义开具发票代委托方收取的款项。

（4）销售货物的同时代办保险等而向购买方收取的保险费，以及向购买方收取的代购买方缴纳的车辆购置税、车辆牌照费。

**2. 特殊销售方式下的销售额**

（1）采用折扣方式销售。折扣销售是指销货方在销售货物或提供应税劳务和发生应税行为时，因购货方购货数量较大等原因而给予购货方的价格优惠，纳税人采用折扣方式销售货物，如果销售额和折扣额同在一张发票上分别注明，可以按折扣后的销售额征收增值税；如果将折扣额另开发票，无论其在财务上如何处理，均不得从销售额中减除折扣额。

**【例 4-1】** 某纳税人销售货物价款 6 000 万元，因购买数量较大，给予 5% 的折扣，实收 5 700 万元，价款与折扣额分别开具发票，计算其销项税额。

**解析：**

销项税额 =6 000 × 16% = 960（万元）

（2）采用以旧换新方式销售。以旧换新是指纳税人在销售自己的货物时，有偿收回旧货物的行为。纳税人采用以旧换新方式销售货物的，应按新货物的同期销售价格确定销售额。但对金银首饰以旧换新的销售额，可按销售方实际收取的不含增值税的全部价款进行确定。

（3）采用还本销售方式销售。还本销售是指纳税人在销售货物后，到一定期限时由销售方一次或分次退还给购货方全部或部分价款。纳税人采用还本销售方式销售货物的，其销售额就是货物的销售价格，不得从销售额中减除还本支出。

（4）采用以物易物方式销售。以物易物是一种较为特殊的购销活动，是指购销双方不是以货币结算，而是以同等价款的货物相互结算，实现货物购销的一种方式。以物易物的双方都应做购销处理，以各自发出的货物核算销售额并计算销项税额，以各自收到的货物核算购货额并计算进项税额。

（5）包装物押金的税务处理。纳税人为销售货物而出租出借包装物的，对收取押金单独记账核算的，不并入销售额征税，但对逾期（以 1 年为期限）的包装物押金，无论是否退还均并入销售额征税。纳税人为销售货物而出租、出借包装物而收取的押金，无论包装物周转使用期限长短，超过 1 年（含 1 年）仍不退还的均并入销售额征税。此外，对销售除啤酒、黄酒外的其他酒类产品收取的包装物押金，无论是否返还以及在会计上如何核算，均应并入销售额征税。需要注意的是，在将包装物押金并入销售额征税时，需要先将该押金换算为不含税价，再并入销售额征税。

（6）直销的税务处理。直销企业先将货物销售给直销员，直销员再将货物销售给消费者的，直销企业的销售额为其向直销员收取的全部价款和价外费用。直销员将货物销售给消费者时，应按照现行规定缴纳增值税。

直销企业通过直销员向消费者销售货物，直接向消费者收取货款，直销企业的销售额为其向消费者收取的全部价款和价外费用。

（7）贷款服务的销售额。贷款服务，以提供贷款服务取得的全部利息及利息性质的收入为销售额。

（8）直接收费金融服务的销售额。直接收费金融服务，以提供直接收费金融服务收取的手续费、佣金、酬金、管理费、服务费、经手费、开户费、过户费、结算费、转托管费等各类费用为销售额。

**3. 视同销售货物和发生应税行为的销售额确定**

纳税人发生视同销售货物和发生应税行为的情形，价格明显偏低或者偏高且不具有合理商业目的的，主管税务机关有权按照下列顺序确定销售额。

（1）按照纳税人最近时期销售同类货物或者应税行为的平均价格确定。

（2）按照其他纳税人最近时期销售同类货物或者应税行为的平均价格确定。

（3）按照组成计税价格确定。组成计税价格的计算公式为：

组成计税价格＝成本×（1＋成本利润率）

成本利润率由国家税务总局确定。

**4. 含税销售额的换算**

为了符合增值税作为价外税的本质要求，纳税人在填写进销货及纳税凭证、进行账务处理时，应分项记录不含税销售额、销项税额和进项税额，以正确计算应纳增值税额。然而，在实际工作中，常常会出现一般纳税人对销售货物或者提供应税劳务或者发生应税行为采用销售额和销项税额合并定价收取的方法，这样，就会形成含税销售额。我国增值税是价外税，计税依据中不含增值税本身的数额。在计算应纳税额时，如果不将含税销售额换算为不含税销售额，就不符合我国增值税的设计原则，即仍会导致对增值税销项税额本身的重复征税现象，也会影响企业成本核算过程。因此，一般纳税人销售货物或者提供应税劳务或者发生应税行为取得的含税销售额在计算销项税额时，必须将其换算为不含税的销售额。对于一般纳税人销售货物或者提供应税劳务或者发生应税行为来说，采用销售额和销项税额合并定价方法的，按下列公式计算销售额：

销售额＝含税销售额÷（1＋税率）

## （二）进项税额的确认和计算

进项税额，是指纳税人购进货物、加工修理修配劳务、服务、无形资产或者不动产，所支付或者负担的增值税额。进项税额是与销项税额相对应的另一个概念。在开具增值税专用发票的情况下，它们之间的对应关系是，销售方收取的销项税额，就是购买方支付的进项税额。对于任何一个一般纳税人而言，由于其在经营活动中，既会发生销售货物或者提供应税劳务或者发生应税行为，又会发生购进货物或接受应税劳务或应税行为，因此，每一个一般纳税人都会有收取的销项税额和支付的进项税额。增值税的核心就是用纳税人收取的销项税额抵扣其支付的进项税额，其余额为纳税人实际应缴纳的增值税税额。这样，进项税额作为可抵扣的部分，对于纳税人实际纳税多少就产生了举足轻重的作用。

然而，需要注意的是，并不是纳税人支付的所有进项税额都可以从销项税额中抵扣。

**1. 准予从销项税额中抵扣的进项税额**

根据《增值税暂行条例》和《关于全面推开营业税改征增值税试点的通知》，准予从销项税额中抵扣的进项税额，限于下列增值税扣税凭证上注明的增值税税额和按规定的扣除率计算的进项税额。

（1）从销售方取得的增值税专用发票上注明计算的进项税额。增值税专用发票具体包括以下两种：

第一，增值税专用发票。增值税专用发票是增值税一般纳税人销售货物或者提供应税劳务或者发生应税行为开具的发票。

第二，税控《机动车销售统一发票》。税控《机动车销售统一发票》是增值税一般纳税人从事机动车零售业务开具的发票。

（2）从海关取得的海关进口增值税专用缴款书上注明的增值税税额。

（3）从境外单位或者个人购进服务、无形资产，为税务机关或者扣缴义务人取得的解缴税款的完税凭证上注明的增值税额。

（4）购进农产品，除取得增值税专用发票或者海关进口增值税专用缴款书外，按照农产品收购发票或者销售发票上注明的农产品买价和13%的扣除率计算的进项税额。计算公式为：

$$进项税额=买价 \times 扣除率$$

**2. 不得从销项税额中抵扣的进项税额**

纳税人购进货物或者接受应税劳务或应税行为，取得的增值税扣税凭证不符合法律、行政法规或者国务院税务主管部门有关规定的，其进项税额不得从销项税额中抵扣。

按《增值税暂行条例》和《关于全面推开营业税改征增值税试点的通知》及“营改增”相关规定，下列项目的进项税额不得从销项税额中抵扣：

（1）用于简易计税方法计税项目、免征增值税项目、集体福利或者个人消费的购进货物、加工修理修配劳务、服务、无形资产和不动产。

（2）非正常损失的购进货物，以及相关的加工修理修配劳务和交通运输服务。

（3）非正常损失的在产品、产成品所耗用的购进货物（不包括固定资产）、加工修理修配劳务和交通运输服务。

（4）非正常损失的不动产，以及该不动产所耗用的购进货物、设计服务和建筑服务。

（5）非正常损失的不动产在建工程所耗用的购进货物、设计服务和建筑服务。

上述（2）、（3）、（4）、（5）项所说的非正常损失，是指因管理不善造成货物被盗、丢失、霉烂变质，以及因违反法律法规造成货物或者不动产被依法没收、销毁、拆除的情形。这些非正常损失是由纳税人自身原因造成征税对象实体的灭失，为保证税负公平，其损失不应由国家承担，因而纳税人无权要求抵扣进项税额。

（6）购进的旅客运输服务、贷款服务、餐饮服务、居民日常服务和娱乐服务。

（7）纳税人接受贷款服务向贷款方支付的与该笔贷款直接相关的投融资顾问费、手续费、咨询费等费用，其进项税额不得从销项税额中抵扣。

（8）财政部和国家税务总局规定的其他情形。

（9）适用一般计税方法的纳税人，兼营简易计税方法计税项目、免征增值税项目而无法划分不得抵扣的进项税额，按照下列公式计算不得抵扣的进项税额：

不得抵扣的进项税额＝当期无法划分的全部进项税额
×（当期简易计税方法计税项目销售额
＋免征增值税项目销售额）÷当期全部销售额

（10）一般纳税人已抵扣进项税额的固定资产、无形资产或者不动产，发生《营业税改增值税试点实施办法》第二十七条规定不得从销项税额中抵扣进项税额情形的，按照下列公式计算不得抵扣的进项税额：

不得抵扣的进项税额＝固定资产、无形资产或者不动产净值×适用税率

固定资产、无形资产或者不动产净值，是指纳税人根据财务会计制度计提折旧或摊销后的余额。

（11）有下列情形之一者，应当按照销售额和增值税税率计算应纳税额，不得抵扣进项税额，也不得使用增值税专用发票：

1）一般纳税人会计核算不健全，或者不能够提供准确税务资料的。

2）应当办理一般纳税人资格登记而未办理的。

### （三）应纳税额的计算

一般纳税人在计算出销项税额和进项税额后就可以得出实际应纳税额。为了正确计算增值税的应纳税额，在实际工作中，还需要掌握以下几个重要规定。

**1. 计算应纳税额的时间限定**

（1）计算应纳税额的时间限定。纳税人在什么时间计算销项税额，《增值税暂行条例》及《增值税暂行条例实施细则》和《营业税改增值税试点实施办法》都做了严格的规定，以保证准时、准确记录和核算当期销项税额。（比如，采用直接收款方式销售货物，不论货物是否发出，均为收到销售款或者索取销售款凭据的当天；采用托收承付和委托银行收款方式销售货物，为发出货物并办妥托收手续的当天，等等。）

（2）增值税专用发票进项税额抵扣的时间限定。增值税一般纳税人取得的增值税专用发票，应在开具之日起180日内到税务机关办理认证，并在认证通过的次月申报期内，向主管税务机关申报抵扣进项税额。

（3）海关进口增值税专用缴款书进项税额抵扣的时间限定。自2013年7月1日起，增值税一般纳税人进口货物取得的属于增值税扣税范围的海关进口增值税专用缴款书，需要经税务机关稽核比对相符后，其增值税额方能作为进项税额在销项税额中抵扣。

纳税人进口货物取得的属于增值税扣税范围的海关进口增值税专用缴款书，应按照《国家税务总局关于调整增值税扣税凭证抵扣期限有关问题的通知》规定，自开具之日起180日内向主管税务机关报送《海关完税凭证抵扣清单》申请稽核比对，逾期未申请的其进项税额不予抵扣。

（4）未按期申报抵扣增值税扣税凭证抵扣的处理办法。增值税一般纳税人取得的增值税专用发票以及海关进口增值税专用缴款书，未在规定期限内到税务机关办理认证（按规定不用认证的除外）或者申报抵扣的，不得作为合法的增值税扣税凭证，不得计算进项税额抵扣。

增值税一般纳税人取得的增值税扣税凭证稽核比对结果相符但未按规定期限申报抵扣，属于发生真实交易且符合规定的客观原因的，经主管税务机关审核，允许纳税人继续申报抵扣其进项税额。增值税一般纳税人除客观原因以外的其他原因造成增值税扣税凭证未按期申报抵扣的，仍按照现行增值税扣税凭证申报抵扣有关规定执行。

客观原因包括如下类型：

1）因自然灾害、社会突发事件等不可抗力原因造成增值税扣税凭证未按期申报抵扣的。

2）有关司法、行政机关在办理业务或者检查中，扣押、封存纳税人账簿资料，导致纳税人未能按期办理申报手续。

3）税务机关信息系统、网络故障，导致纳税人未能及时取得认证结果通知书或稽核结果通知书，未能及时办理申报抵扣。

4）由于企业办税人员伤亡、突发危重疾病或者擅自离职，未能办理交接手续，导致未能按期申报抵扣。

5）国家税务总局规定的其他情形。

**2. 计算应纳税额时进项税额不足抵扣的处理**

由于增值税实行购进扣税法，有时企业当期购进的货物很多，在计算应纳税额时会出现当期销项税额小于当期进项税额而不足抵扣的情况。按现行规定，当期进项税额不足抵扣的部分可以结转下期继续抵扣。原增值税一般纳税人兼有应税服务的，截至本地区试点实施之日前的增值税期末留抵税额，不得从应税行为的销项税额中抵扣。

**3. 扣减发生期进项税额的规定**

由于增值税实行以当期销项税额抵扣当期进项税额的“购进扣税法”，当期购进的货物或接受应税劳务或应税行为如果事先并未确定将用于不得抵扣进项税额的项目，其进项税额会在当期销项税额中予以抵扣。但已抵扣进项税额的购进货物或接受应税劳务或应税行为如果事后改变用途，用于不得抵扣进项税额的项目将如何处理？按现行规定，应当将该项购进货物或接受应税劳务或应税行为的进项税额从当期的进项税额中扣减；无法确定该项进项税额的，按当期实际成本计算应扣减的进项税额。

**4. 销售折让、中止或者退回涉及销项税额和进项税额的税务处理**

纳税人适用一般计税方法计税的，因销售折让、中止或者退回而退还给购买方的增值税额，应当从当期的销项税额中扣减；因销售折让、中止或者退回而收回的增值税额，应当从当期的进项税额中扣减。

**5. 向供货方取得返还收入的税务处理**

自2004年7月1日起，对商业企业向供货方收取的与商品销售量、销售额挂钩的各种返还收入，均应按照平销返利行为的有关规定冲减当期增值税进项税额。

当期应冲减增值税进项税额＝当期取得的返还资金÷（1＋所购货物适用增值税税率）×所购货物适用增值税税率

商业企业向供货方收取的各种返还收入，一律不得开具增值税专用发票。

**6. 一般纳税人注销时进项税额的处理**

一般纳税人注销或取消辅导期一般纳税人资格，转为小规模纳税人时，其存货不做进项税额转出处理，其留抵税额也不予以退税。

## 二、简易计税方法应纳税额的计算

### （一）应纳税额的计算

纳税人销售货物或者提供应税劳务或者发生应税行为适用简易计税方法的，应该按照销售额和征收率计算应纳增值税税额，并且不得抵扣进项税额。其应纳税额的计算公式为：

应纳税额＝销售额×征收率

销售额＝含税销售额÷（1＋征收率）

小规模纳税人一律采用简易计税方法计税，但是一般纳税人销售特定货物或者提供特定应税行为可以选择适用简易计税方法。比如，试点纳税人中的一般纳税人提供的公共交通运输服务、以清包工方式提供的建筑服务，可以选择按照简易计税方法计算缴纳增值税。

### （二）含税销售额的换算

按简易计税方法计税的销售额不包括其应纳的增值税税额，纳税人采用销售额和应纳增值税税额合并定价方法的，按照下列公式计算销售额：

销售额＝含税销售额÷（1＋征收率）

**【例4-2】** 知味餐馆系增值税小规模纳税人，2017年3月取得含增值税的餐饮收入为12.36万元，计算该餐馆3月应缴纳的增值税额。

**解析：**

（1）3月取得的不含税销售额＝12.36÷（1＋3%）＝12（万元）

（2）3月应缴纳的增值税额＝12×3%＝0.36（万元）

纳税人适用简易计税方法计税的，因销售折让、中止或者退回而退还给购买方的销售额，应当从当期销售额中扣减。扣减当期销售额后仍有余额造成多缴的税款可以从以后的应纳税额中扣减。

对小规模纳税人发生上述情况而退还销售额给购买方，依照规定将所退的款项扣减当期销售额的，如果小规模纳税人已就该项业务委托税务机关为其代开了增值税专用发票，就应按规定申请开具红字专用发票。

【例4-3】 某小规模纳税人仅经营某项应税服务，适用3%的征收率。2017年3月，该小规模纳税人发生一笔销售额为1 000元（为不含税销售额）的业务并就其缴纳了增值税，4月该业务由于合理原因发生退款。计算该小规模纳税人5月实际缴纳的税额。

**解析：**

（1）假设4月该企业应税服务销售额为5 000元，则：

4月最终的计税销售额 = 5 000 - 1 000 = 4 000（元）

4月缴纳的增值税 = 4 000 × 3% = 120（元）

（2）假设4月该企业应税服务销售额为600元，5月该企业应税服务销售额为5 000元，则：

4月最终的计税销售额 = 600 - 600 = 0（元）

4月缴纳的增值税 = 0 × 3% = 0（元）

4月销售额不足扣减的部分（600 - 1 000）多缴的税款为12（400 × 3%）元，可以从以后纳税期的应纳税额中扣减。

5月企业实际缴纳的税额 = 5 000 × 3% - 12 = 138（元）

## 第五节　增值税的税收优惠

### 一、增值税的减免优惠

#### （一）起征点

纳税人销售额未达到国务院财政、税务主管部门规定的增值税起征点的，免征增值税，达到起征点的，依照法律规定全额缴纳增值税。增值税的起征点的适用范围限于个人。

增值税起征点的幅度规定如下所示。

（1）销售货物：起征点为月销售额5 000～20 000元。

（2）销售应税劳务：起征点为月销售额5 000～20 000元。

（3）按次纳税：起征点为每次（日）销售额300～500元。

此处的销售额是指小规模纳税人的销售额，不包括其应纳税额。省、自治区、直辖市财政厅（局）和国家税务局应在规定的幅度内，根据实际情况确定本地区适用的起征点，并报财政部、国家税务总局备案。

### (二) 免征增值税的项目

(1) 农业生产者销售的自产农产品。

(2) 避孕药品和用具。

(3) 古旧图书。

(4) 直接用于科学研究、科学试验和教学的进口物资和设备。

(5) 外国政府、国际组织无偿援助的进口物资和设备。

(6) 由残疾人的组织直接进口供残疾人专用的物品。

(7) 销售的自己使用过的物品。

(8) 根据国家指令无偿提供的铁路运输服务、航空运输服务，属于《营业税改征增值税试点实施办法》第十四条规定的（向其他单位或者个人无偿提供）用于公益事业的服务。

(9) 存款利息。

(10) 被保险人获得的保险赔付。

(11) 房地产主管部门或者其指定机构、公积金管理中心、开发企业以及物业管理单位代收的住房专项维修基金。

(12) 在资产重组过程中，通过合并、分立、出售、置换等方式，将全部或者部分实物资产以及与其相关联的债权、负债和劳动力一并转让给其他单位和个人，其中涉及的不动产、土地使用权转让行为。

除上述规定外，增值税的免税、减税项目由国务院规定。任何地区、部门均不得规定免税、减税项目。纳税人兼营免税、减税项目的，应当分别核算免税、减税项目的销售额；未分别核算免税、减税项目的销售额的，不得免税、减税。

### (三) 纳税人放弃免税权

纳税人销售货物或者应税劳务适用免税规定的，可以放弃免税，依照规定缴纳增值税。放弃免税后，36 个月内不得再申请免税。

### (四) 即征即退或先征后返（退）

增值税即征即退是指对规定的行业或企业，税务机关把所征的税款按政策规定，部分或全部退还给纳税人的税收优惠，其实质是一种特殊方式的免税和减税。先征后返（退）是指税务机关正常将增值税征收入库，然后由财政部门或税务部门审核，按照纳税人实际缴纳税额的全部或部分返还或退还已纳税额。

## 二、增值税的出口退（免）税

出口货物的增值税出口退（免）税是指货物报关出口销售后，将其国内所缴纳的税收（间接税）退还给货物出口企业或对出口企业给予免税的一种制度。出口退税的理论依据是避免双重征税和保证国际竞争的公平性。免征或退还出口产品的国内税是世贸组织允许的一项政策。为了提高本国企业的国际竞争力和鼓励出口，各国政府愿意在WTO允许的范围内对出口产品少征税和不征税。

1985年3月，国务院正式颁布了《关于批转财政部〈关于对进出口产品征、退产品税或增值税的规定〉的通知》，规定从1985年4月1日起实行对出口产品退税政策。1994年1月1日起，随着国家税制的改革，我国改革了已有退还产品税、增值税、消费税的出口退税管理办法，建立了以新的增值税、消费税制度为基础的出口货物退（免）税制度。

### （一）适用条件

#### 1. 准予退（免）税的货物

凡有出口经营权的企业出口货物和代理出口的货物，除另有规定者外，均可准予退还或免征增值税和消费税税额。出口退（免）税的货物应当具备一定的条件：

（1）必须是增值税、消费税征收范围内，并取得增值税专用发票和专用缴款书的货物。

（2）必须是报关离境取得出口货物报关单并已收汇核销的货物。

（3）必须是在财务上做出口销售处理的货物。

（4）必须是出口收汇并已核销的货物。

#### 2. 特批退税的产品

（1）外轮供应公司销售给外轮、远洋货轮和海员的产品。

（2）对外修理、修配业务中所使用的零配件和原材料。

（3）对外承包工程购买国内企业生产的，专门用于对外承包项目的机械设备和原材料，在运出境外后，凭承包单位出具的购货发票、报关单等办理退税。

（4）国际招标、国内中标的机电产品。

#### 3. 不予退税的出口产品

国家也明确规定了少数出口产品即使具备上述条件，也不予以退税。国家明确不予退税的出口产品有：

（1）出口的原油。

（2）援外出口产品。

（3）国家禁止出口的产品。

（4）出口企业收购出口外商投资的产品。

（5）来料加工、来料装配的出口产品。

（6）军需工厂销售给军队系统的出口产品。

（7）军工系统出口的企业范围。

（8）钻石加工企业用国产或进口原钻石加工的钻石直接出口或销售给外贸企业出口。

（9）齐鲁、杨子、大庆三大乙烯工程生产的乙烯产品。

（10）未含税的产品。

（11）个人在国内购买、自带出境的商品。

## （二）适用主体

根据《中华人民共和国增值税暂行条例》《中华人民共和国消费税暂行条例》和国家税务总局制定的《出口货物退（免）税管理办法》规定，我国享受出口退（免）税的出口企业包括：

（1）对外承包工程的公司。

（2）对外承接修理修配业务的企业。

（3）外轮供应公司、远洋运输公司。

（4）在国内采购、境外投资的企业。

（5）从事境外带料加工装配业务的企业。

（6）从事进料加工的纺织企业和钢铁企业。

（7）出境口岸免税店。

（8）机电产品出口中标企业。

（9）利用中国政府援外优惠贷款和合资合作基金方式出口货物的企业。

（10）对外进行补偿贸易、易货贸易以及对港澳台贸易的企业。

## （三）适用范围

### 1. 出口免税并退税

出口免税是指对货物在出口销售环节不征增值税、消费税，把货物出口环节与出口前的销售环节都视为一个征税环节；出口退税是指对货物在出口前承担的税收负担，按规定的退税率计算后予以退还。出口免税并退税的货物具体包括：

（1）有出口经营权的内（外）资生产企业自营出口或委托其他外贸企业代理出口的自产货物。

（2）有出口经营权的外贸企业收购后直接出口或委托其他外贸企业代理出口的货物。

（3）生产企业（无进出口权）委托外贸企业代理出口的自产货物。

（4）保税区内企业从区外有进出口权的企业购进直接出口或加工后再出口的货物。

（5）下列特定企业（不限于是否有出口经营权）出口的货物：

1）对外承包工程的公司运出境外用于对外承包项目的货物。

2）对外承接修理修配业务的企业对外修理修配的货物。

3）外轮供应公司、远洋运输供应公司销售给外轮、远洋国轮而收取外汇的货物。

4）企业在国内采购运往境外作为在国外投资的货物。

5）援外企业利用中国政府的援外优惠贷款和合资合作项目基金方式出口的货物。

6）外商投资企业特定投资项目采购的部分国产设备。

7）利用国际金融组织或国外政府贷款，采用国际招标方式，由国内企业中标销售的机电产品。

8）境外带料加工装配业务企业的出境设备、原材料及散件。

9）外国驻华使（领）馆及其外交人员，国际组织驻华代表机构及其官员购买的中国产物品。

**2. 出口免税不退税**

出口免税不退税是指适用该政策的出口货物因在前一道生产、销售环节或进口环节是免税的，因此，出口时该货物的价格中本身就不含税，也无须退税。

（1）下列出口货物，免征增值税：

1）来料加工复出口的货物，即原材料进口免税，加工自制的货物出口不退税。

2）避孕药品和用具、古旧图书，内销免税，出口也免税。

3）有出口卷烟经营权的企业出口国家出口卷烟计划内的卷烟，在生产环节免征增值税、消费税，出口环节不办理退税。其他非计划内出口的卷烟照章征收增值税和消费税，出口一律不退税。

（4）军品以及军队系统企业出口军需工厂生产或军需部门调拨的货物免税。

5）国家现行税收优惠政策中享受免税的货物，如饲料、农药等货物出口不予退税。

6）一般物资援助项下实行实报实销结算的援外出口货物。

（2）下列企业出口的货物，除另有规定外，给予免税，但不予退税：

1）属于生产企业的小规模纳税人自营出口或委托外贸企业代理出口的自产货物。

2）外贸企业从小规模纳税人购进并持普通发票的货物出口，免税但不予退税。但对抽纱、工艺品、香料油、山货、草柳竹藤制品、渔网渔具、松香、五倍子、生漆、鬃尾、山羊板皮、纸制品等出口货物考虑其占出口比重较大及其生产、采购的特殊因素，特准退税。

3）外贸企业直接购进国家规定的免税货物（包括免税农产品）出口的，免税但不予退税。

4）外贸企业自非生产企业、非市县外贸企业、非农业产品收购单位、非基层供销社和非成机电设备供应公司收购出口的货物。

**3. 出口不免税也不退税**

出口不免税是指对国家限制或禁止出口的某些货物的出口环节视同内销环节，照常征税；出口不退税是指对这些货物出口不退还出口前其所负担的税款。除经批准属于进料加工复出口贸易以外，下列出口货物不免税也不退税：

（1）一般物资援助项下实行承包结算制的援外出口货物。

（2）国家禁止出口的货物，包括天然牛黄、麝香、铜及铜基合金（电解铜除外）、白金等。

（3）生产企业自营或委托出口的非自产货物。

国家规定不予退税的出口货物，应按照出口货物取得的销售收入征收增值税。

### （四）适用方法

（1）对外贸企业出口货物实行免税和退税的办法，即对出口货物销售环节免征增值税，对出口货物在之前各个生产流通环节已缴纳的增值税予以退税。

（2）对生产企业自营或委托出口的货物实行免、抵、退税办法，对出口货物本道环节免征增值税，对出口货物所采购的原材料、包装物等所含的增值税允许抵减其内销货物的应缴税款，对未抵减完的部分再予以退税。

### （五）出口退税率

出口退税率是出口货物的实际退税额与即时依据之间的比例。它体现了国家在一定时期的经济政策，反映出口货物实际征税水平，退税率是根据出口货物的实际整体税负确定的，也是零税率原则和宏观调控原则相结合的产物。

## 第六节　增值税的征收管理

### 一、增值税的纳税义务发生时间

增值税的纳税义务发生时间是纳税人销售货物、提供应税劳务和发生应税行为应当承担纳税义务的起始时间。在现实经济业务中，企业间的结算方式多种多样，不同业务、不同结算方式对应的增值税纳税义务发生时间也各不同，具体规定如下所示。

**1. 销售货物或者提供应税劳务纳税义务发生时间**

纳税人销售货物或者提供应税劳务，其纳税义务发生时间为收讫销售价款或者取得索取销售款项凭据的当天；先开具发票的，为开具发票的当天。其中收讫销售价款或者取得索取销售款项凭据的当天按销售结算方式的不同，具体为：

（1）采用直接收款方式销售货物，不论货物是否发出，均为收到销售款或者取得索取销售款凭据的当天。

（2）采用托收承付和委托银行收款方式销售货物，为发出货物并办妥托收手续的当天。

（3）采用赊销和分期收款方式销售货物，为书面合同约定的收款日期的当天；无书面合同约定的或者没有约定收款日期的，为货物发出的当天。

（4）采用预收货款方式销售货物，为货物发出的当天，但生产销售生产工期超过12个月的大型机械设备、船舶、飞机等货物，为收到预收款或者书面合同约定的收款日期的当天。

（5）委托其他纳税人代销货物，为收到代销单位的代销清单或者收到全部或者部分货款的当天。未收到代销清单及货款的，为发出代销货物满180天的当天。

（6）销售应税劳务，为提供劳务同时收讫销售款或者取得索取销售款的凭据的当天。

（7）纳税人发生除将货物交付其他单位或者个人代销和销售代销货物以外的视同销售货物行为，为货物移送的当天。

（8）纳税人进口货物，其纳税义务发生时间为报关进口的当天。

**2. 发生应税行为的纳税义务发生时间**

纳税人发生应税行为并收讫销售款项或者取得索取销售款项凭据的当天为纳税义务发生时间；先开具发票的，为开具发票的当天。收讫销售款项是指纳税人销售服务、无形资产、不动产过程中或者完成后收到款项。取得索取销售款项凭据的当天是指书面合同确定的付款日期；未签订书面合同或者书面合同未确定付款日期的，为服务、无形资产或者不动产权属变更的当天。除了上述一般规定外，其他一些行业的纳税义务发生时间如下所示。

（1）纳税人提供建筑服务、租赁服务采用预收款方式的，其纳税义务发生时间为收到预收款的当天。

（2）纳税人从事金融商品转让的，为金融商品所有权转移的当天。

（3）纳税人发生视同销售服务、无形资产或者不动产情形的，其纳税义务发生时间为服务、无形资产或者不动产权属变更的当天。

**3. 增值税扣缴义务发生时间**

增值税扣缴义务发生时间为纳税人增值税纳税义务发生的当天。

## 二、增值税的纳税地点

（1）固定业户的纳税地点。固定业户应当向其机构所在地的主管税务机关申报纳税。总机构和分支机构不在同一县（市）的，应当分别向各自所在地的主管税务机关申报纳税；经国务院财政、税务主管部门或者其授权的财政、税务机关批准，可以由总机构汇总向总机构所在地的主管税务机关申报纳税。

（2）非固定业户的纳税地点。非固定业户销售货物或者应税劳务，应当向销售地或者劳务发生地的主管税务机关申报纳税；未向销售地或者劳务发生地的主管税务机关申报纳税的，由其机构所在地或者居住地的主管税务机关补征税款。

（3）其他个人提供建筑服务，销售或者租赁不动产，转让自然资源使用权的纳税地点。

（4）其他个人提供建筑服务，销售或者租赁不动产，转让自然资源使用权，应向建筑服务发生地、不动产所在地、自然资源所在地主管税务机关申报纳税。

## 三、增值税的纳税期限

增值税的纳税期限分别为1日、3日、5日、10日、15日、1个月或者1个季度。（以1个季度为纳税期限的规定仅适用于小规模纳税人。小规模纳税人的具体纳税期限，由主管税务机关根据其应纳税额的大小分别确定。）纳税人的具体纳税期限，由主管税务机关根据纳税人应纳税额的大小分别核定；不能按照固定期限纳税的，可以按次纳税。纳税人以 1 个月或者 1 个季度为 1 个纳税期的，自期满之日起 15 日内申报纳税；以 1 日、3 日、5 日、10 日、15 日为 1 个纳税期的，自期满之日起 5 日内预缴税款，于次月 1 日起 15 日内申报纳税并结清上月应纳税款。扣缴义务人解缴税款的期限，依照纳税人期限规定执行。

纳税人进口货物，应当自海关填发海关进口增值税专用缴款书之日起 15 日内缴纳税款。

## 四、增值税专用发票的使用与管理

增值税专用发票，简称专用发票，是一般纳税人销售方销售货物、加工修理修配劳务、服务、无形资产、不动产开具的发票，是购买方支付增值税额并可按照增值税有关规定抵扣增值税进项税额的凭证。增值税专用发票是由国家税务总局监制设计印制的，只限于增值税一般纳税人领购使用，既可作为反映纳税人在经济活动中的交易事实的重要会计凭证，又是兼记销货方纳税义务和购货方进项税额的合法证明，是增值税计算和管理中决定性的、合法的专用发票。

### （一）增值税专用发票的构成

增值税专用发票由基本联次或者基本联次附加其他联次构成。

（1）基本联次为三联：发票联、抵扣联和记账联。

（2）其他联次的用途，由一般纳税人自行确定。

### （二）增值税专用发票的领购与使用

一般纳税人凭“发票领购簿”、IC 卡和经办人身份证明领购专用发票。

### （三）增值税专用发票的开具

#### 1. 开具范围

一般纳税人销售货物或者提供应税劳务，应向购买方开具专用发票。商业企业一般纳税人零售的烟、酒、食品、服装、鞋帽、化妆品等消费品不得开具专用发票。增值税小规模纳税人需要开具专用发票的，可向主管税务机关申请代开。销售免税货物不得开具专用发票。

#### 2. 开具要求

（1）项目齐全，与实际交易相符。

（2）字迹清楚，不得压线、错格。

（3）发票联、抵扣联加盖财务专用章或者发票专用章。

（4）按照增值税纳税义务发生时间开具。

### （四）增值税专用发票抵扣管理的规定

用于抵扣增值税进项税额的专用发票，应经税务机关认证相符。认证相符的专用发票应作为购买方的记账凭证，不得退还销售方。

（1）有下列情形之一的，不得作为增值税进项税额的抵扣凭证，税务机关退还原件，购买方可要求销售方重新开具增值税专用发票。

1）无法认证。无法认证，是指增值税专用发票所列密文或者明文不能辨认，无法产生认证结果。

2）纳税人识别号认证不符。纳税人识别号认证不符，是指增值税专用发票所列购买方纳税人识别号有误。

3）增值税专用发票代码、号码认证不符。增值税专用发票代码、号码认证不符，是指增值税专用发票所列密文解译后与明文的代码或者号码不一致。

（2）经认证，有下列情形之一的，暂不得作为增值税进项税额的抵扣凭证，税务机关扣留原件，查明原因，分别情况进行处理。

1）重复认证。重复认证，是指已经认证相符的同一张增值税专用发票再次认证。

2）密文有误。密文有误，是指增值税专用发票所列密文无法解译。

3）认证不符。认证不符，是指增值税专用发票所列密文解译后与明文的代码或者号码不一致。

4）列为失控增值税专用发票。列为失控增值税专用发票，是指认证时的增值税专用发票已经被登记为失控增值税专用发票。

### （五）增值税专用发票的报税与缴销

#### 1. 报税

报税是指纳税人持IC卡或者同时持IC卡和软盘向税务机关报送开票数据电文。

#### 2. 缴销

缴销是指主管税务机关在纸质专用发票监制章处按“V”字剪角作废，同时作废相应的专用发票数据电文。被缴销的纸质专用发票应退还纳税人。一般纳税人注销税务登记或者转为小规模纳税人，应将专用设备和结存未用的纸质专用发票送交主管税务机关。主管税务机关应缴销其专用发票，并按有关安全管理的要求处理专用设备。

## 同步测试题

### 一、名词解释

1. 增值额
2. 增值税
3. 增值税法
4. 视同销售
5. 消费型增值税

## 二、单项选择题

1. 在下列支付的运费中不允许计算抵扣增值税进项税额的是（ ）。
   A. 购进农民专业合作社销售农产品支付的运输费用
   B. 外购自用的机器设备支付的运输费用
   C. 外购自用的小汽车支付的运输费用
   D. 收购免税农产品支付的运输费用
2. 下列属于兼营不同税率货物或应税劳务的是（ ）。
   A. 农机制造厂既生产销售农机，又承担农机修理
   B. 销售软件产品并随同收取软件安装费
   C. 零售商店销售家具并实行有偿送货上门
   D. 饭店提供餐饮服务并销售香烟、酒水
3. 增值税一般纳税人兼营不同税率的货物或应税劳务，未分别核算或不能准确核算其销售额的，其增值税税率的确定方法是（ ）。
   A. 从低适用税率　B. 适用平均税率　C. 从高适用税率　D. 适用 6% 征收率
4. 甲企业销售给乙企业一批货物，乙企业因资金紧张，无法支付货币资金，经双方友好协商，乙企业用自产的产品抵偿货款，则下列表述中正确的是（ ）。
   A. 甲企业收到抵债货物不得抵扣进项税额
   B. 乙企业发出抵债货物不做销售处理，不计算销项税额
   C. 甲、乙双方应分别做购销处理，但因双方均不涉及增值税问题，所以不得开具增值税专用发票
   D. 甲、乙双方应分别做购销处理，乙方可向甲方开具增值税专用发票，甲方可正常抵扣进项税额
5. 某金店（中国人民银行批准的金银首饰经销单位）为增值税一般纳税人，2015 年 12 月采用“以旧换新”方式销售 24K 金项链 10 条，每条新项链对外零售价格为 3 000 元，旧项链作价 1 000 元，从消费者手中收取新旧项链差价款 2 000 元。该项“以旧换新”业务 12 月应纳增值税销项税额为（ ）元。
   A. 2 905.98　B. 3 400　C. 4 358.97　D. 5 100
6. 在下列项目中不得从销项税额中抵扣进项税额的是（ ）。
   A. 购进免税农产品的进项税额　B. 购进用于在建工程的进项税额
   C. 以销售货物运费计算的进项税额　D. 购进货物支付的进项税额
7. 在下列行为中属于视同销售行为征收增值税的是（ ）。
   A. 企业将购进的酒用于招待客人
   B. 企业将上月购进用于生产的钢材用于建房
   C. 委托手表厂加工了一批手表送给了客户
   D. 黄金经营单位进口的标准黄金
8. 某企业本月将自产的一批生产成本为 20 万元（耗用上月外购材料 15 万元）的食品发

给职工，则下列说法中正确的是（ ）。

A. 应反映销项税额 3.74 万元 B. 应反映销项税额 3.40 万元

C. 应反映应纳税额 3.40 万元 D. 应转出进项税额 2.55 万元

**9.** 采用赊销方式销售货物的，增值税纳税义务发生时间是（ ）。

A. 销售方发出货物的当天 B. 购买方收到货物的当天

C. 合同约定收款日的当天 D. 取得有关凭证的当天

**10.** 纳税人从事金融商品转让的，增值税纳税义务发生时间为（ ）。

A. 所有权转让的当天 B. 收到预收款的当天

C. 取得有关凭证的当天 D. 发出货物的当天

## 三、多项选择题

**1.** 在下列各项中，符合税法规定的是（ ）。

A. 纳税人随同销售软件一并收取的软件培训费收入不征收增值税

B. 纳税人受托开发属于委托方的软件取得的收入征收增值税

C. 各燃油电厂从财政专户取得的发电补贴不征收增值税

D. 对增值税纳税人收取的会员费用收入不征收增值税

**2.** 依据出口退（免）税政策，一般情况下应按“免抵退”的方法计算退税的有（ ）。

A. 生产企业自营出口货物 B. 生产企业委托出口货物

C. 生产性外商企业自营出口货物 D. 外贸企业出口收购货物

**3.** 按照现行规定，下列表述中不正确的有（ ）。

A. 在融资性售后回租业务中承租方出售资产不征收增值税

B. 转让工业企业全部产权而涉及的应税货物的转让不征收增值税

C. 纳税人提供矿产资源的开采、分拣、选洗等劳务不征收增值税

D. 企业销售货物而代办保险并向购买方收取的保险费征收增值税

**4.** 关于增值税的计税销售额的规定，下列说法中正确的有（ ）。

A. 以物易物方式销售货物，由多交付货物的一方以价差计算缴纳增值税

B. 以旧换新销售货物，按新货物不含增值税计征增值税（金银首饰除外）

C. 以还本销售方式销售货物，按照实际销售额计算缴纳增值税

D. 以销售折扣方式销售货物，不得从计税销售额中扣减折扣额

**5.** 下列选项中需要缴纳增值税的有（ ）。

A. 燃油电厂从财政专户取得的发电补贴

B. 纳税人转让土地使用权或销售不动产的同时一并销售的附着于土地上的增值税应税货物

C. 纳税人提供矿产资源的开采、分拣、选洗等劳务

D. 供电企业进行电力调压并按电量向电厂收取的并网服务费

**6.** 增值税的征税范围包括（ ）。

A. 销售或进口货物 B. 提供加工修理修配劳务

C. 出租不动产　　　D. 转让无形资产

7. 下列项目包括的进项税额，不得从销项税额中抵扣的有（　　）。

A. 外购的自用小汽车　　　B. 因自然灾害发生损失的原材料

C. 生产企业用于经营管理的办公用品　　　D. 为生产有机肥购入的原材料

8. 在下列各项中属于视同销售行为应当计算销项税额的有（　　）。

A. 将自产货物用于非应税项目

B. 将购买的货物委托外单位加工

C. 将购买的货物无偿赠送他人

D. 将购买的货物用于集体福利

9. 在企业收取的下列款项中，应作为价外费用并入销售额计算增值税的有（　　）。

A. 商业批发企业向供货方收取的返还收入

B. 生产企业销售货物时收取的包装物押金

C. 供电企业收取的逾期未退的电费保证金

D. 燃油电厂从财政专户取得的发电补贴

10. 下列各项中，免征增值税的有（　　）。

A. 用于对外投资的自产工业产品　　　B. 用于单位集体福利的产品

C. 农业生产者销售的自产农业产品　　　D. 直接用于教学的进口仪器

## 四、是非判断题

1. 自 2009 年 1 月 1 日起，凡应税销售额在 80 万元以下的小规模商业企业，无论其会计核算是否健全，均应按照小规模纳税人的有关规定征收增值税。（　　）

2. 原增值税一般纳税人兼有销售服务、无形资产或不动产的，截至“营改增”试点之日前的增值税期末留抵税额，不得从销售服务、无形资产或不动产的销项税额中抵扣。（　　）

3. 印刷企业接受出版单位委托自行购买纸张并印刷图书、报纸和杂志，按提供加工劳务征收增值税。（　　）

4. 对销售除啤酒、黄酒外的其他酒类产品收取的包装物押金，无论是否返还以及会计上如何核算，均不应并入当期销售额计征增值税。（　　）

5. 在通常情况下，小规模纳税人与一般纳税人的身份可以相互转换。（　　）

6. 房地产开发企业销售其自建的不动产，应以取得的全部价款和价外费用为销售额。（　　）

7. 如发生退货或销售折让，购买方在收到红字专用发票后，应从当期进项税额中扣减红字专用发票所列增值税额，不扣减造成的不纳税或少纳税的，属于偷税行为。（　　）

8. 增值税一般纳税人外购的用于管理部门使用的小轿车所支付的费用，允许其计算进项税额进行抵扣。（　　）

9. 纳税人将自产、委托加工和购买的货物无偿赠送他人，应视同销售并缴纳增值税。（　　）

**10.** 增值税一般纳税人兼营不同税率的货物，未分别核算或不能准确核算其销售额的，从高适用税率。(　　)

## 五、简答题

**1.** 如何理解增值额和增值税的特点？

**2.** 增值税的类型有哪些？

**3.** 增值税税率是如何规定的？

**4.** 如何理解增值税的计税原理？

**5.** 简述小规模纳税人应纳税额的计算方法。

## 六、综合计算题

**1.** 喜庆公司系增值税一般纳税人。2017 年 8 月发生以下经济业务：

（1）外购原材料一批，全部价款已付并验收入库，对方开具的增值税专用发票注明的货款（不含增值税）为 40 万元，运输单位开具的货运发票注明的运费金额为 1 万元。

（2）进口生产用的辅助材料一批，关税完税价格为 10 万元，已纳关税 1.5 万元。

（3）外购建筑涂料用于装饰公司办公楼，取得对方开具的增值税专用发票注明的增值税税额为 9 万元，已办理验收入库手续。

（4）销售产品一批，取得销售额（含增值税）105.3 万元。

已知：该公司月初增值税进项税额余额为零，增值税税率为 16%；支付的运输费用按 7% 的扣除率计算进项税额。

**要求：**

（1）计算该公司进口辅助材料应纳增值税税额。

（2）计算该公司 8 月增值税销项税额。

（3）计算该公司 8 月增值税进项税额。

（4）计算该公司 8 月应缴纳的增值税税额。

**2.** A 企业系增值税一般纳税人。2017 年 10 月发生以下业务：

（1）A 企业采用分期收款方式出售机器一台，A 企业无同类机器售价，成本 5 万元，按合同规定本月预收货款 3 万元，下月对方可付清货款并提货。

（2）A 企业从某服装厂购入工作服 200 套，每套 300 元。A 企业取得增值税专用发票后，在当期还未进行进项税额的抵扣时，仓库盘存发现库存只有 100 套，100 套丢失。

（3）某医疗机构请 A 企业代为生产轮椅。A 企业用上期购进的材料生产轮椅 30 辆，已知生产每辆轮椅耗用的原材料为 850 元。

（4）A 企业该月还销售机器 20 台，每台销售额为 4 万元；赠送关联企业同型号机器 1 台；当期取得允许抵扣的增值税专用发票上注明的进项税额 2.54 万元。

**要求：**根据以上资料计算 A 企业当期应缴纳的增值税（以上价格均不含增值税）。

## 七、案例分析题

**1.** 太平家电商场为增值税一般纳税人，2017 年 3 月发生了如下购销业务：

（1）购入彩电一批，取得的防伪税控系统开具的增值税专用发票上注明价款、税款分别为 640 000 元、108 800 元。

（2）销售上月购入的空调 40 台（进价 3 500 元 / 台），每台零售价为 4 680 元，并实行买一赠一，赠送的小家电零售价为 117 元 / 件。

（3）采用以旧换新方式销售手机 300 部，旧手机收购价 100 元 / 部，新手机零售价为 2 340 元 / 部。

（4）采用分期收款方式销售本月购进的冰柜 10 台，每台零售价 9 360 元，合同规定当月收款 50%，余款再分 5 个月收回。

**要求：**计算太平家电商场应缴纳的增值税额。

**2.** 葛功德家具厂为增值税一般纳税人，2017 年 10 月发生了如下业务：

（1）购进板材一批，取得的增值税专用发票上注明的价款为 200 000 元，增值税为 34 000 元。

（2）从一般纳税人处购进原木一批，取得的增值税专用发票上注明的不含税价款是 80 000 元。

（3）向某企业销售办公家具一批，开具的普通发票上注明的价款为 100 000 元。

（4）向某家具厂销售家具一批，开具的专用发票上注明的价款为 500 000 元。

（5）期初尚未抵扣的进项税额余额为 20 000 元。

**要求：**计算葛功德家具厂本月应缴纳的增值税。

Chapter5

第五章

# 消费税法

## 引导案例　代理商提供包装物：白酒装瓶有奥妙

河南省漯河市某公司是某品牌白酒在当地的独家代理商，系商贸企业增值税一般纳税人。前一段时间，当地税务机关对该公司6月纳税情况进行评估时发现，该公司6月购进大量与所经营白酒相关的酒瓶、酒盖、酒盒等包装物。作为商贸企业，该公司购进这些酒类包装物并没有用来销售，而是像工业企业那样，将这些包装物与所购白酒共同作为原材料计入成本，核算出每瓶、每件白酒的单位成本后再销售。

对所购进的酒瓶、酒盖、酒盒等包装物，公司张经理解释说，为便于管理，统一调配，掌控市场，多数白酒生产企业都是只提供白酒外包装设计大样，让各地市代理商根据设计大样再添上自己设计的地区专卖标志。代理商自己负责联系包装物制造商，自行购买后交给酒厂。酒厂负责将代理商在本厂购买的白酒免费灌装进这些包装物内。

对于公司将包装物移送给酒厂时为何不做销售处理的问题，公司会计老王解释说是为了图省事才这么做的。由于酒厂是免费为代理商灌装，所以单就包装物而言，酒厂没有任何利润。代理商一旦将包装物在移送时做销售处理，为酒厂开具增值税专用发票，酒厂在销售白酒时也必须将包装物考虑在内，又得对代理商做一次平价销售。这样既增加了代理商财务上的负担，又增加了酒厂财务上的负担，非常麻烦。

张经理和王会计的解释乍听起来合情合理：税一分钱也没少缴，只是账务处理不太符合规定，但也应该可以让人理解。殊不知，他们却在不经意间给我们透露出这样一个信息，即白酒生产企业可能存在利用转移包装物价值的形式偷逃税款。

我们知道，酒类产品在生产销售环节，除了要缴纳增值税外，还必须依法缴纳消费税。《中华人民共和国消费税暂行条例》第六条规定，应税消费品的销售额，为纳税人销售应税消费品向购买方收取的全部价款和价外费用。由此可见，只要酒厂将代理商移送的包装物价款按照规定核算进白酒成本，那么这些包装物就必定要承载相应的消费税。事实上，对于瓶装白酒而言，像酒瓶、酒盖、酒盒等这些包装物，是其生产环节必需的辅助材料；将散装白酒灌装进酒瓶，也并不是一件容易的事，它必须依靠酒厂的大型自动灌装设备才能完成，这个过程其实是瓶装白酒一个极其重要的生产环节。酒厂人为地将包装物剥离出去，让代理商提供，目的只有一个：缩小应税销售收入的计税依据，偷逃消费税。

然而，酒厂偷逃掉的并不仅仅是消费税，就连增值税也少缴了。由于消费税是价内税，增值税是价外税，这种情况决定了实行从价定率的酒类产品，其消费税税基和增值税税基是一致的，即都是将含消费税而不含增值税的销售额作为计税基数。对酒厂所耗用的包装物来说，在随同白酒销售时，即使是不增加任何利润，它们所承载的增值税的计税依据也绝不仅仅是它们的购买成本，在这里面还应包括相应的消费税额。对酒类包装物应缴纳的增值税用组成计税价格的计算公式表示即为：组成计税价格＝（成本＋利润）÷（1－消费税率）。由此可见，酒厂在这方面少缴增值税也是显而易见的。

我们不妨以漯河市某公司购进的某品牌白酒的A种酒为例，计算这种酒每瓶少缴的消费税和增值税。A种酒的单价为每升92.14元（本案例所涉及增值税价款皆为不含税价），每件8瓶，每瓶0.225升，每瓶A种酒折合单价为20.73元。其酒盖单价为0.43元，酒瓶单价为1.68元，酒瓶底座单价为0.26元，酒盒单价为23.50元，每瓶酒应分摊酒盒的价款为2.94元，所有包装物合计金额为5.31元。包装物在这里的组成计税价格为：（成本＋利润）÷（1－消费税率），不妨将利润假定为零，每瓶A种酒包装物的组成计税价格最低也应为：5.31÷（1－25%）＝7.08元，应纳消费税为：7.08×25%＝1.77元。应纳增值税为：组成计税价格 × 增值税税率－包装物合计金额 × 增值税税率＝7.08×17%－5.31×17%＝0.30元。每瓶A种酒的包装物应纳增值税、消费税合计为2.07元，占到单瓶酒价值的9.98%。

照此计算，漯河市某公司当月所购进的45 603.25元包装物，让酒厂至少少缴消费税15 201.08元，增值税2 584.18元。

“多数白酒生产企业都是让代理商提供包装物！”如果漯河某公司负责人张经理所解释的这个现象属实，那么我们不得不考虑以下问题：漯河某公司是增值税一般纳税人，会计核算还较规范，税务机关还比较容易发现类似问题；像那些会计核算不规范，甚至就根本不设账簿的小规模企业和个体户代理商，我们又如何发现这些问题？漯河某公司只是这个品牌白酒的一个地市代理商，在全国范围内，这家白酒厂又有多少家像漯河某公司这样的代理商？全国范围内又会有多少家这样的白酒生产企业？国家税收因此又将流失多少？

资料来源：中国税务报2005-11-08，6版。

**讨论并思考问题：**

1. 消费税中的包装物的价款应该如何计算？
2. 消费税的计税依据是什么？

# 第一节 消费税概述

## 一、消费税的概念与特征

### 1. 消费税的概念

消费税是指对特定的消费行为按流转额征收的一种商品税。广义上，消费税应对所有消费品包括生活必需品和日用品普遍课税；但从征收实践上看，消费税主要指对特定消费品或特定消费行为等课税。消费税主要以消费品为课税对象，属于间接税。税收随价格转嫁给消费者负担，消费者是税款的实际负担者。目前，世界上已有100多个国家开征该税种，我国现行消费税是1994年税制改革中新设置的一个税种。在对货物普遍征收增值税的基础上，选择少数消费品再征收一道消费税，其目的是调节产品结构，引导消费方向，保证国家财政收入。

**2. 消费税的特征**

消费税的特征主要表现在以下几个方面。

（1）征收范围具有选择性。我国消费税的征收范围虽然是消费品，但并不是对所有的消费品都征收，只是选择了一部分特殊消费品、奢侈品、高能耗消费品和不可再生的稀缺资源消费品等作为征收对象，而非人们生活的必需品。与国外消费税相比，我国的征收范围偏窄，没有包括对特殊消费行为的征税。

（2）征税环节具有单一性。消费税主要在生产和进口环节征收，除少数消费品的纳税环节为零售环节外，再继续转售该消费品就不再征收消费税（从2009年开始，卷烟在批发环节加征从价税）。

（3）征收方法具有灵活性。为适应不同应税消费品的情况和便于核算、计征的要求，消费税采用从价计征、从量计征以及复合计征三种方法进行征税。对一部分价格变化较大且便于按价格核算的应税消费品实行从价计征；对一部分价格变动较小，品种、规格比较单一的大宗应税消费品实行从量计征；对卷烟、白酒实行从价、从量相结合的复合计征办法。

（4）税收负担具有转嫁性。增值税实行价外计税，而消费税则是一种价内税。消费税款是含在消费品价格之中的，因此，消费税无论是在哪个环节征收，消费品价格中所含的消费税款，最终都是由购买应税消费品者负担。生产、销售应税消费品的企业和个人虽是纳税人，但其所缴纳的税款最终转嫁到了消费者身上。

## 二、消费税的类型

### （一）直接消费税与间接消费税

按消费税计税依据不同，消费税分为直接消费税与间接消费税。

**1. 直接消费税**

直接消费税是以消费支出额为计税依据的消费税。

**2. 间接消费税**

间接消费税是以消费品或者消费价格或数量为计税依据的消费税。

### （二）有限型消费税、中间型消费税、延伸型消费税

按消费税征收范围不同，消费税分为有限型消费税、中间型消费税、延伸型消费税。

### 1. 有限型消费税

有限型消费税征税范围比较狭窄，主要限于一些传统消费品目，如烟草制品、酒精饮料、石油制品、机动车辆、游艇、糖、盐、软饮料、钟表、首饰、化妆品、香水等。

### 2. 中间型消费税

中间型消费税的征税范围相对要宽一些，除了有限型消费税所涉及的品目外，将一些消费广泛的消费品，如纺织品、皮革、皮毛制品、鞋、药品、牛奶和谷类制品、咖啡、可可、家用电器、电子产品、摄影器材、打火机等也纳入征税范围。

### 3. 延伸型消费税

延伸型消费税的征税范围比前两种都宽，除了上述两种消费税所涉及的品目外，将一些生产资料，如水泥、建筑材料、钢材、铝制品、橡胶制品、木材制品、颜料、油漆等也纳入征税范围。

## 三、消费税的作用

（1）体现消费政策，调整产业结构。消费税的立法要集中体现国家的产业政策和消费政策。例如，为了抑制对人体健康不利或者是过度消费会对人体有害的消费品的生产，将烟、酒、鞭炮、焰火列入征税范围；为了调节特殊消费，将游艇、摩托车、小汽车、高档手表、高尔夫球及球具、贵重首饰及珠宝玉石列入征税范围；为了节约一次性能源，限制过量消费，将木制一次性筷子、实木地板、成品油列入征税范围。

（2）正确引导消费，抑制超前消费。目前，我国正处于社会主义初级阶段，总体财力还比较有限，个人的生活水平还不够高，需要在政策上正确引导人们的消费方向。在消费税立法过程中，对人们日常消费的基本生活用品和企业正常的生产消费物品不征收消费税，只对目前属于奢侈品或超前消费的物品及其他非基本生产用品征收消费税，特别是对其中的某些消费品如烟、酒、高档汽车等适用较高的税率，加重调节，增加购买者（消费者）的负担，适当抑制高水平或超前消费。

（3）稳定财政收入，保持原有负担。消费税是在原流转税制进行较大改革的背景下出台的。原流转税主要税种——增值税和产品税，其收入主要集中在卷烟、酒、石化、化工等几类产品上，且税率档次多，税率较高。实行新的、规范化的增值税后，不可能设置多档次、相差悬殊的税率。所以，许多原高税率产品改征增值税后，基本税率为 17%，税负下降过多，对财政收入的影响较大，为了确保税制改革后尽量不减少财政收入，同时不削弱税收对某些产品生产和消费的调控作用，需要通过征收消费税，把实行增值税后，由于降低税负而可能减少的税收收入征收上来，基本保持原产品的税收负担，并随着应税消费品生产和消费的增长，使财政收入也保持稳定增长。

（4）调节支付能力，缓解分配不公。个人生活水平或贫富状况在很大程度上体现在其支付能力上。显然，受多种因素制约，仅依靠个人所得税不可能完全实现税负的公平分配目标，也不可能有效缓解社会分配不公的问题。通过对某些奢侈品或特殊消费品征收消费税，立足于从调节个人支付能力的角度，间接增加某些消费者的税收负担或增加消费支出的超额负担，使高收入者的高消费受到一定抑制，低收入者或消费基本生活用品的消费者则不负担消费税，支付能力不受影响。所以，开征消费税有利于配合个人所得税及其他税种进行调节，缓解目前存在的社会分配不公的矛盾。

## 第二节 消费税法的一般规定

消费税法是指国家用以调整消费税征收与缴纳相关权利及义务关系的法律规范，是2008年11月5日经国务院第34次常务会议修订通过并颁布，自2009年1月1日起施行的《中华人民共和国消费税暂行条例》(以下简称《消费税暂行条例》)以及2008年12月15日财政部、国家税务总局第51号令颁布的《中华人民共和国消费税暂行条例实施细则》(以下简称《消费税暂行条例实施细则》)。

### 一、消费税的征税范围

我国实行有限型消费税，消费税应税产品共分以下五类。

**1. 过度消费会对人类健康、社会秩序、生态环境等方面有害的消费品**

此类产品包括烟、酒类、鞭炮、焰火、木制一次性筷子及实木地板、电池、涂料等消费品。其中，“烟”包括卷烟（甲类卷烟、乙类卷烟)、雪茄烟及烟丝。“酒类”包括白酒、黄酒、啤酒（甲类啤酒、乙类啤酒)、其他酒。

**2. 奢侈品和非生活必需品**

奢侈品和非生活必需品包括高档化妆品、贵重首饰及珠宝玉石、高尔夫球及球具、高档手表、游艇。其中，“贵重首饰及珠宝玉石”包括金银首饰、铂金首饰和钻石及钻石饰品，以及其他贵重首饰和珠宝玉石。

**3. 高能耗的高档消费品**

高能耗的高档消费品包括小汽车及摩托车。其中，小汽车分为乘用车及中轻型商用客车。摩托车以汽缸容量250毫升（含250毫升）为标准分为汽缸容量250毫升以上及以下两种。

**4. 不可再生和不可替代的石油类消费品**

此类产品将成品油分为无铅汽油、柴油、航空煤油、石脑油、溶剂油、润滑油及燃料油。

**5. 具有财政意义的消费品**

此类产品主要为护肤护发品。

### 二、消费税的纳税人

在中华人民共和国境内生产、委托加工和进口消费税条例规定的单位和个人，以及国务院确定的销售《消费税暂行条例》规定的消费品的其他单位和个人，为消费税的纳税人。单位，是指企业、事业单位、军事单位、社会团体及其他单位。个人，是指个体工商户及其他个人。

## 三、消费税的税目和税率

### (一) 消费税的税目

消费税共分 15 个税目，分别为烟，酒类，高档化妆品，贵重首饰及珠宝玉石，鞭炮、焰火，成品油，摩托车，小汽车，高尔夫球及球具，高档手表，游艇，木制一次性筷子，实木地板，电池，涂料。

### (二) 消费税的税率

消费税税率主要是根据征税对象的具体情况，来确定定额税率和比例税率。纳税人兼营不同税率的应当缴纳消费税的消费品，应当分别核算不同税率应税消费品的销售额、销售数量；未分别核算销售额、销售数量或者将不同税率的消费品组成成套消费品销售的，从高适用税率。纳税人兼营不同税率的应当缴纳消费税的消费品，是指纳税人生产、销售两种税率以上的应税消费品。

#### 1. 比例税率

比例税率主要适用于价格差异较大、计量单位难以规范的应税消费品，包括烟（除卷烟），酒（除白酒、黄酒、啤酒），高档化妆品，贵重首饰及珠宝玉石，鞭炮、焰火，成品油，摩托车，小汽车，高尔夫球及球具，高档手表，游艇，木制一次性筷子，实木地板，电池，涂料。

#### 2. 定额税率

定额税率适用于供求基本平衡并且价格差异较小、计量单位规范的应税消费品，包括黄酒、啤酒和成品油等液体产品。

#### 3. 复合税率

消费税的税目和税率如表 5-1 所示。

表 5-1　消费税的税目和税率

| 税　　目 | 税　　率 |
|---|---|
| 一、烟 | |
| 1. 卷烟 | |
| （1）甲类卷烟 | 56% 加 0.003 元 / 支 |
| （2）乙类卷烟 | 36% 加 0.003 元 / 支 |
| 2. 雪茄烟 | 25% |
| 3. 烟丝 | 30% |

（续）

| 税　目 | 税　率 |
| --- | --- |
| 二、酒及酒精 | |
| 1. 白酒 | 20% 加 0.5 元 /500 克（或者 500 毫升） |
| 2. 黄酒 | 240 元 / 吨 |
| 3. 啤酒 | |
| （1）甲类啤酒 | 250 元 / 吨 |
| （2）乙类啤酒 | 220 元 / 吨 |
| 4. 其他酒 | 10% |
| 5. 酒精 | 5% |
| 三、高档化妆品 | 15% |
| 四、贵重首饰及珠宝玉石 | |
| 1. 金银首饰、铂金首饰和钻石及钻石饰品 | 5% |
| 2. 其他贵重首饰和珠宝玉石 | 10% |
| 五、鞭炮、焰火 | 15% |
| 六、成品油 | |
| 1. 汽油 | |
| （1）含铅汽油 | 0.28 元 / 升 |
| （2）无铅汽油 | 0.20 元 / 升 |
| 2. 柴油 | 0.10 元 / 升 |
| 3. 航空煤油 | 0.10 元 / 升 |
| 4. 石脑油 | 0.20 元 / 升 |
| 5. 溶剂油 | 0.20 元 / 升 |
| 6. 润滑油 | 0.20 元 / 升 |
| 7. 燃料油 | 0.10 元 / 升 |
| 七、汽车轮胎 | 3% |
| 八、摩托车 | |
| 1. 气缸容量（排气量，下同）在 250 毫升（含 250 毫升）以下的 | 3% |
| 2. 气缸容量在 250 毫升以上的 | 10% |
| 九、小汽车 | |
| 1. 乘用车 | |
| （1）气缸容量（排气量，下同）在 1.0 升（含 1.0 升）以下的 | 1% |
| （2）气缸容量在 1.0 升以上至 1.5 升（含 1.5 升）的 | 3% |
| （3）气缸容量在 1.5 升以上至 2.0 升（含 2.0 升）的 | 5% |
| （4）气缸容量在 2.0 升以上至 2.5 升（含 2.5 升）的 | 9% |
| （5）气缸容量在 2.5 升以上至 3.0 升（含 3.0 升）的 | 12% |
| （6）气缸容量在 3.0 升以上至 4.0 升（含 4.0 升）的 | 25% |
| （7）气缸容量在 4.0 升以上的 | 40% |
| 2. 中轻型商用客车 | 5% |
| 十、高尔夫球及球具 | 10% |
| 十一、高档手表 | 20% |
| 十二、游艇 | 10% |
| 十三、木制一次性筷子 | 5% |
| 十四、实木地板 | 5% |

## 第三节 消费税的计税依据

按照现行消费税法的规定，消费税应纳税额的计算分为从价计征、从量计征和从价从量复合计征三种方法。

### 一、从价计征

在从价定率计征法下，应纳税额等于应税消费品的销售额乘以适用税率。用公式表示为：

$$应纳税额 = 应税消费品的销售额 \times 适用税率$$

**1. 销售额的确定**

销售额为纳税人销售应税消费品向购买方收取的全部价款和价外费用。销售是指有偿转让应税消费品的所有权。价外费用是指价外向购买方收取的手续费、补贴、基金、集资费、返还利润、奖励费、违约金、滞纳金、延期付款利息、赔偿金、代收款项、代垫款项、包装费、包装物租金、储备费、优质费、运输装卸费以及其他各种性质的价外收费。但下列项目不包括在内。

（1）同时符合以下条件的代垫运输费用：

1）承运部门的运输费用发票开具给购买方的。

2）纳税人将该项发票转交给购买方的。

（2）同时符合以下条件代为收取的政府性基金或者行政事业性收费：

1）由国务院或者财政部批准设立的政府性基金；由国务院或者省级人民政府及其财政、价格主管部门批准设立的行政事业性收费。

2）收取时开具省级以上财政部门印制的财政票据。

3）所收款项全额上缴财政。

**2. 含增值税销售额的换算**

应税消费品在缴纳消费税的同时，与一般货物一样，还应缴纳增值税。按照《消费税暂行条例实施细则》的规定，应税消费品的销售额，不包括应向购货方收取的增值税税款。如果纳税人应税消费品的销售额中未扣除增值税税款或者因不得开具增值税专用发票而发生价款和增值税税款合并收取的，在计算消费税时，应将含增值税的销售额换算为不含增值税税款的销售额。其换算公式为：

$$应税消费品的销售额 = 含增值税的销售额 \div (1 + 增值税税率或征收率)$$

在使用上述换算公式时，应根据纳税人的具体情况分别使用增值税税率或征收率。如果消费税的纳税人同时又是增值税一般纳税人，就适用 16% 的增值税税率；如果消费税的纳税人是增值税小规模纳税人，就适用 3% 的征收率。

### 二、从量计征

在从量定额计征法下，应纳税额等于应税消费品的销售数量乘以单位税额。用公式表示为：

应纳税额 = 应税消费品的销售数量 × 单位税额

1. 销售数量的确定

销售数量是指纳税人生产、加工和进口应税消费品的数量。具体规定为：

（1）销售应税消费品的，为应税消费品的销售数量；

（2）自产自用应税消费品的，为应税消费品的移送使用数量；

（3）委托加工应税消费品的，为纳税人收回的应税消费品数量；

（4）进口的应税消费品，为海关核定的应税消费品进口征税数量。

2. 计量单位的换算标准

《消费税暂行条例》规定，黄酒、啤酒是以吨为税额单位；汽油、柴油是以升为税额单位的。但是，笔者考虑到在实际销售过程中，一些纳税人会把吨与升这两个计量单位混用，所以规范了不同产品的计量单位，以准确计算应纳税额，吨与升两个计量单位的换算标准如表 5-2 所示。

表 5-2　吨、升换算表

| 序　号 | 名　称 | 计量单位的换算标准 |
|---|---|---|
| 1 | 黄酒 | 1 吨 = 962 升 |
| 2 | 啤酒 | 1 吨 = 988 升 |
| 3 | 汽油 | 1 吨 = 1 388 升 |
| 4 | 柴油 | 1 吨 = 1 176 升 |
| 5 | 航空煤油 | 1 吨 = 1 246 升 |
| 6 | 石脑油 | 1 吨 = 1 385 升 |
| 7 | 溶剂油 | 1 吨 = 1 282 升 |
| 8 | 润滑油 | 1 吨 = 1 126 升 |
| 9 | 燃料油 | 1 吨 = 1 015 升 |

## 三、从价从量复合计征

在现行消费税的征税范围中，只有卷烟、白酒采用复合计征方法。计算公式为：

应纳税额 = 应税销售数量 × 定额税率 + 应税销售额 × 比例税率

生产、销售卷烟、白酒从量定额计税依据为实际销售数量。进口、委托加工、自产自用卷烟、白酒从量定额计税依据分别为海关核定的进口征税数量、委托方收回数量、移送使用数量。

## 四、计税依据的特殊规定

1. 自设非独立核算门市部销售应税消费品的计税规定

纳税人通过自设非独立核算门市部销售应税消费品，应当按照门市部对外销售额或者销售数量征收消费税。

2. 应税消费品用于换取生产资料和消费资料，投资入股和抵偿债务的计税规定

纳税人用于换取生产资料和消费资料，投资入股和抵偿债务等方面的应税消费品，

应当以纳税人同类应税消费品的最高销售价格作为计税依据计算消费税。

**3. 卷烟计税价格的核定**

自2012年1月1日起，卷烟消费税最低计税价格核定范围为卷烟生产企业在生产环节销售的所有牌号、规格的卷烟。

计税价格由国家税务总局按照卷烟批发环节销售价格扣除卷烟批发环节批发毛利核定并发布。计税价格的核定公式为：

某牌号、规格卷烟计税价格 = 批发环节销售价格 ×（1 – 适用批发毛利率）

卷烟批发环节销售价格，按照税务机关采集的所有卷烟批发企业在价格采集期内销售的该牌号、规格卷烟的数量、销售额进行加权平均计算。计算公式为：

批发环节销售 = $\sum$ 该牌号、规格卷烟的销售额 ÷ $\sum$ 该牌号、规格卷烟的销售数量

**4. 白酒最低计税价格的核定**

（1）核定范围

白酒生产企业销售给销售单位的白酒，生产企业消费税计税价格低于销售单位对外销售价格70%以下的，税务机关应核定消费税最低计税价格。销售单位，是指销售公司、购销公司以及委托境内其他单位或个人包销本企业生产白酒的商业机构。销售公司、购销公司，是指专门购进并销售白酒生产企业生产的白酒，并与该白酒生产企业存在关联性质的商业机构。包销，是指销售单位依据协定价格从白酒生产企业购进白酒，同时承担大部分包装材料等成本费用，并负责销售白酒。

（2）核定标准。

1）白酒生产企业销售给销售单位的白酒，生产企业消费税计税价格高于销售单位对外销售价格70%（含70%）以上的，税务机关暂不核定消费税最低计税价格。

2）白酒生产企业销售给销售单位的白酒，生产企业消费税计税价格低于销售单位对外销售价格70%以下的，消费税最低计税价格由税务机关根据生产规模、白酒品牌、利润水平等情况在销售单位对外销售价格的50%～70%范围内自行核定。

（3）重新核定。

已核定最低计税价格的白酒，销售单位对外销售价格持续上涨或下降时间达到3个月以上、累计上涨或下降幅度在20%（含20%）以上的白酒，税务机关重新核定最低计税价格。

（4）计税价格的适用。

已核定最低计税价格的白酒，生产企业实际销售价格高于消费税最低计税价格的，按实际销售价格申报纳税；实际销售价格低于消费税最低计税价格的，按最低计税价格申报纳税。

**5. 金银首饰销售额的确定**

对既销售金银首饰，又销售非金银首饰的生产、经营单位，应将两类商品划分清楚，分别核算销售额。凡划分不清楚或不能分别核算的，在生产环节销售的，一律从高适用税率征收消费税；在零售环节销售的，一律按金银首饰征收消费税。金银首饰与其他产品组成成套消费品销售的，应按销售额全额征收消费税。

# 第四节　消费税应纳税额的计算

## 一、生产销售环节应纳消费税的计算

纳税人在生产销售环节应缴纳的消费税，包括直接对外销售应税消费品应缴纳的消费税和自产自用应税消费品应缴纳的消费税。

### （一）直接对外销售应纳消费税的计算

直接对外销售应税消费品涉及以下三种计算方法。

**1. 从价定率计算**

在从价定率计算方法下，应纳消费税额等于销售额乘以适用税率。基本计算公式为：

应纳税额 = 应税消费品的销售额 × 比例税率

**【例 5-1】** 某化妆品生产企业为增值税一般纳税人。2017 年 6 月 5 日向某大型商场销售化妆品一批，开具增值税专用发票，取得不含增值税销售额 100 万元，增值税税额 17 万元；6 月 10 日向某单位销售化妆品一批，开具普通发票，取得含增值税销售额 9.36 万元。要求计算该化妆品生产企业上述业务应缴纳的消费税额。

**解析：**

（1）化妆品适用消费税税率 30%

（2）化妆品的应税销售额 = 100 + 9.36 ÷（1 + 16%）≈ 108（万元）

（3）应缴纳的消费税额 = 108 × 30% = 32.4（万元）

**2. 从量定额计算**

在从量定额计算方法下，应纳消费税额等于销售数量乘以定额税额。基本计算公式为：

应纳税额 = 应税消费品的销售数量 × 定额税率

**【例 5-2】** 南方啤酒厂 2017 年 3 月销售甲类啤酒 2 000 吨，取得不含增值税销售额 590 万元，增值税税额 100.3 万元，另收取包装物押金 46.8 万元，要求计算 3 月该啤酒厂应纳消费税税额。

**解析：**

（1）销售甲类啤酒适用定额税率每吨 250 元

（2）应纳消费税税额 = 2 000 × 250 = 500 000（元）

**3. 从价定率与从量定额复合计算**

现行消费税的征税范围中，只有卷烟、白酒采用复合计算方法。其基本计算公式为：

应纳税额 = 应税消费品的销售数量 × 定额税率 + 应税销售额 × 比例税率

【例 5-3】 洋河白酒厂为增值税一般纳税人，2017 年 3 月销售白酒 50 吨，取得不含增值税的销售额 200 万元，要求计算洋河白酒厂 3 月应缴纳的消费税额。

**解析：**

（1）白酒适用比例税率 20%，定额税率为每 500 克 0.5 元

（2）应纳税额 = 50 × 2 000 × 0.000 05 + 200 × 20% = 45（万元）

### （二）自产自用应纳消费税的计算

自产自用是指纳税人生产应税消费品后，不是直接对外销售，而是用于自己连续生产应税消费品或用于其他方面。

**1. 用于连续生产的应税消费品**

纳税人自产自用的应税消费品，用于连续生产应税消费品的，不纳税。

**2. 用于其他方面的应税消费品**

纳税人自产自用的应税消费品，除用于连续生产应税消费品外，凡用于其他方面的于移送使用时纳税。用于其他方面是指纳税人用于生产非应税消费品、在建工程、管理部门、非生产机构、提供劳务，以及用于馈赠、赞助、集资、广告、样品、职工福利、奖励等方面。

**3. 组成计税价格及税额的计算**

纳税人自产自用的应税消费品用于其他方面，应当纳税的，按照纳税人生产的同类消费品的销售价格计算纳税。同类消费品的销售价格是指纳税人当月销售的同类消费品的销售价格，如果当月同类消费品的销售价格高低不同，应按销售数量加权平均计算。但销售的应税消费品有下列情况之一的，不得列入加权平均计算：

（1）销售价格明显偏低又无正当理由的；

（2）无销售价格的。

如果当月无销售或者当月未完结，应按照同类消费品上月或者最近月份的销售价格计算纳税。

没有同类消费品销售价格的，按照组成计税价格计算纳税。组成计税价格的计算公式如下所示。

实行从价定率办法计算纳税的组成计税价格的公式为：

组成计税价格 =（成本 + 利润）÷（1 − 比例税率）

应纳税额 = 组成计税价格 × 比例税率

实行复合计税办法计算纳税的组成计税价格的公式为：

组成计税价格 =（成本 + 利润 + 自产自用数量 × 定额税率）÷（1 − 比例税率）

应纳税额 = 组成计税价格 × 比例税率 + 自产自用数量 × 定额税率

上述公式中所说的“成本”，是指应税消费品的产品生产成本。上述公式中所说的“利润”，是指根据应税消费品的全国平均成本利润率计算的利润。应税消费品全国平均

成本利润率由国家税务总局确定。

4. **应税消费品全国平均成本利润率**

2006 年 3 月，国家税务总局颁发的《消费税若干具体问题的规定》，确定了应税消费品全国平均成本利润率表（见表 5-3）。

表 5-3 平均成本利润率表

| 货物名称 | 利润率（%） | 货物名称 | 利润率（%） |
|---|---|---|---|
| 1. 甲类卷烟 | 10 | 10. 贵重首饰及珠宝玉石 | 6 |
| 2. 乙类卷烟 | 5 | 11. 摩托车 | 6 |
| 3. 雪茄烟 | 5 | 12. 高尔夫球及球具 | 10 |
| 4. 烟丝 | 5 | 13. 高档手表 | 20 |
| 5. 粮食白酒 | 10 | 14. 游艇 | 10 |
| 6. 薯类白酒 | 5 | 15. 木制一次性筷子 | 5 |
| 7. 其他酒 | 5 | 16. 实木地板 | 5 |
| 8. 高档化妆品 | 5 | 17. 乘用车 | 8 |
| 9. 鞭炮、焰火 | 5 | 18. 中轻型商用客车 | 5 |

## 二、委托加工环节应税消费品应纳消费税的计算

1. **委托加工应税消费品的确定**

委托加工应税消费品是指委托方提供原材料和主要材料，受托方只收取加工费和代垫部分辅助材料加工的应税消费品。对于由受托方提供原材料生产的应税消费品，或者受托方先将原材料卖给委托方，然后再接受加工的应税消费品，以及由受托方以委托方名义购进原材料生产的应税消费品，不论纳税人在财务上是否做销售处理，都不得作为委托加工应税消费品，而应当按照销售自制应税消费品缴纳消费税。

2. **代收代缴税款的规定**

对确实属于委托方提供原材料和主要材料，受托方只收取加工费和代垫部分辅助材料加工的应税消费品，现行消费税法规定，由受托方在向委托方交货时代收代缴消费税。这样，受托方就是法定的代收代缴义务人。

3. **组成计税价格及应纳税额的计算**

委托加工的应税消费品，按照受托方同类消费品的销售价格计算纳税；同类消费品的销售价格是指受托方（代收代缴义务人）当月销售的同类消费品的销售价格，如果当月同类消费品各期销售价格高低不同，应按销售数量加权平均计算。但销售的应税消费品有下列情况之一的，不得列入加权平均计算：

（1）销售价格明显偏低又无正当理由的；

（2）无销售价格的。

如果当月无销售或者当月未完结，应按照同类消费品上月或最近月份的销售价格计算纳税。

没有同类消费品销售价格的，按照组成计税价格计算纳税。组成计税价格的计算公

式如下所示。

实行从价定率办法计算纳税的组成计税价格的公式：

组成计税价格 =（材料成本 + 加工费）÷（1 – 比例税率）

实行复合计税办法计算纳税的组成计税价格的公式：

组成计税价格 =（材料成本 + 加工费 + 委托加工数量 × 定额税率）÷（1 – 比例税率）

## 三、进口环节应纳消费税的计算

进口应税消费品，于报关进口时缴纳消费税；进口应税消费品的消费税由海关代征；进口应税消费品，由进口人或者其代理人向报关地海关申报纳税；纳税人进口应税消费品，按照关税征收管理的相关规定，应当自海关填发海关进口消费税专用缴款书之日起15日内缴纳税款。

1993年12月，国家税务总局、海关总署联合颁发的《关于对进口货物征收增值税、消费税有关问题的通知》规定，进口应税消费品的收货人或办理报关手续的单位和个人，为进口应税消费品消费税的纳税义务人。进口应税消费品消费税的税目、税率（税额），依照《消费税暂行条例》所附的《消费税税目税率（税额）表》执行。

纳税人进口应税消费品，按照组成计税价格和规定的税率计算应纳税额。计算方法如下所示。

**1. 从价定率计征应纳税额的计算**

实行从价定率办法计算纳税的组成计税价格的公式：

组成计税价格 =（关税完税价格 + 关税）÷（1 – 消费税比例税率）

公式中的“关税完税价格”，是指海关核定的关税计税价格。

应纳税额 = 组成计税价格 × 消费税比例税率

**2. 实行从量定额办法计算应纳税额的公式**

应纳税额 = 应税消费品数量 × 消费税定额税率

**3. 实行复合计税办法计算应纳税额的公式**

组成计税价格 =（关税完税价格 + 关税 + 进口数量 × 消费税定额税率）÷（1 – 消费税比例税率）

应纳税额 = 组成计税价格 × 消费税税率 + 应税消费品进口数量 × 消费税定额税率

## 四、已纳消费税扣除的计算

为了避免重复征税，现行消费税规定，将外购应税消费品和委托加工收回的应税消费品继续生产应税消费品销售的，可以将外购应税消费品和委托加工收回的应税消费品已缴纳的消费税给予扣除。

（1）外购应税消费品已纳税额的扣除。

（2）委托加工收回的应税消费品已纳消费税款的扣除。

## 五、消费税出口退税的计算

对纳税人出口应税消费品，免征消费税；国务院另有规定的除外。

**1. 出口免税并退税**

有出口经营权的外贸企业购进应税消费品直接出口，以及外贸企业受其他企业委托代理出口应税消费品，外贸企业只有受其他外贸企业委托，代理出口应税消费品才可办理退税，外贸企业受其他企业（主要是非生产性的商贸企业）委托，代理出口应税消费品是不予以退（免）税的。

**2. 出口免税但不退税**

有出口经营权的生产性企业自营出口或委托外贸企业代理出口自产的应税消费品，依据其实际出口数量免征消费税，不予办理退还消费税。免征消费税是指对生产性企业按其实际出口数量免征生产环节的消费税。因已免征生产环节的消费税，该应税消费品出口时，已不含有消费税，所以无须再办理退还消费税。

**3. 出口不免税也不退税**

除生产企业、外贸企业外的其他企业，具体是指一般商贸企业，委托外贸企业代理出口应税消费品一律不予退（免）税。出口货物的消费税应退税额的计税依据，按购进出口货物的消费税专用缴款书和海关进口消费税专用缴款书确定。

# 第五节　消费税的征收管理

## 一、纳税义务发生时间

（1）纳税人销售的应税消费品，其纳税义务的发生时间，按不同的销售结算方式分别为：

1）采用赊销和分期收款结算方式的，为书面合同约定的收款日期的当天；书面合同没有约定收款日期或者无书面合同的，为发出应税消费品的当天。

2）采用预收货款结算方式的，为发出应税消费品的当天。

3）采用托收承付和委托银行收款方式的，为发出应税消费品并办妥托收手续的当天。

4）采用其他结算方式的，为收讫销售款或者取得索取销售款凭据的当天。

（2）纳税人自产自用应税消费品的，为移送使用的当天。

（3）纳税人委托加工应税消费品的，为纳税人提货的当天。

（4）纳税人进口应税消费品的，为报关进口的当天。

## 二、纳税期限

按照《消费税暂行条例》规定，消费税的纳税期限分别为1日、3日、5日、10日、15日、1个月或者1个季度。纳税人的具体纳税期限，由主管税务机关根据纳税人应纳税额的大小分别核定；不能按照固定期限纳税的，可以按次纳税。

纳税人以1个月或者1个季度为1个纳税期的，自期满之日起15日内申报纳税；以1日、3日、5日、10日或者15日为1个纳税期的，自期满之日起5日内预缴税款，于次月1日起15日内申报纳税并结清上月应纳税款。

纳税人进口应税消费品，应当自海关填发海关进口消费税专用缴款书之日起15日内缴纳税款。

## 三、纳税地点

消费税具体纳税地点为：

（1）纳税人销售的应税消费品，以及自产自用的应税消费品，除国务院财政、税务主管部门另有规定外，应当向纳税人机构所在地或者居住地的主管税务机关申报纳税。

（2）委托加工的应税消费品，除受托方为个人外，由受托方向机构所在地或者居住地的主管税务机关解缴消费税税额。

（3）进口的应税消费品，由进口人或者其代理人向报关地海关申报纳税。

（4）纳税人到外县（市）销售或者委托外县（市）代销自产应税消费品的，于应税消费品销售后，向机构所在地或者居住地的主管税务机关申报纳税。

## 四、其他规定

纳税人销售的应税消费品，因质量等原因发生退货的，其已缴纳的消费税税额可予以退还。

## 同步测试题

### 一、名词解释

1. 消费税　　2. 委托加工

3. 自产自用　　4. 出口退税

5. 复合计税

### 二、单项选择题

**1.** 下列环节中既征消费税又征增值税的是（　　）。

A. 粮食白酒的生产和批发环节

B. 金银首饰的生产和零售环节

C. 金银首饰的进口环节

D. 化妆品的生产环节

**2.** 根据消费税的有关规定，下列纳税人自产自用消费品不缴纳消费税的是（　　）。

A. 炼油厂用于基建部门的自产汽油　　B. 汽车厂用于管理部门的自产汽车

C. 日化厂用于交易会的自产化妆品　　D. 卷烟厂用于生产卷烟的自制烟丝．

**3.** 纳税人在销售应税消费品时，因按规定不得开具专用发票而发生价款和增值税合并收取的，在计算消费税时，其应税消费品的销售额等于（　　）。

A. 含增值税的销售额 ÷（1 + 增值税税率或征收率）

B. 含增值税的销售额 ÷（1 – 增值税税率或征收率）

C. 含增值税的销售额 ÷（1 – 消费税税率）

D. 含增值税的销售额 ÷（1 + 消费税税率）

**4.** 下列各种行为中，应缴纳消费税的是（　　）。

A. 商场销售高档家具　　B. 房地产公司销售豪宅

C. 林场销售实木复合地板　　D. 烟花厂销售体育比赛专用的发令纸

**5.** 某酒厂 2017 年 5 月研发一批新型粮食白酒 1 000 千克，作为礼品赠送。该白酒没有同类售价，成本为 17 万元。已知粮食白酒的成本利润率为 10%，则该批白酒应纳的消费税税额为（　）万元。

A. 4.775　　B. 4.800　　C. 7.910　　D. 8.200

**6.** 纳税人采用托收承付和委托银行收款方式销售的应税消费品，其纳税义务的发生时间为（　）。

A. 发出应税消费品并办妥托收手续的当天

B. 收到货款的当天

C. 合同约定的时间

D. 发出货物的当天

**7.** 在下列各项中符合消费税纳税义务发生时间规定的是（　　）。

A. 进口的应税消费品为取得进口货物的当天

B. 自产自用的应税消费品为移送使用的当天

C. 委托加工的应税消费品为支付加工费的当天

D. 采用预收货款结算方式为收到预收款的当天

**8.** 某企业委托酒厂加工药酒 10 箱，该药酒无同类产品的销售价格，委托方提供的原料成本为 2 万元，受托方垫付的辅料成本为 0.15 万元，另收取的不含增值税加工费为 0.4 万元。则该酒厂代收代缴的消费税（消费税税率为 10%）为（　　）元。

A. 2 250.00　　B. 2 833.33　　C. 3 833.33　　D. 2 388.88

**9.** 下列各项中，不符合应税消费品数量规定的是（　　）。

A. 生产销售应税消费品的，为应税消费品的销售数量

B. 自产自用应税消费品的，为应税消费品的生产数量

C. 委托加工应税消费品的，为收回应税消费品数量

D. 进口应税消费品的，为海关核定的应税消费品数量

**10.** 根据现行规定，用外购已税消费品连续生产应税消费品的，准予按生产领用数量计算扣除外购已税消费品已纳消费税。下列说法中符合这一规定的是（　　）。

A. 以外购高档手表改装加工的钻石手表

B. 以外购已税木制一次性筷子为原料生产的高档筷子

C. 以外购已经纳税卷烟商标包装生产、出售的卷烟

D. 以外购的柴油用于连续生产的生物柴油

## 三、多项选择题

**1.** 根据现行消费税的规定，下列说法中正确的有（　　）。

A. 纳税人销售金银首饰的计税依据为含增值税的销售额

B. 金银首饰连同包装物销售的计税依据为含包装物金额的销售额

C. 带料加工金银首饰的计税依据为受托方收取的加工费

D. 以旧换新销售金银首饰的计税依据为实际收取的不含增值税销售额

**2.** 下列单位中，属于消费税纳税人的有（　　）。

A. 生产销售应税消费品（金银首饰除外）的单位

B. 委托加工应税消费品的单位

C. 进口应税消费品的单位

D. 受托加工应税消费品的单位

**3.** 按照现行税法，下列消费品的生产经营环节既征收增值税又征收消费税的有（　　）。

A. 批发环节销售的卷烟　　B. 零售环节销售的黄金及合金首饰

C. 批发环节销售的白酒　　D. 零售环节销售的白酒

**4.** 下列各项中，属于消费税征收范围的有（　　）。

A. 汽油　　B. 柴油　　C. 植物油　　D. 航空煤油

**5.** 下列委托加工行为应纳消费税的有（　　）。

A. 卷烟厂委托加工烟丝全部用于卷烟生产

B. 某企业将外购汽车底盘及配件委托加工成小货车自用

C. 某企业委托加工一批护肤品发给职工做福利

D. 某商场委托加工一批卷烟直接用于销售

**6.** 对连续生产的应税消费品，准予从应纳消费税税额中按当期生产领用数量计算扣除委托加工收回的应税消费品已经缴纳的消费税税款。这类委托加工的应税消费品包括（　　）。

A. 烟丝　　B. 酒　　C. 化妆品　　D. 实木地板

**7.** 下列项目中，应当征收消费税的有（　　）。

A. 化妆品厂作为样品赠送给客户的香水

B. 用于产品质量检验耗费的高尔夫球杆

C. 白酒生产企业向百货公司销售的试制药酒

D. 轮胎厂移送非独立核算的门市部待销售的汽车轮胎

**8.** 在企业生产销售白酒取得的下列款项中，应并入销售额计征消费税的有（　　）。

A. 优质费　　B. 包装物租金　　C. 品牌使用费　　D. 包装物押金

**9.** 下列货物销售征收消费税的有（　　）。

A. 汽车销售公司代销小汽车

B. 汽车修理厂销售汽车轮胎

C. 商场零售金银首饰

D. 手表厂生产销售不含税价为 12 000 元 / 块的手表

**10.** 下列关于消费税纳税义务发生时间的问题，说法正确的有（　　）。

A. 酒厂销售白酒按合同约定 12 日收取价款的 80%，按时发出全部货物并确认全部收入

B. 烟草专卖公司进口一批雪茄卷烟 100 箱的纳税义务发生时间为卷烟报关进口的当天

C. 采用委托银行收款方式销售汽车的纳税义务发生时间为发出汽车并办妥托收手续的当天

D. 造船厂销售游艇采用预收货款方式结算，5 月收到预收货款并确认收入（6 月发出游艇）

## 四、是非判断题

**1.** 卷烟批发企业的纳税地点为卷烟批发企业的机构所在地，总机构与分支机构不在同一地区的，由总机构汇总向其所在地税务机关申报缴纳消费税。(　　)

**2.** 用于换取生产资料的卷烟，应以同类商品的平均售价作为计税依据，计算征收增值税和消费税。(　　)

**3.** 工业企业从化妆品厂购进罐装化妆品的半成品，添加香料后售给另一加工企业再加工成成品出售。工业企业向另一企业出售时应缴纳消费税，允许扣除在购入价格中所含的消费税税金。(　　)

**4.** 在零售环节征消费税的金银首饰、钻石、钻石饰品允许抵扣在外购珠宝玉石时已纳的消费税税额。(　　)

**5.** 委托加工应税消费品，委托方将收回的应税消费品高于受托方的计税价格出售的，需要按规定申报缴纳消费税，在计税时准予扣除受托方已代收代缴的消费税。(　　)

**6.** 纳税人兼营不同税率的应税消费品，应当分别核算不同税率应税消费品的销售额、销售数量；未分别核算销售额、销售数量的，或者将不同税率的应税消费品组成成套消费品销售的，从高适用税率。(　　)

**7.** 实行从价定率办法计算应纳税额的应税消费品连同包装销售的，无论包装物是否单独计价，均不作为应税消费品的销售额征收消费税。(　　)

**8.** 以旧换新（含翻新改制）销售金银首饰按实际收取的不含增值税的全部价款确定计税

依据，征收消费税。(　　)

9. 商业企业一般纳税人零售的烟、酒、食品、服装、化妆品等消费品不得开具专用发票。(　　)

10. 纳税人自产自用从价定率征税的应税消费品，没有同类消费品价格的，按照组成计税价格计算纳税。公式为：组成计税价格 =(成本 + 利润)÷(1 + 消费税税率)。(　　)

## 五、简答题

1. 简述消费税的概念及其特点。
2. 如何理解消费税的作用？
3. 消费税的纳税环节有哪些？
4. 简述消费税的计税原理。
5. 简述消费税与增值税的异同之处。

## 六、综合计算题

**1.** 某酒厂从农民手中购买谷物委托某酒精厂加工粮食酒精。2017 年 7 月，酒厂购进谷物 60 吨，收购凭证上注明的收购金额每吨为 6 000 元，委托某酒精厂加工粮食酒精，月底收回酒精 15 吨，该厂月初无库存酒精，月末有库存的委托加工酒精 5 吨。加工酒精支付的每吨加工费为 250 元。本月销售委托加工酒精生产的粮食白酒 20 吨，每吨销售额为 15 000 元，以上价格均为不含增值税的价格，酒精的消费税税率为 5%，粮食白酒的消费税税率为 25%。

**要求：**根据上述资料计算该厂本月应纳的消费税和增值税。

**2.** 某外贸企业从国外进口 80 架数码摄像机，关税完税价格为 180 万元，当月售出其中 70 架，每架售价 4 万元（不含税）；又从国内一生产厂家购进高级照相机 100 架，每架工厂销售额为 1.638 万元（含增值税），其中 90 架外销，出口离岸价为 205 万元；10 架内销，每架售价 2 万元（不含税）。已知数码摄像机进口关税税率为 20%，消费税税率为 10%。

**要求：**计算该外贸企业当月应缴、应退的消费税。

## 七、案例分析题

**1.** 南京市区一卷烟生产企业为增值税一般纳税人，2017 年 12 月有关经营情况如下：

（1）进口烟丝一批，支付货款 100 万元，支付运费保险费 20 万元。

（2）外购已税烟丝一批，取得防伪税控系统开具的增值税专用发票，注明价款为 1 000 万元，增值税为 170 万元。

（3）用外购已税烟丝的 70% 生产卷烟 1 000 箱，该厂销售这批卷烟给各专卖商场 1 000 箱，取得含税销售收入 2 340 万元，同时收取包装物押金 2 万元，该厂单独记账核算，约定在 3 个月内归还。

（4）以采用委托银行收款方式向某专卖店销售卷烟100箱，含税销售收入为234万元，当月尚未办好委托收款手续；该专卖店因包装物押金超期被该卷烟厂没收押金3 000元。

（5）以卷烟40箱换回小轿车一辆，每箱卷烟含税价格为2.34万元。

（6）月末盘存发现库存卷烟短缺价值20万元，经认定短缺的卷烟属于非正常损失。卷烟消费税比例税率为45%，每箱定额消费税为150元；烟丝消费税比例税率30%，关税税率为20%。

**要求：**

（1）计算进口环节应缴纳的关税、消费税、增值税。

（2）计算与销售卷烟有关的押金收入的销项税额。

（3）计算非正常损失卷烟应转出的进项税额。

（4）计算当月应抵扣的进项税额。

（5）计算当月应缴纳的增值税。

（6）计算当月可以抵扣的消费税。

（7）计算当月应缴纳的消费税。

（8）计算当月应缴纳的城市维护建设税及附加税费。

**2.** 高雅化妆品有限公司为增值税一般纳税人。2016年5月发生如下经济业务：

（1）从国外空运进口一批化妆品，成交价格为138万元，运费为2万元，进口关税为28.084万元。在自海关运往单位的途中发生运费8 000元，但未取得运费发票。该化妆品入库后的45%被生产领用继续加工化妆品（经海关审查，公司申报的完税价格未包含保险费，公司的解释是相关费用无法确定，海关对此依法进行调整）。

（2）以成本为80 000元的原材料委托某县A企业加工化妆品，取得专用发票上注明的加工费为50 000元，辅助材料为5 000元，受托方按规定代收代缴了税金。

（3）当月采用分期收款方式销售A化妆品，当月发出货物，不含税售价为150万元；合同约定分3期结算，自当月起每月月末结算一次。

（4）采用预收款方式销售B化妆品21.5万件，不含税单价为58元，货物已经发出。

（5）将自产的B化妆品共1 000套在展销会上作为小样，赠送给客商。

（6）为某影视公司定做演员专用的油彩和卸妆油一批，收取价税合计67.86万元，另收取运输费5万元、优质费2.02万元，均开具增值税普通发票。

（7）通过当地非独立核算的门市部销售试制的新型化妆品100套，每套成本为100元，不含税单价格为130元/套（化妆品消费税税率为30%）。

**要求：**根据上述资料，计算高雅公司本月应纳的消费税。

Chapter6

第六章

# 关税法和船舶吨税法、城市维护建设税法、教育费附加和地方教育附加

## 引导案例 贸易争端进入实质过招阶段：中国率先反制 边打边谈

经过8天的公众意见征询期，4月2日凌晨，经中国国务院批准，国务院关税税则委员会决定对原产于美国的7类128项进口商品中止关税减让义务，自2018年4月2日起实施。

**128项进口商品主要是水果、猪肉，以及相关制品**

中国财政部网站称："为维护我国利益，平衡因美国'232措施'（对进口钢铁和铝产品加征关税）给我国利益造成的损失，我国自2018年4月2日起对原产于美国的7类128项进口商品中止关税减让义务，在现行适用关税税率基础上加征关税，对水果及制品等120项进口商品加征关税税率为15%，对猪肉及制品等8项进口商品加征关税税率为25%。现行保税、减免税政策不变。"

中国是全球第一个对美"232措施"实行反制措施的国家，多位接近中美谈判的人士对第一财经记者表示，伴随谈判的进行，这些措施只是开始，"因为与'232措施'相比，美方为中国量身定做的基于'301调查'的相关措施，才是双方开始发力的关键所在"。

中国国际经济交流中心秘书长、商务部原副部长魏建国对第一财经记者评论，接下来的措施会有很多，这是一场边谈边打的长期战，也是一场阵地战，但集团军冲锋式的大战仍需看双方谈判情况而定。

从清单来看，对外经贸大学中国WTO学院院长屠新泉对第一财经记者称，中国目前还比较克制。

**中方仍较克制**

中国此番行动落地之前，美国已针对多国发起"232措施"，以及释放了基于"301调查"向中国发起一系列单边措施的预期。

2018年3月8日，美国总统特朗普签署公告，认定进口钢铁和铝产品威胁美国国家安全，决定于3月23日起，对进口钢铁和铝产品加征关税（"232措施"）。中方认为，美方对进口钢铁和铝产品采取"232措施"，滥用世贸组织"安全例外"条款，实质上构成保障措施，而且其措施仅针对少数国家，严重违反了作为多边贸易体制基石的非歧视

原则，严重侵犯中方利益。

商务部新闻发言人介绍说，3月26日，中方根据《保障措施协定》在世界贸易组织（WTO）向美方提出贸易补偿磋商请求，美方拒绝答复。鉴于双方没有达成一致的可能，3月29日，中方向WTO通报了中止减让清单，决定对自美进口部分产品加征关税，以平衡美方“232措施”对中方造成的利益损失。

商务部新闻发言人4月2日清晨就此发表谈话称，大量民众通过电话、电子邮件等方式，对措施及产品清单表示支持，赞成政府采取措施维护国家和产业利益，部分民众还建议增加措施力度。经过评估，决定对自美进口的128项产品实施上述措施。

上述多位接近谈判的人士认为，这只是中国的第一个反制措施落地，未来面对可能给中国和全球带来更深远负面影响的“301调查”，反制措施将会更为有力，“大头还在后面，因为美方还没有公布近600亿美元规模的产品清单”。

过去一周，第一财经记者从不同渠道获悉，美方可能发布清单的时间原本为北京时间3月28日凌晨、29日凌晨，但这一预期随即被打破。当地时间3月28日，美国贸易代表莱特希泽接受采访时表示，美国对华加征关税产品清单的公示天数将从30天延长至60天。换句话说，今年6月之前，美国不会对中国相关产品增收关税。莱特希泽还表示，中美之间有希望通过谈判来避免此次关税大战。目前，多方信息显示，美方再次发布清单的时间可能会推延至4月之后，为之后正式的中美对话“提高报价”打下基础。

仅从中方发出的中止关税减让义务清单来看，屠新泉对第一财经记者称，目前中方还比较克制，仍在为谈判留后路。

在多位专家看来，这份清单避开了美国软肋产品——大豆等农产品、汽车等大头，金额也比较适中。

对于引发舆论猜想的从凌晨开始征税，屠新泉认为，因为征税有时间起点，表示从今日零点之后开始的进口就要交税了。但也有可能是中美谈判已经有了新进展，美国“301调查”产品清单也即将落地。

**中美边交锋边对话**

8天时间里，中美双方已在双边和多边领域分别展开交锋。

WTO官网信息显示，在“232措施”生效当天，于3月23日在日内瓦举行的货物贸易会议上，超过40名WTO成员（包括28名欧盟成员）都表达了对美国针对进口钢铁和铝的措施，以及该措施对全球贸易体系影响的不安。但美国在此会议上，仍强调为了解决这些进口对于美国国家安全的威胁，这一措施是必需的。

上周，美国确认了哪些国家将可以获得钢铁和铝制品关税的临时豁免待遇。特朗普于上周分别就钢铁和铝制品的关税问题发布了两个声明，说明了美国将与澳大利亚、阿根廷、巴西、韩国、欧盟、加拿大以及墨西哥展开额外谈判。这份文件也表示，其他国家也可以获得类似的豁免，条件是它们能够相应地向美国证明这一点。同时，对上述国家的豁免将于5月1日截止，除非这些国家与美国达成一个协议从而“消除对国家安全带来的损害”。但是，美国没有豁免中国、日本、俄罗斯、南非、土耳其等WTO成员。

对那些没有被豁免的国家，美国将对从其进口的钢铁征收 25% 的从价关税，对铝制品则是 10% 的从价关税。

中国和俄罗斯在本次会议上称，美国的措施与关贸总协定（GATT）和世界贸易组织的安全保障协议不符合，并将这个议题纳入了会议。中国认为美国的措施并没有显示钢铁和铝如何影响到国家安全领域，并暗示将采取所有必要措施来保障自身合法权利。而俄罗斯则称，美国出台的关税已经超出了 WTO 规则的范围，这些措施显示，一些 WTO 成员将会被豁免，但是需要更多的澄清来解释这些豁免如何做出的，以及这些措施是否遵守了 WTO 规则。

已经被豁免的欧盟也并不高兴，称在 WTO 规则下“对国家安全议题的例外”并未允许目标为支持国内产业，而使用（“232 措施”）限制。

欧盟是美国最大的贸易伙伴，3 月 26 日，欧委会发布公告，决定对进口钢铁产品发起保障措施调查。在 3 月 22 ~ 23 日召开的欧盟理事会会议上，欧盟理事会领导人在会议总结文件中说：“欧盟委员会对美国对进口钢铁和铝制品的决定感到遗憾。这些措施不能因为国家安全的理由得到正名，整个行业层面的保护是一种不适当的贸易救济措施，实际的问题是产能过剩，欧盟已经在多个论坛（包括钢铁产能过剩的全球论坛）上与美国开展全面的合作。”他们呼吁特朗普确保欧盟可以永久地被豁免，而不是受限于 5 月 1 日这个谈判截止日期。

虽然 3 月 23 日当天，WTO 总干事罗伯托·阿泽维多（Roberto Azevêdo）在该会议上发表讲话称，积极的方面是，一些有冲突的成员依然在使用 WTO 作为讨论这些议题的平台，但 3 月 30 日，他对外表示，中国与美国之间若爆发完全贸易战，将对“全球经济产生严重影响”。对于中美之间的贸易冲突，阿泽维多警告，当前全球经济增长面临“迅速”下降的风险。“现在是世贸组织最艰难的时期之一。”他说。

与此同时，中美对话也并未中止。

商务部发言人称，中方对美方中止履行部分义务是中国作为世贸组织成员的正当权利；希望美方尽快撤销违反世贸组织规则的措施，使中美双方间有关产品的贸易回归到正常轨道；中美作为世界上两个最大的经济体，合作是唯一正确的选择；双方应通过对话协商解决彼此的问题，实现共同发展，避免后续行动对中美合作大局造成更大损害。

稍早前，商务部部长钟山在 3 月 11 日的十三届全国人大一次会议记者会上表示，近期，中美经贸关系确实有一些波折，中美是否会爆发贸易战已经成为全球的关注。更重要的是，对于舆论热议的中美全面经济对话中断的问题，钟山认为没有中断，还在继续谈，中美之间合作交流的渠道没有中断过。不仅现在中美在谈，下一步双方确定还会继续谈。

资料来源：郭丽琴．中国率先反制美国，贸易争端边打边谈［OL］．（2008-04-02）［2018-06-07］.http://www.yicai.com/news/5412075.html.

根据上述新闻报道，请谈谈你对关税的认识，并说说本案例对你有何启发。

## 第一节 关税法和船舶吨税法

关税是海关对进出境货物、物品征收的一种税。所谓“境”是指关境，又称“海关境域”或“关税领域”。在通常情况下，一国关境与国境是一致的，包括国家全部的领土、领海、领空。但当某一国家在国境内设立了自由港、自由贸易区等，这些区域就进出口关税而言处在关境之外，这时该国家的关境小于国境。根据《中华人民共和国海关法》(以下简称《海关法》）和《中华人民共和国进出口关税条例》(以下简称《进出口关税条例》)、《中华人民共和国海关进出口税则》《中华人民共和国海关入境旅客行李物品和个人邮递物品征收进口税办法》等规定，由海关依法对进出境的货物和物品代征关税。现行关税法律规范以全国人民代表大会于2000年7月修正颁布的《中华人民共和国海关法》为法律依据。

### 一、关税的征税对象

关税的征税对象是进出我国国境或关境的货物和物品。货物是指贸易性商品。物品包括入境旅客随身携带的行李和物品、各种运输工具上服务人员携带进口的自用物品、个人邮递物品、馈赠物品及其他方式入境的个人物品。

### 二、关税的纳税人

关税的纳税人是指进口货物的收货人、出口货物的发货人、进出境物品的所有人。进出口货物的收、发货人是依法取得对外贸易经营权，并进口或出口货物的法人或其他社会团体。进出境物品的所有人包括该物品的所有人或被推定为所有人的人。在一般情况下，对于携带进境的物品，推定其携带人为所有人；对分离运输的行李，推定相应的进出境旅客为所有人；对以邮递方式进境的物品，推定其收件人为所有人；对以邮递或其他运输方式出境的物品，推定其寄件人或托运人为所有人。

### 三、关税税率

关税税率分为进口税率和出口税率两个部分。国务院制定《中华人民共和国进出口税则》和《中华人民共和国进境物品进口税税率表》规定关税的税目、税则号列和税率，作为进出口关税条例的组成部分。国务院设立关税税则委员会负责：进出口税则和进境物品进口税税率表的税目、税则号列和税率的调整和解释，报国务院批准后执行；决定实行暂定税率的货物、税率和期限；决定关税配额税率；决定征收反倾销税、反补贴税、保障措施关税、报复性关税和实施其他关税措施；决定特殊情况下税率的适用；履行国务院规定的其他职责。

#### （一）进口关税税率

**1. 税率设置与适用**

从2001年1月1日开始，我国进口税则设有最惠国税率、协定税率、特惠税率、普通税率、关税配额税率等税率。对进口货物在一定期限内也可以实行暂定税率。

最惠国税率适用原产于我国共同适用最惠国待遇条款的 WTO 成员国或地区的进口货物，或原产于与我国签订有相互给予最惠国待遇条款的双边贸易协定的国家或地区进口的货物，以及原产于我国境内的进口货物。

协定税率适用于原产于我国参加的含有关税优惠条款的区域性贸易协定有关缔约方的进口货物，目前对原产于韩国、斯里兰卡和孟加拉国 3 个曼谷协定成员的 739 个科目进口商品实行协定税率（曼谷协定税率）。

特惠税率适用原产于与我国签订有特殊优惠关税协定的国家或地区的进口货物，目前对原产于孟加拉国的 18 个科目进口商品实行特惠税率（曼谷协定特惠税率）。

普通税率适用于原产于上述国家或地区以外的其他国家或地区的进口货物。按照普通税率征税的进口货物，经国务院关税税则委员会特别批准，可以适用最惠国税率。

适用最惠国税率、协定税率、特惠税率的国家或者地区名单，由国务院关税税则委员会决定。

**2. 税率种类**

按照征收关税的标准，关税税率可以分为从价税、从量税、选择税、复合税、滑准税。

（1）从价税。从价税是一种最常用的关税计税标准。它以货物的价格或者价值为征税标准，以应征税额占货物价格或者价值的百分比为税率，价格或者价值越高，税额越高。目前，我国海关计征关税标准主要是从价税。

（2）从量税。从量税以货物的数量、重量、体积、容量等计量单位为计税标准，以每计量单位货物的应征税额为税率。我国目前对原油、啤酒和胶卷等进口商品征收从量税。

（3）复合税。复合税又称混合税，即订立从价、从量两种税率，随着完税价格和进口数量而变化，征收时两种税率合并计征。它是对某种进口货物混合使用从价税和从量税的一种关税计税标准。我国目前仅对录像机、放像机、摄像机、数字照相机和摄录一体机等进口商品征收复合税。

（4）选择税。选择税对一种进口商品同时定有从价税和从量税两种税率，但征税时选择其税额较高的一种征税。

（5）滑准税。滑准税是根据货物的不同价格适用不同税率的一类特殊的从价关税。它是一种关税税率随进口货物价格由高至低而由低至高设置计征关税的方法。简单地讲，就是进口货物的价格越高，其进口关税税率越低；进口货物的价格越低，其进口关税税率越高。滑准税的特点是可保持实行滑准税商品的国内市场价格的相对稳定，而不受国际市场价格波动的影响。

**3. 暂定税率与关税配额税率**

根据经济发展需要，国家对部分进口原材料、零部件、农药原药和中间体、乐器及生产设备实行暂定税率。《进出口关税条例》规定，适用最惠国税率的进口货物有暂定税率的，应当适用暂定税率；适用特惠税率、协定税率的进口货物有暂定税率的，应当从低适用税率；适用普通税率的进口货物，不适用暂定税率。同时，对部分进口农产品和化肥产品实行关税配额，即一定数量内的上述进口商品适用税率较低的配额内税率，超出该数量的进口商品适用税率较高的配额外税率。现行税则对 700 多个税目进口商品实行了暂定税率，对尿素、复合肥、磷酸氢铵 3 种化肥产品实行关税配额管理。

### （二）出口关税税率

我国出口税为一栏税率，即出口税率。国家仅对少数资源性产品及易于竞相杀价、盲目进口、需要规范出口秩序的半制成品征收出口关税。1992 年对 47 种商品计征出口关税，税率为 20% ～ 40%。现行税则对 36 种商品计征出口关税，主要是鳗鱼苗、部分有色金属矿砂及其精矿、生锑、磷、氟钽酸钾、苯、山羊板皮、部分铁合金、钢铁废碎料、铜和铝原料及其制品、镍锭、锌锭、锑锭。出口商品税则税率一直未予调整。但对上述范围内的 23 种商品实行 0 ～ 20% 的暂定税率，其中 16 种商品为零关税，6 种商品税率为 10% 及以下。与进口暂定税率一样，出口暂定税率优先适用于出口税则中规定的出口税率。因此，我国真正征收出口关税的商品只有 20 种，税率也较低。

#### 1. 反倾销税、反补贴税、保障措施关税和报复性关税税率

按照有关法律、行政法规的规定对进口货物采取反倾销税、反补贴税和保障措施的，其税率的适用按照国务院发布的《中华人民共和国反倾销条例》《中华人民共和国反补贴条例》和《中华人民共和国保障措施条例》的有关规定执行。

#### 2. 原产地的规定

确定进境货物原产地的主要原因之一是便于运用进口税则的各栏税率，对产自不同国家或地区的进口货物适用不同的关税税率。我国基本上采用了“全部产地生产标准”和“实质性加工标准”两种国际上通用的原产地标准。

（1）全部产地生产标准。全部产地生产标准是指进口货物“完全在一个国家内生产或制造”，生产或制造国即为该货物的原产地。完全在一个国家内生产或制造的进口货物包括：①在该国领土或领海内开采的矿产品；②在该国领土上收获或采集的植物产品；③在该国领土上出生或由该国饲养的活动物及从其所得产品；④在该国领土上狩猎或捕捞所得的产品；⑤在该国的船只上卸下的海洋捕捞物，以及由该国船只在海上取得的其他产品；⑥在该国加工船加工上述①～⑤项所列物品所得的产品；⑦在该国收集的只适用做再加工制造的废碎料和废旧物品；⑧在该国完全使用上述①～⑦项所列产品加工成的制成品。

（2）实质性加工标准。实质性加工标准是适用于确定有两个或两个以上国家参与生产的产品的原产国的标准，其基本含义是：经过几个国家加工、制造的进口货物，以最后一个对货物进行经济上可以视为实质性加工的国家作为有关货物的原产国。

“实质性加工”是指产品加工后，在进出口税则中 4 位数税号一级的税则归类已经有了改变，或者加工增值部分所占新产品总值的比例已达到 30% 及以上。

（3）其他。其他对机器、仪器、器材或车辆所用零件、配件、备件及工具，如与主件同时进口且数量合理的，其原产地按主件的原产地确定，分别进口的则按各自的原产地确定。

## 四、关税税收优惠

我国《海关法》规定，减免进口关税的权限属于中央政府；在未经中央政府许可的情况下各地海关不得擅处决定减免，以保证国家关税政策的统一。关税减免主要可分法定减免、特定减免和临时减免三种类型。

（1）法定减免是依照关税基本法规的规定，对列举的课税对象给予的减免，包括：关税税额在人民币 10 元以下；无商业价值的广告品和货样；外国政府、国际组织无偿赠送的物资；进出境运输工具装载的途中必需的燃料、物料和饮食用品。中华人民共和国缔结或者参加的国际条约规定减征、免征关税的货物、物品。海关可以酌情减免关税的包括：在境外运输途中或者起卸时，受损坏或者损失的；起卸后海关放行前，因不可抗力受损坏或者损失的；海关查验时已经破漏、损坏或者腐烂，经证明不是保管不慎造成的。为境外厂商加工、装配成品和为制造外销产品而进口的原材料、辅料、零件、部件、配套件和包装物料，海关按照实际加工出口的成品数量免征进口关税，或者对进口料、件先征进口关税，再按照实际加工出口的成品数量予以退税。经海关核准暂时进境或者暂时出境并在 6 个月内复运出境或者复运进境的货样、展览品、施工机械、工程车辆、工程船舶、供安装设备时使用的仪器和工具、电视或者电影摄制器械、盛装货物的容器以及剧团服装道具，在货物收、发货人向海关缴纳相当于税款的保证金或者提供担保后，准予暂时免纳关税等。

（2）特定减免是指在关税基本法规确定的法定减免以外，由国务院或国务院授权的机关颁布法规、规章特别规定的减免，包括对特定地区、特定企业和特定用途的货物的减免等。

（3）临时减免是指在以上两项减免税以外，对某个纳税人由于特殊原因临时给予的减免。适用临时减免的纳税人必须在货物进出口前，向所在地海关提出书面申请，并随附必要的证明资料，经所在地海关审核后，转报海关总署或海关总署会同国家税务总局、财政部审核批准。

## 五、进出口货物关税应纳税额的计算

### （一）进口关税的计算

#### 1. 一般进口货物完税价格的确定

《进出口关税条例》第十条规定：进口货物以海关审定的成交价格为基础的到岸价格作为完税价格。因此完税价格的确认基础是进口货物的实际成交价格，但其不一定与成交价格一致。实际成交价格是一般贸易项下进口货物的买方为购买该项货物对卖方实际支付或应当支付的价格。成交价格为运抵我国境内口岸的货价加运费价格，也应另加保险费。完税价格必须是经过海关审核并接受的申报价格。对于不真实或不准确的申报价格，海关有权不予接受，并可依照税法规定对有关进口货物的申报价格进行调整或另行估定完税价格。进口货物成交价格不同，海关审核的标准不同，因此完税价格的确定有以下方式。

（1）以到岸价格为进口货物的完税价格。到岸价格是指货价，加上货物运抵我国关境内输入地点起卸前的包装费、运费、保险费和其他劳务费等费用组成的一种价格。其计算公式为：

完税价格 = 到岸价格 + 国外运费 + 国外保险费 + 其他费用

买价中还包括了在境内出于生产制造、使用或出版、发行的目的，而向境外支付的与该进口货物有关的专利、商标、著作权，以及专有技术、计算机软件或者资料等费用。该货物在成交过程中，如有我方在成交价格外另行支付卖方的佣金，也就计入成交价格。因而进口货物的到岸价格包括下列费用：

1）进口人为在国内生产、制造、出版、发行或使用该项货物而向国外支付的软件费。

2）该项货物成交过程中，进口人向卖方支付的佣金。

3）货物运抵我国关境内输入地点起卸前的包装费、运输费和其他劳务费用。

4）保险费。

但下列费用如单独计价，且已包括在进口货物的成交价格中，经海关审查属实的，可以从完税价格中扣除：进口人向其境外采购代理人支付的买方佣金；卖方付给买方的正常回扣；工业设施、机械设备类货物进口后基建、安装、装配、调试或技术指导的费用。

（2）进口货物由海关估价确定。如果进口货物的价格不符合成交条件或成交价格不能确定的，海关应当依次以相同货物成交价格方法、类似货物成交价格方法、倒扣价格方法、计算价格方法及其他合理方法确定的价格为基础，估定完税价格。

**2. 特殊进口货物的完税价格**

（1）运往境外加工的货物。运往境外加工的货物，出境时已向海关报明，并在海关规定期限内复运进境的，应当以加工后货物进境时的到岸价格与原出境货物或者相同、类似货物在进境时的到岸价格之间的差额，作为完税价格。上述原出境货物在进境时的到岸价格无法得到时，可用原出境货物申报出境时的离岸价格替代。上述两种方法的到岸价格都无法得到时，可用该出境货物在境外加工时支付的工缴费加上运抵我国关境输入地点起卸前的包装费、运费、保险费、其他劳务费等一切费用作为完税价格。

（2）运往境外修理的机器、工具等。运往境外修理的机械器具、运输工具或者其他货物，出境时已向海关报明并在海关规定期限内复运进境的，应当以海关审查确定的正常的修理费和料件费，作为完税价格。

（3）以租赁、租借方式进境的货物。以租赁和租借方式进境的货物，以海关审查确定的该项进口货物的成交价格作为完税价格。如租赁进境货物是一次性支付租金，则可以根据海关审定的该项进口货物的成交价格确定完税价格。

（4）准予暂时进口的施工机械等。准予暂时进口的施工机械、工程车辆、供安装使用的仪器和工具、电视或电影摄制机械，以及盛装货物的容器，超过半年仍留在国内使用的，应自第 7 个月起，按月征收进口关税，其完税价格按原货进口时的到岸价格确定，货物每月的税额计算公式如下：

关税税额＝货物原到岸价格 × 关税税率 ×1/48

（5）留购的进口货样等。国内单位留购的进口货样、展览品和广告陈列品，以留购价格作为完税价格。但是，买方留购货样、展览品和广告陈列品后，除按留购价格付款外，又直接或间接给卖方一定利益的，海关可以另行确定上述货物的完税价格。

**3. 进口货物运保费的确认**

进口货物的到岸价格中应包括的运费、保险费，简称运保费。在计算时，海运进口货物计算至该项货物运抵我国境内的卸货口岸，如该货物的卸货口岸是内河（江）口岸，则应计算至内河口岸；陆运进口货物，计算至该货物运抵关境的第一口岸为止，成交价格中所包括的运、保、杂费计算至内地到达口岸的，关境的第一口岸至内地一段的运、保、杂费不予扣除；空运进口货物，计算至进入关境的第一个口岸外的其他口岸，成交价格为进入关镜的第一口岸以外的其他口岸的，则计算至目的地口岸。进口货物以境外口岸离岸价格成交的，应加上该项货物从境外发货或交货口岸运到我国境内以前所实际支付的各段的运费和保险费。如实际支付数无法确定，可按有关主管机构规定的运费率（额）、保险费率计算。陆、空、邮运进口货物的保险费无法确定时，都可按“货价加运费”两者总额的 3‰ 计算保险费。

**4. 进口货物应纳关税的计算**

进口关税的应纳税额是依据完税价格和适用的税率计量的，其计算公式为：

应纳进口关税＝完税价格 × 适用税率

**【例 6-1】** 新欣公司 2017 年 12 月 1 日从英国进口原材料一批，货物以境外口岸离岸价格成交，折合为人民币 9 000 000 元，包括英方付给的回扣 80 000 元，未包括我方支付的佣金 600 000 元，该货物的国外运保费共计 900 000 元，关税税率为 10%。新欣公司还以租赁方式租入设备一台，到岸价格为 6 560 000 元，国内运费等为 12 000 元，海关审核确定的租赁费为 984 000 元，该设备的关税税率为 5%，增值税税率为 16%。计算应纳进口关税。

**解析：**

（1）原材料的完税价格＝9 000 000＋900 000－80 000＋600 000＝10 420 000（元）

（2）应纳进口关税＝10 420 000×10%＝1 042 000（元）

（3）增值税进项税额＝[ 10 420 000＋1 042 000÷（1＋16%）] ×16%≈1 810 924(元)

## （二）出口关税的计算

### 1. 出口货物完税价格的确定

出口货物以海关审定的成交价格为基础的离岸价格作为完税价格。离岸价格是离开我国关境口岸的价格。具体地说，应以该项货物运离关境前的最后一个口岸的离岸价格为实际离岸价格。如该项货物从内地起运，那么从内地口岸至最后出境口岸所支付的国内段运输费用应予扣除。出口货物成交价格如为境外口岸的到岸价格或货价加运费价格，应先扣除运费、保险费后，再按法定公式计算完税价格。出口货物以海关审定的成交价格为基础的售予境外的离岸价格，扣除出口关税后作为完税价格。其计算公式为：

完税价格 = 离岸价格 /（1 + 出口税率）

如果出口货物成交价格中含有支付给国外的佣金，并与货物的离岸价格分列，应予以扣除；未单独列明的，不予扣除。出口货物在离岸价格以外，买方还另行支付货物包装费的，应将其计入完税价格。

为防止出口商品低价竞销，维护正常的对外贸易秩序，保护正当经营者的合法权益，海关自 1995 年 2 月 1 日起实施《对出口商品审价暂行办法》。该办法规定，出口商品的发货人或其代理人应如实向海关申报出口商品售予境外的价格，对不符合海关审价依据的出口商品，海关将依次序按下列价格予以审定：

（1）同一时期内向同一国家或者地区销售出口的相同商品的成交价格；

（2）同一时期内向同一国家或者地区销售出口的类似商品的成交价格；

（3）根据境内生产相同或者类似商品的成本、储运和保险费用、利润及其他杂费计算所得的价格；

（4）按照以上方法仍不能确定的，由海关用其他合理方法审定价格。

出口关税的税率是根据促进和保护国内生产，调节对外经济往来和为国家建设积累资金等项基本政策制定的。出口关税税率没有普通和优惠之分，是一种差别比例税率。出口设有 10%、20%、30%、60% 四级税率，对列举的少数几种出口商品缴纳出口关税。

### 2. 出口货物关税的计算

（1）以我国口岸离岸价格成交的出口关税的计算公式：

应纳关税额 = 离岸价格 ÷（1 + 关税税率）× 关税税率

（2）以国外口岸到岸价格成交的出口关税的计算公式：

应纳关税额 =（到岸价格 − 保险费 − 运费）÷（1 + 关税税率）× 关税税率

**【例 6-2】** 华扬企业出口异型钢材一批，离岸价格为 10 000 000 元人民币，出口关税税率为 30%。计算应纳出口关税。

**解析：**

应纳出口关税 = 1 000 000 × 30%=3 000 000（元）

## 六、关税的申报缴纳

关税的纳税义务人或他们的代理人应在规定的报关期限内向货物进（出）境地海关申报，经海关对实际货物进行查验后，根据货物的税则归类和完税价格计算应纳关税和进口环节代征税费，填发税款缴纳证。纳税义务人或他们的代理人应在海关填发税款缴纳证的次日起 7 日内，向指定银行缴纳。进口货物在完税后方可进入国内市场流通，出口货物完税后方可装船出口。为了方便货主，经货物收货人申请，海关批准，也可在起运地海关办理申报纳税手续。

关税的纳税人缺乏纳税资金或由于其他原因而造成缴纳关税有困难，不能在关税缴纳期限内履行纳税义务的，可以缓纳关税。缓纳关税是海关批准纳税人将其部分或全部应缴税款的缴纳期限延长的一种制度。根据规定，申请缓纳关税的纳税人应于有关货物申报进口前或于申报进口之日起 7 日内（星期日或法定节假日除外），向主管海关提出书面申请，并递交关税缴纳计划和由其开户银行或其上级主管机关出具的纳税担保函件。经海关审核批准缓纳关税的纳税人，应按海关批准的关税缴纳计划如期缴纳关税，并按月支付 10‰ 的利息。

《进出口关税条例》规定，有下列情形之一的，进出口货物的收发货人或者他们的代理人，可以自缴纳税款之日起 1 年内书面声明理由，连同原纳税收据向海关申请退税，逾期不予受理：①因海关误征，多纳税款的；②海关核准免验进口的货物，在免税后，发现有短缺情况，经海关审查认可的；③已征出口关税的货物，因故未装运出口，申报退关，经海关查验属实的。退还关税是关税纳税人按海关核定的税额缴纳关税后，因上述原因的出现，海关将已缴税款的部分或全部退还给关税纳税义务人的一种规定。海关应当自受退税申请之日起 30 日内做出书面答复并通知纳税申请人。

按海关现行规定，进出口货物完税后，如发现少征或者漏征税款，海关应当自缴纳税款或者货物放行之日起 1 年内，向收发货人或者他们的代理人补征。因收发货人或者他们的代理人违反了海关规定造成的，称为关税的追征；非因纳税人违反海关规定造成的，称为关税补征。

根据《进出口关税条例》的规定，进出口货物的纳税人或他们的代理人，应当自海关填发税款缴纳证的次日起 7 日内缴纳税款，逾期缴纳而又未经批准缓纳关税的，则由海关征收一定比例的滞纳金。关税滞纳金的计算是，自缴纳期限期满之日的次日起，至缴清税款之日止，按日征收所欠税款的 0.1%，其计算公式为：

$$关税滞纳金 = 应纳税款额 \times 0.1\% \times 滞纳天数$$

## 七、船舶吨税法

现行的船舶吨税的规范是 2011 年 11 月 23 日国务院第 182 次常务会议通过并公布的《中华人民共和国船舶吨税暂行条例》，自 2012 年 1 月 1 日起施行。

## (一) 征税范围和税率

### 1. 征税范围

自中华人民共和国境外港口进入境内港口的船舶，应当缴纳船舶吨税。

### 2. 税率

吨税设置优惠税率和普通税率。中华人民共和国国籍的应税船舶，船籍国（地区）与中华人民共和国签订含有相互给予最惠国待遇条款的条约或者协定的应税船舶，适用优惠税率。其他应税船舶，适用普通税率。吨税税目税率表的调整，由国务院决定（见表 6-1）。

表 6-1 吨税税目税率表

| 税目（按船舶净吨位划分） | 税率（元 / 净吨） | | | | | | 备注 |
|---|---|---|---|---|---|---|---|
| | 普通税率（按执照期限划分） | | | 优惠税率（按执照期限划分） | | | |
| | 1 年 | 90 日 | 30 日 | 1 年 | 90 日 | 30 日 | |
| 不超过 2 000 净吨 | 12.6 | 4.2 | 2.1 | 9.0 | 3.0 | 1.5 | 拖船和非机动驳船分别按相同净吨位船舶税率的 50% 计征税款 |
| 超过 2 000 净吨，但不超过 10 000 净吨 | 24.0 | 8.0 | 4.0 | 17.4 | 5.8 | 2.9 | |
| 超过 10 000 净吨，但不超过 50 000 净吨 | 27.6 | 9.2 | 4.6 | 19.8 | 6.6 | 3.3 | |
| 超过 50 000 净吨 | 31.8 | 10.6 | 5.3 | 22.8 | 7.6 | 3.8 | |

## (二) 应纳税额的计算

吨税按照船舶净吨位执照期限征收，应纳税额按照船舶净吨位乘以适用税率计算。净吨位是指由船籍国（地区）政府授权签发的船舶吨位证明书上标明的净吨位。计算公式为：

应纳税额 = 船舶净吨位 × 定额税率

【例 6-3】 A 国某运输公司一艘货轮驶入我国某港口，该货轮净吨位为 30 000 吨，货轮负责人已向我国某海关领取了吨税执照，在港口停留期限为 30 天，A 国已与我国签订有相互给予船舶吨税费最惠国待遇的条款。根据船舶吨税的相关规定，该货轮应享受优惠税率，每净吨为 3.3 元。计算该货轮负责人应向我国海关缴纳的船舶吨税。

**解析：**

应缴纳的船舶吨税 = 30 000 × 3.3 = 99 000（元）

## (三) 税收优惠

### 1. 直接优惠

下列船舶免征吨税：

（1）应纳税额在 50 元人民币以下的船舶；

（2）自境外以购买、受赠、继承等方式取得船舶所有权的初次进口到港的空载船舶；

（3）吨税执照期满后 24 小时内不上下客货的船舶；

（4）非机动船舶（不包括非机动驳船），是指自身没有动力装置，依靠外力驱动的船舶；

（5）捕捞、养殖渔船，是指在中华人民共和国渔业船舶管理部门登记为捕捞船或者养殖船的船舶；

（6）避难、防疫隔离、修理、终止运营或者拆解，并不上下客货的船舶；

（7）军队、武装警察部队专用或者征用的船舶；

（8）依照法律规定应当予以免税的外国驻华使领馆、国际组织驻华代表机构及其有关人员的船舶；

（9）国务院规定的其他船舶。

**2. 延期优惠**

吨税执照期限内，应税船舶发生下列情形之一的，海关按照实际发生的天数批注延长吨税执照期限：

（1）避难、防疫隔离、修理，并不上下客货；

（2）军队、武装警察部队征用；

（3）应税船舶因不可抗力在未设立海关地点停泊的，船舶负责人应当立即向附近海关报告，并在不可抗力原因消除后，向海关申报纳税。

### （四）征收管理

（1）吨税由海关负责征收，海关征收吨税应当制发缴款凭证。

（2）吨税纳税义务发生时间为应税船舶进入港口的当日。

## 第二节 城市维护建设税法

城市维护建设税法是指国家制定的用以调整城市维护建设税征收与缴纳权利及义务关系的法律规范。现行城市维护建设税的基本规范是 1985 年 2 月 8 日国务院发布并于同年 1 月 1 日实施的《中华人民共和国城市维护建设税暂行条例》（以下简称《城市维护建设税暂行条例》）。城市维护建设税是对从事工商经营，缴纳增值税、消费税的单位和个人征收的一种税。城市维护建设税的特点主要有以下三个方面：①税款专款专用，税款要求用于城市公用事业和公共设施的维护和建设；②它是一种附加税，以纳税人实际缴纳的增值税、消费税的税额为计税依据，随“两税”同时征收，其本身没有特定的课税对象，其征管方法也完全比照“两税”的有关规定办理，并根据城镇规模设计不同的比例税率。城市维护建设税的作用有二。①可以有效地补充城市维护建设资金的不足；以增值税、消费税为代表的流转税是我国的主体税种，城市维护建设税以此作为计税依据，保证了税源的充足，对补充城市维护建设资金的不足发生了积极的作用。②大大调动了地方政府进行城市维护和建设的积极性。城市维护建设税专项保证用于城市公用事业和公共设施的维护和建设，具体安排由地方政府确定。将城市维护建设税收入与当地城市建设直接挂钩，就充分调动了地方政府协税护税征税的积极性。

## 一、纳税人

按照现行税法规定，城市维护建设税的纳税人是在征税范围内从事工商经营，缴纳“两税”（增值税、消费税，下同）的单位和个人。除外商投资企业和外国企业以外，任何单位和个人，只要缴纳“两税”中的一种，就必须同时缴纳城市维护建设税。

## 二、征税范围

城市维护建设税的征税范围包括城市、县城、建制镇以及税法规定征税的其他地区。城市、县城、建制镇的范围应根据行政区划分标准，不得随意扩大或缩小各行政区域的管辖范围。

## 三、税率

城市维护建设税按照纳税人所在地不同实行差别税率，其税率分别为：

（1）纳税人所在市区的，税率为 7%；

（2）纳税人所在地在县城、镇的，税率为 5%；

（3）纳税人所在地不在市区、县城或镇的，税率为 1%。

按照规定，企业缴纳城市维护建设税的适用税率，一律按其纳税所在地的规定税率执行。县政府设在城市市区的，县属企业按市区的规定税率征税。纳税人所在地为工矿区的，应根据行政区划分按照 7%、5%、1% 的税率计算纳税。

## 四、城市维护建设税的计算

按照现行税法规定，城市维护建设税应以纳税人实际缴纳的“两税”税额为计税依据。纳税人违反“两税”有关税法而加收的滞纳金和罚款，是税务机关对纳税务人违法行为的经济制裁，不作为城市维护建设税的计税依据，但纳税人在被查补“两税”和被处以罚款时，应同时对其偷漏的城市维护建设税进行补税和罚款。

城市维护建设税应纳税额的计算公式为：

应纳税额 = 纳税人实际缴纳的增值税、消费税税额之和 × 税率

**【例 6-4】** 顺风房地产开发公司 2017 年 5 月 31 日计算出企业当月应交的营业税为 1060000 元。该企业地处某镇，城市维护建设税税率为 5%。计算当月应纳城市维护建设税。

**解析：**

应纳税额 = 1 060 000 × 5% = 53 000（元）

【例 6-5】 某公司 2017 年 6 月实际缴纳增值税 32 000 元。该公司地处市区，城市维护建设税税率为 7%。月末，公司根据当月实际缴纳增值税税额，计算当月实际应纳城市维护建设税。

**解析：**

应纳税额 = 32 000 × 7% = 2 240（元）

## 五、纳税申报

### (一) 纳税地点

城建税以纳税人实际缴纳的增值税、消费税税额为计税依据，因此纳税人缴纳“两税”的地点，就是该纳税人缴纳城建税的地点。但属于下列情况的企业，单位纳税地点为例外：

（1）对代扣、代缴“两税”的单位和个人，其纳税地点为代扣、代缴地；

（2）对跨省开采的油田，下属生产单位与核算单位不在同一省内的，其生产的原油、在油井所在地缴纳城市维护建设税；

（3）对管理道输油部门的收入，由取得收入的各管理局于所在地缴纳营业税；

（4）对流动经营等无固定纳税地点的单位和个人，应随同“两税”在经营地缴纳城市维护建设税。

### (二) 城市维护建设税的纳税期限

城市维护建设税的纳税期限分别与“两税”的纳税期限一致。城市维护建设税具体纳税期限，主管税务机关根据纳税人应纳税额大小分别核定。不能按照固定期限纳税的，可以按次纳税。

### (三) 纳税申报表及填表说明

城市维护建设税的申报和教育费附加、资源税、房产税和城市房地产税、土地增值税和城镇土地使用税（预征部分）、车船使用税、车船使用牌照税、印花税（仅限汇总缴纳和核定征收两种方式）、文化事业建设费、水利建设专项资金的申报一起，统一通过填制《地方税（费）纳税综合申报表》进行申报。

# 第三节　教育费附加和地方教育附加

教育费附加不是税，它是和税收同时收取的一种费用。由于它是由税务机关随同“两税”一并收取的，因此通常将其视同税收。

和城市维护建设税一样，凡是缴纳“两税”的单位和个人，都应当缴纳教育费附加。教育费附加是以纳税人实际缴纳的“两税”税额为计征依据征收的一种附加费。教育费附加是为加快地方教育事业，扩大地方教育经费的资金而征收的一项专用基金。

## 一、教育费附加和地方教育附加的征收范围及计征依据

教育费附加和地方教育附加对缴纳增值税、消费税的单位和个人征收，以其实际缴纳的增值税、消费税为计征依据，分别与增值税、消费税同时缴纳。

## 二、教育费附加和地方教育附加计征比率

教育附加计征比率曾几经变化。1986 年开征时，规定为 1%；1990 年 5 月《国务院关于修改〈征收教育费附加的暂行规定〉的决定》中规定为 2%；按照 1994 年 2 月 7 日《国务院关于教育费附加征收问题的紧急通知》的规定，现行教育费附加计征比率为 3%，地方教育附加计征比率从 2010 年起统一为 2%。

## 三、教育费附加和地方教育附加的计算

教育费附加和地方教育附加的计算公式为：

应纳教育附加或地方教育费附加 =（实际缴纳的增值税 + 消费税）× 征收比率（3% 或 2%）

【例 6-6】 南京市某房地产公司在 2017 年 4 月实际缴纳增值税 300 000 元，缴纳消费税 300 000 元，计算该公司应缴纳的教育费附加和地方教育附加。

**解析：**

（1）应纳教育费附加 =（300 000 + 300 000）× 3% = 18 000（元）

（2）应纳地方教育附加 =（300 000 + 300 000）× 2% = 12 000（元）

## 四、纳税申报

教育费附加的申报可以与资源税、房产税和城市房地产税、土地增值税和城镇土地使用税（预征部分）、车船使用税、车船使用牌照税、印花税（仅限汇总缴纳和核定征收两种方式）、文化事业建设费、水利建设专项资金等一起，通过填制《地方税（费）纳税综合申报表》进行申报。

## 五、教育费附加和地方教育附加的减免规定

（1）海关对进口的产品征收的增值税、消费税，不征收教育费附加。

（2）对由于减免增值税、消费税而发生退税的，可同时退还已征收的教育费附加。但对出口产品退还增值税、消费税的，不退还已征的教育费附加。

（3）对国家重大水利工程建设基金免征教育费附加。

## 同步测试题

### 一、名词解释

1. 关税
2. 复合关税
3. 选择关税
4. 滑准关税
5. 船舶吨税

### 二、单项选择题

**1.** 下列项目中，属于进口关税完税价格组成部分的是（　　）。

A. 进口人向自己的境外采购代理人支付的购货佣金

B. 进口人负担的向中介机构支付的经纪费

C. 进口设备报关后的维修费用

D. 货物运抵境内输入地点起卸之后的运输费用

**2.** 下列各项关于关税适用税率的表述中，正确的是（　　）。

A. 出口货物按货物实际离境之日规定税率征税

B. 出口货物按纳税人申报进口之日规定税率征税

C. 暂时出口货物转为正式进口需要补税时，按其申报暂时进口之日实施的税率征税

D. 查获走私进口货物需要补税时，按海关确认的其实际走私进口日期实施的税率征税

**3.** 下列各项中，应计入出口货物完税价格的是（　　）。

A. 出口关税税额

B. 单独列明的支付给境外的佣金

C. 货物在我国境内输出地点装载后的运输费用

D. 货物运至我国境内输出地点装载前的保险费

**4.** 某企业于2016年5月将一台账面余值为55万元的进口设备运往境外修理，当月在海关规定的期限内复运入境。经海关审定的境外修理费为4万元，料件费为6万元，假定该设备的进口关税税率为30%，则该企业应缴纳的关税为（　　）万元。

A. 1.8　　B. 3　　C. 16.5　　D. 19.5

**5.** 2014年6月1日，某公司经批准进口一台符合国家特定免征关税的科研设备用于研发项目，设备进口时经海关审定的完税价格折合人民币800万元（关税税率为10%），海关规定的监管年限为5年；2016年5月31日，公司研发项目完成后，将已计提200万元折旧的免税设备出售给国内另一家企业，该公司应补缴关税（　　）万元。

A. 24　　B. 32　　C. 48　　D. 80

**6.** 下列各项中，符合关税有关对特殊进口货物完税价格规定的是（　　）。

A. 运往境外加工的货物应以加工后入境时的到岸价格为完税价格

B. 准予暂时进口的施工机械，以同类货物的到岸价格为完税价格

C. 转让进口的免税旧货物，以原入境的到岸价格为完税价格

D. 留购的进口货样，以留购价格作为完税价格

7. 以境外边境口岸价格条件成交的铁路或公路运输进口货物，海关应当按照货价的（　　）计算运输及其相关费用、保险费。

A. 3‰　　B. 3%　　C. 1%　　D. 10%

8. 某公司进口一批货物，海关于 2016 年 3 月 1 日填发税款缴纳书，但公司迟至 3 月 27 日才缴纳 500 万元的关税。海关应征关税滞纳金（　　）万元。

A. 2.75　　B. 3　　C. 6.5　　D. 6

9. 关税纳税人或其代理人应在海关填发税款缴纳凭证的次日起（　　）日内，向指定银行缴纳税款。

A. 7　　B. 10　　C. 15　　D. 30

10. 应纳税额在人民币（　　）元以下的船舶，可以免征船舶吨税。

A. 50　　B. 100　　C. 200　　D. 500

## 三、多项选择题

1. 以下关于关税税率的适用，说法正确的有（　　）。

A. 进出口货物一般应按纳税人申报进口或出口之日实施的税率征税

B. 加工贸易进口料、件等属于保税性质的进口货物如经批准转为内销，应按向海关申报转为内销之日实施的税率征税

C. 暂时进口货物转为正式进口需要补税时，应按其申报暂时进口之日实施税率征税

D. 查获走私进口货物需要补税时，应按原走私进口之日实施的税率征税

2. 下列各项中，应当计入进口货物关税完税价格的有（　　）。

A. 由买方负担的购货佣金

B. 由买方负担的境外包装材料费用

C. 由买方负担的境外包装劳务费用

D. 由买方负担的进口货物视为一体的容器费用

3. 下列进出口货物，海关可以酌情减免关税的有（　　）。

A. 在境外运输途中或者起卸时，遭受损坏或损失的货物

B. 起卸后海关放行前，因不可抗力遭受损坏或损失的货物

C. 海关查验时已经破漏、损坏或腐烂，经查为保管不慎的货物

D. 纳税人因不可抗力，缴税确有困难的纳税人进口的货物

4. 按照关税的有关规定，进出口货物的收发货人或他们的代理人，可以自缴纳税款之日起 1 年内，书面声明理由，申请退还关税。下列各项中，经海关确定可申请退税的有（　　）。

A. 因海关误征而多缴纳关税税款的

B. 海关核准免验完税进口货物后发现短缺的

C. 已征收出口关税的货物因故未装运出口的

D. 已征收出口关税的货物因故而发生退货的

5. 下列各项中，符合关税减免规定的有（　　）。
A. 因故退还国内出口货物，经海关审查可免征进口关税，已征出口关税准予退还
B. 因故退还国内出口货物，经海关审查可免征进口关税，已征出口关税不予退还
C. 因故退还境外进口货物，经海关审查可免征出口关税，已征进口关税准予退还
D. 因故退还境外进口货物，经海关审查可免征出口关税，已征进口关税不予退还

6. 下列有关关税处理的表述中，正确的有（　　）。
A. 对留购的租赁货物以海关审定的留购价格作为关税完税价格
B. 以租金方式对外支付租赁货物在租赁期以海关审定的租金作为完税价格
C. 对留购的进口展览品以一般进口货物估价方法的规定估定关税完税价格
D. 以租赁方式进口货物，承租人申请一次性缴纳税款的，经海关同意，按照一般进口货物估价方法的规定估定关税价格

7. 进出境物品的所有人，包括该物品的所有人和推定为所有人，在一般情况下，推定为所有人包括（　　）。
A. 对于携带进境的物品，推定其携带人为所有人
B. 对分离运输的行李，推定相应进出境旅客为所有人
C. 对以邮递方式进境的物品，推定其寄件人为所有人
D. 对以邮递或其他方式出境的物品，推定其寄件人或托运人为所有人

8. 下列关于船舶吨税的说法中，正确的有（　　）。
A. 自中国境外港口进入境内港口的船舶应缴纳船舶吨税
B. 船舶吨税设置普通税率和优惠税率
C. 船舶吨税按照船舶净吨位和吨税执照期限征收
D. 船舶吨税由海关负责征收

9. 下列关于关税出口货物完税价格的陈述中，正确的有（　　）。
A. 进口货物的完税价格由海关以该货物向境外销售的成交价格为基础审查确定
B. 出口货物的成交价格是指该货物出口销售到中国境外时买方向卖方实付或应付的价格
C. 在出口货物成交价格中应该含有支付给境外的佣金
D. 在出口货物成交价格中应该含有出口关税

10. 下列进口货物中，经海关审查属实可酌情减免进口关税的有（　　）。
A. 在境外运输途中损失的货物
B. 在口岸起卸时受损坏的货物
C. 在起卸后海关放行前因不可抗力损失的货物
D. 非因保管不慎原因海关查验时已损坏的货物

## 四、是非判断题

1. 关税的纳税人仅指进出我国国境货物的单位和个人，包括外籍人员。（　　）
2. 根据我国关税条例的规定，个人邮寄物品可以不纳关税。（　　）

3. 进口人向境外卖方支付的佣金，构成关税完税价格，而进口人向境外采购代理人支付的买方佣金，不构成关税的完税价格。(　　)

4. 国内单位留购的进口货样、展览品和广告陈列品，以国际市场价格为免税价格。(　　)

5. 某公司进口货物完税价格为人民币 100 万元，进口关税税率为 10%，海关于 2017 年 7 月 1 日填发税收缴纳证，公司于当年 7 月 18 日才缴纳税收，该公司应缴纳 0.1 万元滞纳金。(　　)

6. 按现行税法规定，城市维护建设税的纳税义务人是缴纳“两税”的纳税人，也就是说，凡是缴纳“两税”的单位和个人，均应缴纳城市维护建设税。(　　)

7. 城市维护建设税的计税依据为纳税人实际缴纳的增值税、消费税额和查补增值税、消费税额，以及对纳税人违反增值税、消费税法规定而加收的滞纳金和罚款。(　　)

8. 某外贸企业进口一批小汽车，其进口小汽车可按 1% 的最低档税率计征城市维护建设税。(　　)

9. 跨省开采的油田，其城市维护建设税随同增值税一并由核算单位计算就地缴纳。(　　)

10. 某企业设在市区，2017 年 10 月缴纳增值税 50 万元、消费税 15 万元，补缴上月应纳消费税 5 万元。另外，因违反税法规定被加收滞纳金和被处以罚款合计 10 万元。该企业本月应缴纳的城市维护建设税为 4.9 万元。(　　)

## 五、简答题

1. 关税的特点是什么？
2. 简述我国进出口税则的概况。
3. 说明货物原产地的规定。
4. 如何对进口货物的成交价格进行调整？
5. 简述城市维护建设税的基本内容。

## 六、综合计算题

1. 某公司从国外进口设施备件，货价为 800 万元，陆路运输费为 100 万元，起卸前的装卸费为 20 万元，起卸后的装卸费为 8 万元，保险费按货价加运费的 3‰ 计算，安装调试费为 10 万元，该进口货物的关税优惠税率为 20%，要求计算该批进口备件应纳进口关税。

2. 2017 年某外贸进出口公司从国外购进一批录像机，运至黄埔口岸进口，有关资料如下所示：

（1）购入数量：1 万台。

（2）申报货价：600 万港元。

（3）其他费用：8 万元人民币。

（4）港币折合率：1∶1.2。

（5）进口关税税率：90%。

**要求**：根据以上资料计算应纳进口关税。

## 七、案例分析题

**1.** 永久市泰康粮食白酒生产企业为增值税一般纳税人，2017 年 5 月有关经营情况如下：

（1）本期外购粮食一批，取得的增值税专用发票注明的不含税价款为 500 万元；支付粮食的运输费用 55.5 万元，取得经税务机关认定的试点地区运输公司开具的增值税专用发票。

（2）本期生产食用酒精价值 300 万元，部分销售取得不含税收入为 100 万元，剩余部分继续生产粮食白酒。

（3）将价值 200 万元的原料委托信隆企业加工成白酒，这家企业支付加工费 100 万元。泰康粮食白酒生产企业共收回委托加工白酒 2 000 吨，信隆企业已依法代收代缴消费税（无信隆企业生产的同类产品的市场价格）。泰康粮食白酒生产企业将白酒收回后，直接出售，开出的增值税专用发票注明的销售收入为 800 万元。

（4）销售 3 000 吨粮食白酒给专卖店，取得不含税销售收入 1 000 万元。

（5）零售 1 000 吨粮食白酒，取得含税销售收入 300 万元，另外收取包装物押金 50 万元。

（6）取得专卖店购买白酒的延期付款的违约费 30 万元，已向对方开具了普通发票。

（7）月末盘存发现从一般纳税人购进的库存粮食短缺 32 万元（其中含运费成本 2 万元），经认定短缺的粮食属于管理不善造成的非正常损失。

**要求**：

（1）计算泰康粮食白酒生产企业当月应纳的增值税和消费税。

（2）计算本月应缴纳的城市维护建设税和教育费附加。

**2.** 海丰商贸公司（有进出口经营权）为增值税一般纳税人，2017 年 9 月进口一批高档化妆品，该批货物在国外的买价为 170 万元，另货物运抵我国海关前发生包装费、运费和保险费共计 40 万元。货物报关后，公司按规定缴纳了增值税和消费税并取得相关缴款书。假定该批进口货物在国内全部销售，取得不含税销售额 600 万元。关税税率为 20%，消费税税率为 30%，增值税税率为 16%。

**要求**：

（1）计算该批化妆品的关税组成价格和关税。

（2）计算该批化妆品进口环节应纳增值税的组成计税价格。

（3）计算该批化妆品进口环节应缴纳的增值税和消费税。

Chapter7

# 第七章

# 企业所得税法

## 引导案例　无票利息费用企业所得税税前扣除争议案

G家电经销公司（以下简称G公司）成立于2008年3月22日，经营范围为：家用电器经销。G公司为生产经营的需要，通过民间借贷以弥补流动资金的不足。自2009年起，G公司将其民间借贷所支付的利息，在企业所得税税前予以扣除。

G公司所在地的W县国税局经核查认为，G公司在会计账簿上记载的贷款利息因没有合法有效的凭证——发票，因此不能作为财务报销凭证，也就不能进行税前扣除。由此，W县国税局将G公司的税前扣除行为界定为故意隐瞒企业所得收入的偷税行为，先后向G公司下达了《税务处理决定书》和《税务行政处罚决定书》，追缴G公司自2016年起少缴所得税70 507.21元，并收滞纳金23 945.21元，处少缴税额一倍罚款70 507.21元。

G公司对W县国税局做出的行政决定表示不服，就委托税务律师为其代理，申请行政复议。税务律师认为，G公司虽未取得发票，但交易为真实的，也能提供贷款合同、资金流向凭证等资料，应当依据《企业所得税法》允许G公司在企业所得税税前扣除。经过反复说理、沟通，税务律师最终说服复议机关认可了税务律师的观点。

资料来源：华税律师事务所．中国税法疑难案件解决实务［M］．北京：法律出版社，2016.

**本案的争议焦点在于：**

1. G公司因民间借贷支付的利息，是否只有在取得发票的情况下才准予税前扣除；
2. G公司是否构成故意增加税前扣除额，以降低企业所得税税负的行为。

## 第一节　企业所得税概述

企业所得税是指国家对我国境内的企业和其他取得收入的组织的生产、经营所得和其他所得依法征收的一种税。企业所得税的作用主要有以下三个方面：①促进企业改善经营管理活动，提升企业的盈利能力；②调节产业结构，促进经济发展；③为国家建设筹集财政资金。

## 第二节 企业所得税法的一般规定

企业所得税法是指国家制定的用以调整企业所得税征收与缴纳之间权利义务关系的法律规范。现行的企业所得税法的基本规范是 2007 年 3 月 16 日第十届全国人民代表大会第五次全体会议通过的《中华人民共和国企业所得税法》(以下简称《企业所得税法》)和 2007 年 11 月 28 日国务院第 197 次常务会议通过的《中华人民共和国企业所得税法实施条例》(以下简称《实施条例》)。

### 一、纳税义务人

在中华人民共和国境内，企业和其他取得收入的组织（以下统称企业）为企业所得税的纳税人。企业分为居民企业和非居民企业。

（1）居民企业，是指依法在中国境内成立，或者依照外国（地区）法律成立但实际管理机构在中国境内的企业。此处的企业包括国有企业、集体企业、私营企业、联营企业、股份制企业、外商投资企业、外国企业以及有生产、经营所得和其他所得的其他组织。其中有生产、经营所得和其他所得的其他组织，是指经国家有关部门批准，依法注册、登记的事业单位、社会团体等组织。由于我国的一些社会团体组织、事业单位在完成国家事业计划的过程中，开展多种经营和有偿服务活动，取得除财政部门各项拨款、财政部和物价部门批准的各项规费收入以外的经营收入，具有了经营的特点，应当视同企业纳入征税范围。其中，实际管理机构是指对企业的生产经营、人员、账务、财产等实施实质性全面管理和控制的机构。

（2）非居民企业，是指依照外国（地区）法律成立且实际管理机构不在中国境内，但在中国境内设立机构、场所的，或者在中国境内未设立机构、场所，但有来源于中国境内所得的企业。

上述所称机构、场所，是指在中国境内从事生产经营活动的机构、场所。具体包括:

1）管理机构、营业机构、办事机构；

2）工厂、农场、开采自然资源的场所；

3）提供劳务的场所；

4）从事建筑、安装、装配、修理、勘探等工程作业的场所；

5）其他从事生产经营活动的机构、场所。

非居民企业委托营业代理人在中国境内从事生产经营活动的，包括委托单位或者个人经常代其签订合同，或者储存、交付货物等，该营业代理人视为非居民企业在中国境内设立的机构、场所。

## 二、征税对象

企业所得税的征税对象是企业取得的生产经营所得和其他所得和清算所得。所谓生产经营所得，是指企业从事物质生产、商品流通、交通运输、劳务服务以及其他营利事业取得的所得。其他所得包括股息、利息、租金、特许权使用费、财产转让所得以及营业外收益等所得。纳税人按照章程规定解散或破产，以及因其他原因宣布终止时，其清算终了后的清算所得，也属于企业所得税的征税对象。

### 1. 居民企业的征税对象

居民企业应当就其来源于中国境内、境外的所得缴纳企业所得税。所得包括销售货物所得、提供劳务所得、转让财产所得、股息红利等权益性投资所得、利息所得、租金所得、特许权使用费所得、接受捐赠所得和其他所得。

### 2. 非居民企业的征税对象

非居民企业在中国境内设立机构、场所的，应当就其所设机构、场所取得的来源于中国境内的所得，以及发生在中国境外但与其所设机构、场所有实际联系的所得，缴纳企业所得税。

非居民企业在中国境内未设立机构、场所的，或者虽设立机构、场所但取得的所得与其所设机构、场所没有实际联系的，应当就其来源于中国境内的所得缴纳企业所得税。

上述所称实际联系，是指非居民企业在中国境内设立机构、场所拥有的据以取得所得的股权、债权，以及拥有、管理、控制据以取得所得的财产。

### 3. 所得来源的确定

（1）销售货物所得，按照交易活动发生地确定。

（2）提供劳务所得，按照劳务发生地确定。

（3）转让财产所得，不动产转让所得按照不动产所在地确定；动产转让所得按照动产的企业或者机构、场所所在地确定；权益性投资资产转让所得按照被投资企业所在地确定。

（4）股息红利等权益性投资所得，按照分配所得的企业所在地确定。

（5）利息所得、租金所得、特许权使用费所得，按照负担、支付所得的企业或者机构、场所所在地确定，或者按照负担、支付所得的个人的住所地确定。

（6）其他所得，由国务院财政、税务主管部门确定。

## 三、税率

企业所得税实行比例税率。比例税率简便易行，透明度高，不会因征税而改变企业之间的收入分配比例，有利于促进效率的提高。现行规定是：

（1）企业所得税的基本税率为 25%；

（2）低税率为 20%。

非居民企业在中国境内未设立机构、场所的，或者虽设立机构、场所但取得的所得与其所设机构、场所没有实际联系的，其来源于中国境内的所得按 20% 征税。但实际征税时适用 10% 的税率。

如果企业上一年度发生亏损，可用当年应纳税额进行弥补，按弥补亏损后的应纳税额来确定适用税率，但弥补期限最长不得超过 5 年。

## 四、税收优惠

企业所得税的税收优惠，是指国家根据经济和社会发展的需要，在一定的期限内对特定地区、行业和企业的纳税人应缴纳的企业所得税，给予减征或者免征的一种照顾和鼓励措施。

概括起来，企业所得税的法定减免税优惠政策主要有以下内容。

（1）国家对重点扶持和鼓励发展的产业和项目，给予企业所得税优惠。

（2）企业的下列收入为免税收入：

1）国债利息收入；

2）符合条件的居民企业之间的股息、红利等权益性投资收益；

3）在中国境内设立机构、场所的非居民企业从居民企业取得与该机构、场所有实际联系的股息、红利等权益性投资收益；

4）符合条件的非营利公益组织的收入。

（3）企业的下列所得，可以免征、减征企业所得税：

1）从事农、林、牧、渔业项目的所得；

2）从事国家重点扶持的公共基础设施项目投资经营的所得；

3）从事符合条件的环境保护、节能节水项目的所得；

4）符合条件的技术转让所得；

5）非居民企业在中国境内未设立机构、场所的，或者虽设立机构、场所但取得的所得与其所设机构、场所没有实际联系的，其来源于中国境内的所得。

（4）符合条件的小型微利企业，减按 20% 的税率征收企业所得税。国家需要重点扶持的高新技术企业，减按 15% 的税率征收企业所得税。

（5）民族自治地方的自治机关对本民族自治地方的企业应缴纳的企业所得税中属于地方分享的部分，可以决定减征或者免征。自治州、自治县决定减征或者免征的，须报省、自治区、直辖市人民政府批准。

（6）企业的下列支出，可以在计算应纳税所得额时加计扣除：

1）开发新技术、新产品、新工艺发生的研究开发费用；

2）安置残疾人员及国家鼓励安置的其他就业人员所支付的工资。

（7）创业投资企业从事国家需要重点扶持和鼓励的创业投资，可以按投资额的一定比例抵扣应纳税所得额。

（8）企业的固定资产由于技术进步等原因，确须加速折旧的，可以缩短折旧年限或者采用加速折旧的方法。

（9）企业综合利用资源，生产符合国家产业政策规定的产品所取得的收入，可以在计算应纳税所得额时减计收入。

（10）企业购置用于环境保护、节能节水、安全生产等专用设备的投资额，可以按一定比例实行税额抵免。

## 第三节 企业所得税应纳税所得额的计算

应纳税所得额是企业所得税的计税依据。按照《企业所得税法》的规定，企业每一纳税年度的收入总额，减除不征税收入、免税收入、各项扣除以及允许弥补的以前年度亏损后的余额，为应纳税所得额。其基本公式为：

应纳税所得额＝收入总额－不征税收入－免税收入－各项扣除－允许弥补的以前年度亏损

企业应纳税所得额是以发生制为原则计算的，应纳税所得额的计算直接关系到国家财政收入和企业的税收负担，并且与成本、费用核算关系密切。其主要内容包括收入总额、扣除范围和标准、资产的税务处理、亏损弥补等。

### 一、收入总额

企业以货币形式和非货币形式从各种来源取得的收入，为收入总额，包括：

（1）销售货物收入；

（2）提供劳务收入；

（3）转让财产收入；

（4）股息、红利等权益性投资收益；

（5）利息收入；

（6）租金收入；

（7）特许权使用费收入；

（8）接受捐赠收入；

（9）其他收入。

### 二、不征税和免税收入

#### 1. 不征税收入

收入总额中的下列收入为不征税收入：

（1）财政拨款是指各级人民政府对纳入预算管理的事业单位、社会团体等组织拨付的财政资金。

（2）依法收取并纳入财政管理的行政事业性收费、政府性基金；行政事业性收费是指依照法律法规等有关规定，按照国务院规定程序批准，在实施社会公共管理，以及在向公民、法人或者其他组织提供特定公共服务过程中，向特定对象收取并纳入财政管理的费用。政府性基金是指企业依照法律法规等有关规定，代政府收取的具有专项用途的财政资金。

（3）国务院规定的其他不征税收入，是指企业取得的，由国务院财政、税务主管机关规定专项用途的财政性资金。

2. 免税收入

下列收入为免税收入。

（1）国债利息收入，为了鼓励企业积极购买国债，支援国家建设，税法规定，企业因购买国债所得的利息收入，免征企业所得税。

（2）符合条件的居民企业之间的股息、红利等权益性收益，是指居民企业直接投资于其他居民企业取得的投资收益。

（3）在中国境内设立机构、场所的非居民企业从居民企业取得与该机构、场所实际联系的股息、红利等权益性收益。

（4）符合条件的非营利组织的收入。符合条件的非营利组织是指：

1）依法履行非营利组织登记手续；

2）从事公益性或者非营利性活动；

3）取得的收入除用于与该组织有关的、合理的支出外，全部用于登记核定或者章程规定的公益性或者非营利性事业；

4）财产及其孳生息不用于分配；

5）按照登记核定或者章程规定，该组织注销后的剩余财产用于公益性或者非营利性目的，或者由登记管理机关转赠给与该组织性质、宗旨相同的组织，并向社会公告；

6）投入人对投入该组织的财产不保留或者享有任何财产权利；

7）工作人员工资福利开支控制在规定的比例内，不变相分配该组织的财产；

8）国务院财政、税务主管部门规定的其他条件。

（5）非营利组织的下列收入为免税收入：

1）接受其他单位或者个人捐赠的收入；

2）除《企业所得税法》第七条规定的财政拨款以外的其他政府补助收入；

3）按照省级以上民政、财政部门规定收取的会费；

4）不征税收入和免税收入孳生的银行存款利息收入；

5）财政部、国家税务总局规定的其他收入。

## 三、税前扣除原则和范围

### （一）扣除项目的原则

企业申报的扣除项目和金额要真实、合法。所谓真实是指能提供证明有关支出确属已经实际发生。合法是指符合国家税法的规定，税前扣除一般应遵循以下五项原则：第一项，权责发生制原则；第二项，配比性原则；第三项，相关性原则；第四项，确定性原则；第五项，合理性原则。

### （二）扣除项目的范围

企业实际发生的与取得收入有关的、合理的支出，包括成本、费用、税金、损失和其他支出，准予在计算应纳税所得额时扣除。

（1）成本。其指纳税人销售商品（产品、材料、下脚料、废料、废旧物资等）、提供劳务、转让固定资产、无形资产（包括技术转让）的成本。纳税人应将经营活动中发生的成本合理划分为直接成本和间接成本。

（2）费用。其指纳税人每一纳税年度为生产、经营商品和提供劳务等所发生的可扣除的销售（经营）费用、管理费用和财务费用，已计入成本的有关费用除外。

（3）税金。其指纳税人按规定缴纳的消费税、营业税、关税、城市维护建设税、资源税、教育费附加等产品销售税金及附加，以及发生的房产税、车船使用税、土地使用税、印花税等可以扣除的税金。企业缴纳的房产税、车船使用税、土地使用税、印花税等，已经计入管理费用的，不再作为销售税金单独扣除。企业缴纳的增值税，属于价外税，故不在扣除之列。

（4）损失。其指纳税人生产、经营过程中的各项营业外支出，已发生的经营亏损和投资损失以及其他损失。

（5）扣除的其他支出。

### （三）扣除项目及其标准

在计算应纳税所得额时，下列项目可按实际发生额或规定的标准扣除。

#### 1. 工资、薪金支出

企业发生的合理的工资、薪金支出准予据实扣除。工资、薪金支出是企业每一纳税年度支付给本企业任职或与其有雇用关系的员工的所有现金或非现金形式的劳动报酬，合理的工资、薪金支出是指企业按照股东大会、董事会、薪酬委员会或相关管理机构制定的工资薪金制度规定实际发放给员工的工资薪金。

#### 2. 职工福利费、工会经费、职工教育经费

企业发生的职工福利费、工会经费、职工教育经费按标准扣除，未超过标准的按实际数扣除，超过标准的只能按标准扣除。企业发生的职工福利费支出不超过工资薪金总额 14% 的部分准予扣除；企业缴纳的工会经费不超过工资薪金总额 2% 的部分准予扣除；企业发生的教育经费支出不超过工资薪金总额 8% 的部分准予扣除，超过部分准予结转以后纳税年度扣除。

#### 3. 社会保险费

（1）企业依照国务院有关主管部门或者省级人民政府规定的范围和标准为职工缴纳

的“五险一金”，即基本养老保险费、基本医疗保险费、失业保险费、工伤保险费、生育保险费等基本社会保险费和住房公积金，准予扣除。

（2）企业为投资者或者职工支付的补充养老保险费、补充医疗保险费，在国务院财政、税务主管部门规定的范围和标准内，准予扣除。企业依照国家有关规定为特殊工种职工支付的人身安全保险费和符合国务院财政、税务主管部门规定可以扣除的商业保险费准予扣除。

（3）企业参加财产保险，按照规定缴纳的保险费，准予扣除。企业为投资者或者职工支付的商业保险费，不得扣除。

**4. 利息费用**

企业在生产经营活动中发生的利息费用，按下列规定扣除。

（1）非金融企业借款的利息支出、金融企业的各项存款利息支出和同业拆借利息支出、企业经批准发行债券的利息支出可据实扣除。

（2）非金融企业向非金融企业借款的利息支出，不超过按照金融企业同期同类贷款利率计算的部分可据实扣除，超过部分不许扣除。

（3）关联企业利息费用的扣除，企业从其关联方接受的债权性投资与权益性投资的比例超过规定标准而发生的利息支出，不得在计算应纳税所得额时扣除。

（4）企业向自然人借款的利息支出在企业所得税税前扣除。

**5. 借款费用**

（1）企业在生产经营活动中发生的合理的不需要资本化的借款费用，准予扣除。

（2）企业为购置、建造固定资产、无形资产和经过12个月以上的建造才能达到预定可销售状态的存货发生借款的，在有关资产购置、建造期间发生的合理的借款费用，应予以资本化，作为资本性支出计入有关资产的成本；有关资产交付使用后发生的借款利息，可在发生当期扣除。

（3）企业通过发行债券、取得贷款、吸收保户储金等方式融资而发生的合理的费用支出，符合资本化条件的，应计入相关资产成本；不符合资本化条件的，应作为财务费用，准予在企业所得税前据实扣除。

**6. 汇兑损失**

企业在货币交易中，以及纳税年度终了时将人民币以外的货币性资产、负债按照期末即期人民币汇率中间价折算为人民币时产生的汇兑损失，除已经计入有关资产成本以及与向所有者进行利润分配相关的部分外，准予扣除。

**7. 业务招待费**

（1）企业发生的与生产经营活动有关的业务招待费支出，按照发生额的60%扣除，但最高不得超过当年销售（营业）收入的5‰。

（2）对从事股权投资业务的企业，其从被投资企业所分配的股息、红利及股权转让收入，可以按规定的比例计算业务招待费扣除限额。

（3）企业在筹建期间，发生的与筹办活动有关的业务招待费支出，可按实际发生额计入企业筹办费，可按上述规定在税前扣除。

8. 广告费和业务宣传费

企业发生的符合条件的广告费和业务宣传费，除国务院财政、税务主管部门另有规定外，不超过当年销售（营业）收入 15% 的部分，准予扣除；超过部分，准予结转以后纳税年度扣除。

企业在筹建期间，发生的广告费和业务宣传费，可按实际发生额计入企业筹办费，可按上述规定在税前扣除。

9. 环境保护专项资金

企业依照法律、行政法规有关规定提取的用于环境保护、生态恢复等方面的专项资金，准予扣除。上述专项资金提取后改变用途的，不得扣除。

10. 保险费

企业参加财产保险，按照规定缴纳的保险费，准予扣除。

11. 租赁费

企业根据生产经营活动的需要租入固定资产支付的租赁费，按照以下方法扣除：第一，以经营性租赁方式租入固定资产发生的租赁费支出，按照租赁期限均匀扣除；第二，以融资租赁方式租入固定资产发生的租赁费支出，按照规定构成融资租入固定资产价值的部分应当提取折旧费用，分期扣除。

12. 劳动保护费

企业发生的合理的劳动保护支出，准予扣除。自 2011 年 7 月 1 日起，企业根据其工作性质和特点，由企业统一制作并要求员工工作时统一着装所发生的工作服饰费用，根据《实施条例》第二十七条的规定，可以作为企业合理的支出给予税前扣除。

13. 公益性捐赠支出

公益性捐赠是指企业通过公益性社会团体或者县级以上人民政府及其部门，用于《中华人民共和国公益事业捐赠法》规定的公益事业的捐赠。企业发生的公益性捐赠支出，不超过年度利润总额 12% 的部分，准予扣除。

14. 有关资产的费用

企业转让各类固定资产发生的费用，允许扣除。企业按规定计算的固定资产折旧费、无形资产和递延资产的摊销费，准予扣除。

15. 总机构分摊的费用

非居民企业在中国境内设立的机构、场所，就其中国境外总机构发生的与该机构、场所生产经营有关的费用，能够提供总机构出具的费用汇集范围、定额、分配依据和方法等证明文件，并合理分摊的，准予扣除。

**16. 资产损失，企业当期发生的固定资产和流动资产盘亏、毁损净损失，由其提供清查盘存资料经主管税务机关审核后，准予扣除**

**17. 依照有关法律、行政法规和国家有关税法规定准予扣除的其他项目，如会员费，合理的会议费、差旅费、违约金、诉讼费用等，准予扣除**

18. 手续费及佣金支出

（1）企业发生的与生产经营有关的手续费及佣金支出，不超过以下规定计算限额以内的部分，准予扣除；超过部分，不得扣除。

1）保险企业：财产保险企业按当年全部保费收入扣除退保金等后余额的 15% 计算限额；人身保险企业按当年全部保费收入扣除退保金等后余额的 10% 计算限额。

2）其他企业：按与具有合法经营资格的中介服务企业或个人签订代办协议或合同确认的收入金额的 5% 计算限额。

（2）企业应与具有合法经营资格的中介服务企业或个人签订代办协议或合同，并按国家有关规定支付手续费及佣金。除委托个人代理外，企业以现金等非转账方式支付的手续费及佣金不得在税前扣除。企业为发行权益性证券支付给有关证券承销机构的手续费及佣金不得在税前扣除。

（3）企业不得将手续费及佣金支出计入回扣、业务提成、返利、进场费等费用。

（4）企业已计入固定资产、无形资产等相关资产的手续费及佣金支出，应当通过折旧、摊销等方式分期扣除，不得在发生当期直接扣除。

（5）企业支付的手续费及佣金不得直接冲减服务协议或合同金额，并如实入账。

（6）企业应当如实向当地主管税务机关提供手续费及佣金计算分配表和其他相关资料，并依法取得合法、真实的凭证。

（7）电信企业在发展客户、拓展业务等过程中须向经纪人、代办商支付手续费及佣金的，其实际发生的相关手续费及佣金支出，准予在企业所得税前据实扣除。

（8）从事代理服务、主营业务收入为手续费、佣金的企业，其为取得该类收入而实际发生的营业成本，准予在企业所得税前据实扣除。

**19. 根据《企业所得税法》第二十一条规定，对企业依据财务会计制度规定，并实际在财务会计处理上已确认的支出，凡没有超过《企业所得税法》和有关税收法规规定的税前扣除范围和标准的，可按企业实际会计处理确认的支出，在企业所得税前扣除，计算其应纳税所得额**

20. 企业维简费支出企业所得税前扣除规定

企业实际发生的维简费支出，属于收益性支出的，可作为当期费用税前扣除；属于资本性支出的，应计入有关资产成本，并按《企业所得税法》规定计提折旧或摊销费用在税前扣除。

### （四）不得扣除的项目

在计算应纳税所得额时，下列支出不得扣除：

（1）向投资者支付的股息、红利等权益性投资收益款项；

（2）企业所得税税款；

（3）税收滞纳金，是指纳税人违反税收法规，被税务机关处以的滞纳金；

（4）罚金、罚款和被没收财物的损失，是指纳税人违反国家有关法律法规规定，被有关部门处以的罚款，以及被司法机关处以的罚金和被没收财物；

（5）超过规定标准的捐赠支出；

（6）赞助支出，是指企业发生的与生产经营无关的各种非广告性质支出；

（7）未经核定的准备金支出，是指不符合国务院财政、税务部门规定的各项资产减值准备、风险准备金支出；

（8）企业之间支付的管理费、企业内营业机构之间支付的租金和特许权使用费，以及非银行企业内营业机构之间支付的利息，不得扣除；

（9）与取得收入无关的其他支出。

## 四、亏损弥补

企业纳税年度发生的亏损，准予向以后年度结转，用以后年度的所得弥补，但结转年限最长不得超过五年。但是，企业在汇总计算缴纳企业所得税时，其境外营业机构的亏损不得抵减境内营业机构的盈利。

## 五、纳税调整事项

（1）企业发生的公益性捐赠支出，在年度利润总额12%以内的部分，准予在计算应纳税所得额时扣除。所谓公益性捐赠，是指纳税人通过中国境内非营利性的社会团体、国家机关向教育、民政等公益事业和遭受自然灾害地区、贫困地区的捐赠。

企业、事业单位、社会团体等社会力量，通过非营利性的社会团体和国家机关向红十字事业的捐赠、福利性、非营利性老年服务机构的捐赠、公益性青少年活动场所（包括新建）的捐赠、农村义务教育的捐赠，在计算缴纳企业所得税时准予在应纳税额中全额扣除。

（2）在计算应纳税所得额时，下列支出不得扣除：

1）向投资者支付的股息、红利等权益性投资收益款项；

2）企业所得税税款；

3）税收滞纳金；

4）纳税人因违反国家法律法规和规章，被有关部门处以的滞纳金、罚金，以及各项罚款和被没收财物的损失；

5）企业直接向受赠送人的各项捐赠，不允许税前扣除；

6）赞助支出；

7）企业未经核定的各项资产减值准备金支出；

8）与取得收入无关的其他支出。

（3）在计算应纳税所得额时，企业按照规定计算的固定资产折旧，准予扣除。但下列固定资产不得计算折旧扣除：

1）房屋、建筑物以外未投入使用的固定资产；

2）以经营租赁方式租入的固定资产；

3）以融资租赁方式租出的固定资产；

4）已足额提取折旧仍继续使用的固定资产；

5）与经营活动无关的固定资产；

6）单独估价作为固定资产入账的土地；

7）其他不得计算折旧扣除的固定资产。

（4）在计算应纳税所得额时，企业按照规定计算的无形资产摊销费用，准予扣除。但是，下列无形资产不得计算摊销费用扣除：

1）自行开发的支出已在计算应纳税所得额时扣除的无形资产；

2）自创商誉；

3）与经营活动无关的无形资产；

4）其他不得计算摊销费用扣除的无形资产。

（5）企业对外投资期间，投资资产的成本在计算应纳税所得额时不得扣除。

（6）非居民企业在中国境内未设立机构、场所的，或者虽设立机构、场所但取得的所得与其所设机构、场所没有实际联系的，其来源于中国境内的所得，按照下列方法计算其应纳税所得额：

1）股息、红利等权益性投资收益和利息、租金、特许权使用费所得，以收入全额为应纳税所得额；

2）转让财产所得，以收入全额减除财产净值后的余额为应纳税所得额；

3）其他所得，参照前两项规定的方法计算应纳税所得额。

应纳税所得额与税前会计利润既有联系又有区别。在企业的所得税实务中，虽然计税的直接依据是应纳税所得额，但税前会计利润是确定应纳税所得额的基础，两者之间通过纳税调整事项，形成特定的勾稽关系：

应纳税所得额＝利润总额＋纳税调整增加额－纳税调整减少额

## 六、应纳税额

企业的应纳税所得额乘以适用税率，减除依照本法关于税收优惠的规定减免和抵免的税额后的余额，为应纳税额。

企业取得的下列所得已在境外缴纳的所得税税额，可以从其当期应纳税额中抵免，抵免限额为该项所得依照本法规定计算的应纳税额；超过抵免限额的部分，可以在以后五个年度内，用每年度抵免限额对当年应抵税额后的余额进行抵补。

（1）居民企业来源于中国境外的应税所得。

（2）非居民企业在中国境内设立机构、场所，取得发生在中国境外但与该机构、场所有实际联系的应税所得。

居民企业从其直接或者间接控制的外国企业分得的来源于中国境外的股息、红利等权益性投资收益，外国企业在境外实际缴纳的所得税税额中属于该项所得负担的部分，可以作为该居民企业的可抵免境外所得税税额，在规定的抵免限额内抵免。

## 第四节 企业所得税的征收管理

### 税收缴纳方法

企业所得税实行按年计算，分月或者分季预缴，年终汇算清缴，多退少补的方法。纳税人预缴所得税时，应当按纳税期限的实际数预缴。按实际数额预缴有困难的，可以按上一年度应纳所得额的1/12或1/4，或者经当地税务机关认可的其他方法分期预缴所得税。预缴方法一经确定，不得随意改变。

#### （一）汇算清缴范围

凡实行查账征收及实行核定应税所得率征收方式的企业所得税纳税人，包括银行及非银行金融机构，2002年1月1日起新办的企事业单位、社会团体、律师事务所、医院、学校以及有生产经营所得和其他所得的其他组织，无论是否在减税、免税期间，也无论盈利或亏损，都应依法就其生产经营所得和其他所得（包括来源于中国境内、境外的所得）进行企业所得税年度纳税申报及汇算清缴。

#### （二）汇算清缴方法

企业所得税汇算清缴，由纳税人在纳税年度终了后4个月内，依照税收法律、法规、规章及其他有关企业所得税的规定，自行计算全年应纳税所得额和应纳所得税额，根据月度或季度预缴所得税的数额，确定该年度应补或者应退税额，并填写《企业所得税年度纳税申报表》（实行核定应税所得率征收方式的纳税人填写《企业所得税纳税申报表》（适用于核定征收的企业）），向主管税务机关办理年度企业所得税纳税申报、提供税务机关要求提供的有关资料、结清全年企业所得税税款。

#### （三）申报方式

为了方便纳税人办理企业所得税年度纳税申报和汇算清缴，提高汇算清缴工作效率，企业所得税年度纳税申报采用网上申报方式（免费）。企业所得税网上申报操作系统介绍及操作说明可登录各市国家税务局网站查询或到办税服务厅索取。

#### （四）纳税申报资料

纳税人（包括汇总、合并纳税企业及成员企业）办理企业所得税年度纳税申报时，应如实填写和报送下列资料：

（1）《企业所得税年度纳税申报表》及其附表，实行核定应税所得率征收方式的纳税人填写和报送《企业所得税纳税申报表》(适用于核定征收的企业)。

（2）企业会计报表（资产负债表、利润表、现金流量表及相关附表)、会计报表附注和财务情况说明书（事业单位为各类收支与结余情况、资产与负债情况、人员与工资情况及财政部门规定的年度会计决算应上报的其他内容)。

（3）同时，纳税人如发生下列情形或事项，应附报以下相关资料或说明：

1）连续两年亏损的商贸业、餐饮业纳税人须提供亏损原因分析报告；

2）交纳营业税的纳税人须提供营业税纳税申报表复印件（全年各月份)；

3）涉及关联交易事项的纳税人须提供关联交易有关情况说明。

（4）改变成本计算方法、间接成本分配方法、存货计价方法的纳税人须提供改变计算方法的情况，说明改变计算方法的原因，并附股东大会或董事会、经理（厂长）会议等类似机构批准的文件。

（5）享受企业技术开发费加计扣除的纳税人须提供技术项目开发计划（立项书）和技术开发费预算；技术研发专门机构的编制情况和专业人员名单；上年及当年技术开发费实际发生项目和发生额的有效凭据。

（6）坏账损失、呆账损失采用直接核销法还是备抵法的说明。

（7）非货币性资产投资、债务重组、捐赠收入等交易及各年度分摊收入情况的说明。

### （五）汇算清缴程序及要求

纳税人应在规定的汇算清缴时限内，通过互联网向主管税务机关报送《企业所得税年度纳税申报表》(整套)，实行核定应税所得率征收方式的纳税人填写《企业所得税纳税申报表》(适用于核定征收企业)，并结清税款。网上申报成功后，纳税人应于每年的4月30日前将第三条所列明的资料（《企业所得税年度纳税申报表》主表及附表从网上打印，并加盖单位公章）报送主管税务机关税源管理科。

为了提高纳税人自行申报纳税的准确率，规范征纳行为，国家税务总局在内资企业所得税汇算清缴工作中积极倡导纳税人委托中介机构进行企业所得税鉴证业务。对提交了经国家税务总局批准成立的中介机构出具的汇算清缴审核报告的纳税人可免予提交本通告第4条第3）项列举的资料。对于不能提交中介机构出具的汇算清缴审核报告的纳税人，在汇算清缴结束后将作为纳税评估的重点对象。

纳税人未按规定期限办理纳税申报和报送纳税资料、未按规定期限进行汇算清缴以及偷税的，税务机关将依照《税收征管法》予以处罚。

### （六）源泉扣缴

对非居民企业在中国境内未设立机构、场所的，或者虽设立机构、场所但取得的所得与其所设机构、场所没有实际联系的，其来源于中国境内的所得，实行源泉扣缴，以支付人为扣缴义务人。税款由扣缴义务人在每次支付或者到期应支付时，从支付或者到期应支付的款项中扣缴。

对非居民企业在中国境内取得工程作业和劳务所得应缴纳的所得税，税务机关可以指定工程价款或者劳务费的支付人为扣缴义务人。

按上述规定应当扣缴的所得税，扣缴义务人未依法扣缴或者无法履行扣缴义务的，由纳税人在所得发生地缴纳。纳税人未依法缴纳的，税务机关可以从该纳税人在中国境内其他收入项目的支付人应付的款额中，追缴该纳税人的应纳税款。

扣缴义务人每次代扣的税款，应当自代扣之日起七日内缴入国库，并向所在地的税务机关报送扣缴企业所得税报告表。

### （七）纳税地点

企业所得税由纳税人向其所在地主管税务机关缴纳。

（1）居民企业以企业登记注册地确定纳税地点，但登记注册地在境外的，以实际管理机构所在地为纳税地点。居民企业在中国境内设立不具有法人资格的营业机构的，应当汇总计算并缴纳企业所得税。

（2）非居民企业取得本法第三条第二款规定的所得，以机构、场所所在地为纳税地点。非居民企业在中国境内设立两个或者两个以上机构、场所的，经税务机关审核批准，可以选择由其主要机构、场所汇总缴纳企业所得税。

（3）对非居民企业在中国境内未设立机构、场所的，或者虽设立机构、场所但取得的所得与其所设机构、场所没有实际联系的，其来源于中国境内的所得，以扣缴义务人所在地为纳税地点。

除国务院另有规定外，企业之间不得合并缴纳企业所得税。

## 【引导案例解析】

1. 合法的利息支出准予在税前扣除

我国关于利息支出税前扣除的基本规定有，《企业所得税实施条例》第三十八条规定，“企业在生产经营活动中发生下列利息支出，准予扣除：非金融企业向金融企业借款的利息支出、金融企业的各项存款利息支出和同业拆借利息支出、企业经批准发行债券的利息支出；非金融企业向金融企业借款的利息支出，不超过按照金融企业同期同类贷款利率计算的数额的部分”。根据该条的规定，G公司因民间借贷支付的利息，属于准予扣除的情形。另外，按照《企业所得税法》第四十九条的规定，非银行企业内营业机构之间支付的利息，不得税前扣除。按照《国家税务总局关于企业向自然人借款的利息支出企业所得税税前扣除问题的通知》（国税发〔2009〕777号）中的规定：在企业与个人之间的借贷是真实、合法、有效的，并且不具有非法集资目的或违反法律、法规的行为以及企业与个人之间签订了借款合同的情况下，企业可以将所支付的利息进行税前扣除。在本案中，因G公司并非向非银行企业进行借贷，而是向《国家税务总局关于企业向自然人借款的利息支出企业所得税税前扣除问题的通知》（国税发〔2009〕777号）中规定的个人进行合法借贷，因此，其借贷行为受法律保护。

结合本案的基本情况来看，G公司因民间借贷所支付的利息符合法律规定的税前扣除情形。

2. 未取得合法发票，但与取得的收入有关、合理的利息支出，可税前扣除

根据《企业所得税法》第八条和《企业所得税实施条例》第二十七条的规定，企业实际发生的与取得收入有关的合理的支出，包括成本、费用、税金、损失和其他支出，准予在计算应纳税所得额时扣除。有关的支出，是指与取得收入直接相关的支出。合理的支出，是指符合生产经营活动常规，应当计入当期损益或者有关资产成本的必要和正常的支出。可见，企业所得税税前扣除应当坚持合理的配比原则。

不仅如此，尽管《国家税务总局关于印发〈进一步加强税收征管若干具体措施〉的通知》（国税发〔2009〕114号）规定，未按规定取得合法有效凭据不得在税前扣除，但并未否定对真实发生的成本费用在税前扣除。首先，企业所得税税前扣除不仅仅依据发票、交易合同、资金往来凭证等资料，只要足以证明相关成本费用真实发生就可以在企业所得税税前扣除。其次，由于不得税前扣除可能给纳税人造成损失，因此从保护纳税人权益的角度出发，对“合法有效凭据”不得做出扩大解释。实践中也存在各种不需要取得发票也允许税前扣除的成本费用，如员工工资薪金、银行借款利息支出等，只需要提供相关的内部制度规定和借款协议等证明，就能够进行税前扣除。

3. G公司税前扣除该利息支出，不构成偷税

《税收征管法》第六十三条规定，纳税人伪造、变造、隐匿、擅自销毁账簿、记账凭证，或者在账簿上多列支出或者不列、少列收入，或者经税务机关通知申报而拒不申报或者进行虚假的纳税申报，不缴或者少缴应纳税款的，是偷税。对纳税人偷税的，由税务机关追缴其不缴或者少缴的税款、滞纳金，并处不缴或者少缴的税款50%以上5倍以下的罚款；构成犯罪的，依法追究刑事责任。

由该条规定可知，偷税的构成要件包括以下几个：①纳税人主观上存在不缴或者少缴税款、偷逃税的故意；②客观上实施了纳税人伪造、变造、隐匿、擅自销毁账簿、记账凭证，或者在账簿上多列支出或者不列、少列收入，或者经税务机关通知申报而拒不申报或者进行虚假的纳税申报等行为；③造成了不缴或者少缴税款的后果。本案中，G公司税前列支是真实发生的，G公司主观不存在偷逃税的故意，并且将该部分支出税前扣除不会造成少缴应纳税款的后果。因此，G公司列支该部分利息支出的行为不构成偷税，税务机关认定其构成偷税，要求其补缴税款以及滞纳金并处以罚款的决定，缺乏依据。

4. 结论

《企业所得税法》第八条规定：企业实际发生的与取得收入有关的合理的支出，包括成本、费用、税金、损失和其他支出，准予在计算应纳税所得额时扣除。纳税人申报

的扣除要真实、合法。未取得发票，但能提供证据证明是有关合理的支出可以在税前扣除。G公司可以税前列支该利息费用，不构成偷税。

## 同步测试题

### 一、名词解释

1. 居民企业
2. 非居民企业
3. 公益性捐赠支出
4. 机构
5. 场所

### 二、单项选择题

**1.** 下列各项中，不属于企业所得税纳税人的企业是（　　）。

A. 股份制企业　　B. 合伙企业

C. 外商投资企业　　D. 有经营所得的其他组织

**2.** 依据《企业所得税法》的规定，下列各项所得中，按负担、支付所得的企业或机构、场所所在地或者个人的住所所在地确定所得来源地的是（　　）。

A. 提供劳务所得　　B. 转让房屋所得

C. 权益性投资所得　　D. 特许权使用费所得

**3.** 依据《企业所得税法》的规定，纳税人的下列收入形式中，按照公允价值确定收入的是（　　）。

A. 债务的豁免　　B. 准备持有至到期的债券投资

C. 应收票据　　D. 不准备持有至到期的债券投资

**4.** 符合条件的非营利组织取得的下列收入，免征企业所得税的是（　　）。

A. 从事营利活动取得的收入　　B. 因政府购买服务而取得的收入

C. 不征税收入孳生的银行利息收入　　D. 按照县级民政部门规定收取的会费收入

**5.** 以下关于企业所得税收入确认时间的表述中，正确的有（　　）。

A. 股息、红利等权益性投资收益，以投资方收到分配金额的日期确认收入的实现

B. 利息收入按照合同约定的债务人应付利息的日期确认收入的实现

C. 租金收入，在实际收到租金收入时确认收入的实现

D. 特许权使用费收入在实际收到使用费收入时确认收入的实现

**6.** 下列关于企业劳务收入确认的表述中，不正确的是（　　）。

A. 特许权费一律在交付资产或转移资产所有权时确认收入

B. 安装费应根据安装进度确认收入，安装工作是商品销售附带条件的，安装费在确认商品销售实现时确认收入

C. 长期为客户提供重复的劳务收取的劳务费，在相关劳务活动发生时确认收入

D. 包含在商品售价内可区分的服务费，在提供服务的期间分期确认收入

**7.** 下列税金不得在企业所得税税前扣除的是（　　）。

A. 增值税　　B. 消费税　　C. 房产税　　D. 土地增值税

8. 下列各项中可作为业务招待费税前扣除限额计算依据的是（　　）。

A. 转让无形资产使用权的收入　　B. 因债权人原因确实无法支付的应付款项

C. 转让无形资产所有权的收入　　D. 出售固定资产的收入

9. 某企业2015年开具增值税专用发票取得收入3 510万元，同时为销售货物提供了运输服务并开具增值税普通发票，运费收取标准为销售货物收入的10%，收入对应的销售成本和运输成本为2 780万元，期间费用为360万元，营业外支出为200万元（其中180万元为公益性捐赠支出），上年度企业自行计算亏损为80万元，经税务机关核定的亏损为60万元，营业税金及附加为60万元，企业在所得税税前可以扣除的公益性捐赠支出为（　　）万元。

A. 180　　B. 79.32　　C. 49.2　　D. 46.8

10. 依据《企业所得税法》的规定，无形资产的摊销年限不得（　　）。

A. 低于5年　　B. 高于5年　　C. 低于10年　　D. 高于10年

## 三、多项选择题

1. 根据企业所得税处置资产确认收入的规定，下列行为中应视同销售的有（　　）。

A. 将生产的产品用于市场推广

B. 将生产的产品用于职工福利

C. 将资产用于境外分支机构加工另一产品

D. 将资产在总机构及境内分支机构间转移

2. 下列《企业所得税法》中关于企业的说法，正确的有（　　）。

A. 企业分为居民企业与非居民企业

B. 居民企业应就其来源于中国境内、境外的所得缴纳企业所得税

C. 非居民企业在中国境内设立机构、场所取得的来源于中国境内的所得缴纳所得税

D. 非居民企业在中国境内未设立机构、场所的，或虽设立机构、场所的但取得的所得与其所设机构、场所没有实际联系的，应就其来源于中国境内的所得缴纳企业所得税

3. 企业取得的下列收入，属于企业所得税免税收入的有（　　）。

A. 国债利息收入

B. 金融债券的利息收入

C. 居民企业直接投资于其他居民企业取得的投资收益

D. 在中国境内设立机构、场所的非居民企业连续持有居民企业公开发行并上市流通的股票1年以上取得的投资收益

4. 下列各项关于收入的确认说法中，正确的有（　　）。

A. 销售商品需要安装和检验的，在购买方接受商品及安装和检验完毕时确认收入

B. 企业转让国债应在转让国债合同生效的日期或国债移交时确认转让收入的实现

C. 销售商品采用支付手续费方式委托代销的，在收到代销货款时确认收入的实现

D. 采用以旧换新方式销售的，应按新货物的同期销售价格确定销售额

5. 根据企业所得税有关规定，企业发生的下列支出中应作为长期待摊费用的有（　　）。
A. 长期借款的利息支出　　B. 租入固定资产的改建支出
C. 固定资产的大修理支出　　D. 已提足折旧的固定资产的改建支出

6. 下列项目中允许在应纳税所得额中据实扣除的有（　　）。
A. 软件生产企业发生的职工培训费
B. 建造固定资产中银行借款的利息
C. 独立企业之间所发生的管理费用
D. 企业根据工作性质和特点统一制作并要求员工穿着工作服饰费用

7. 企业发生的下列费用中，不得在企业所得税税前扣除的有（　　）。
A. 甲为法国公司设在中国境内的机构，当年发生总机构分摊费用 50 万元
B. 乙企业因接受 M 公司投资，按协议约定每年向 M 公司支付 50 万元管理费
C. 丙与 N 同为总公司下设分厂，财务均独立核算，丙租用 N 设备一台，按约定须支付 50 万元费用
D. 丁企业向某商业企业借款，当年发生利息 25 万元，经审核利率未超过同类同期商业银行贷款利率

8. 下列各项中，在企业费用中列支并随费用支出在企业所得税税前扣除的有（　　）。
A. 房产税　　B. 印花税
C. 车船税　　D. 城镇土地使用税

9. 企业所得税的下列收入能够作为广告费、业务宣传费计提基数的有（　　）。
A. 提供劳务收入　　B. 转让固定资产收入
C. 利息收入　　D. 特许使用费收入

10. 根据《企业所得税法》的有关规定，纳税人提取的下列准备金中，不得在税前扣除的有（　）。
A. 存货跌价准备金　　B. 短期投资跌价准备金
C. 坏账准备金　　D. 固定资产减值准备

## 四、是非判断题

1. 外商投资企业从其投资的企业取得的利润（股息），可以不计入本企业的应纳税所得额，但与该投资有关的可行性研究费用、投资贷款利息支出、投资管理费用等投资决策实施中的各项费用和投资期满不能收回的投资损失等，不得冲减企业应纳税所得额。（　　）

2. 在中国境内设立机构、场所的外国企业，取得发生在中国境外的与该机构、场所有实际联系的利润、利息、特许权使用费等所得，应按我国税法规定计算缴纳所得税。（　　）

3. 外商投资企业的分支机构向总机构和关联单位上交的合理的管理费用，准允在计算应

纳税所得额时扣除。( )

**4.** 外商投资企业转让股票取得的净收益或净损失，应当计入或冲减当期的应纳税所得额。( )

**5.** 对由于提高使用率、加强使用而常年处于日夜运转状态的机器、设备，需要缩短其折旧年限的，可以由企业提出申请，经当地税务机关审核后，报国家税务总局批准。( )

**6.** 外商投资企业的非货币资产对外投资的，其评估确认的投资价值与原账面价值的差额，应计入当期纳税所得额。( )

**7.** 对专业从事房地产开发经营的外商投资企业预售房地产并取得预收款的，按取得的预收款计算缴纳所得税。( )

**8.** 对不组成企业法人的中外合作经营企业，其中方合作者应按内资企业税收法规定计缴企业所得税，外方合作者应视同外商投资企业计缴企业所得税。( )

**9.** 某中外合资食品厂适用30%所得税税率，其在深圳特区的销售分公司也应按30%所得税税率计算所得税，并由其总机构汇总缴纳。( )

**10.** 外国投资者将分得的利润用于再投资，应于再投资资金实际投入之日起两年内，向投资地税务机关申请退税。( )

## 五、简答题

**1.** 简述企业所得税居民企业与非居民企业的界定与各自的纳税义务。

**2.** 简述企业所得税应纳税所得额中收入总额的基本规定。

**3.** 简述不征税收入、免税收入各自的规定与两者的区别。

**4.** 简述企业所得税税收优惠。

**5.** 简述企业所得税亏损弥补的基本内容。

## 六、综合计算题

**1.** 五星机器设备生产企业2017年全年主营业务收入为6 000万元，其他业务收入为1 800万元，营业外收入为800万元，主营业务成本为3 500万元，其他业务成本为500万元，营业外支出为600万元，营业税金及附加为320万元，销售费用为900万元，管理费用为700万元，财务费用为180万元，投资收益为1 000万元。当年发生的部分业务如下：

（1）实际发放职工工资1500万元，含向本企业安置的10名残疾人员支付的工资薪金36万元。

（2）发生职工福利费支出220万元，拨缴工会经费24万元并取得专用收据，发生职工教育经费支出40万元。

（3）发生广告费支出500万元，以前年度累计结转至本年的广告费扣除额为200万元。发生与企业生产经营业务相关的业务招待费支出为80万元。

（4）取得经国务院批准，所在省财政厅补贴款100万元并已全额计入“营业外收入”，省政府文件具体要求该资金专门用于某种设备生产技术的研发，企业对该资金及支出单独进行核算，当年尚未使用该资金。

（5）向境外非关联公司支付与经营有关的担保费50万元，另支付不超过按金融机构同期同类贷款利率计算的借款利息为30万元。

（6）取得股息300万元，其中含来自境内40%持股子公司的股息200万元（非上市居民企业）；来自海外100%持股子公司的股息100万元（不考虑预提所得税），海外子公司已在所在国缴纳了企业所得税，企业所得税税率为20%。

**要求：**

（1）计算业务（1）应调整的应纳税所得额。

（2）计算业务（2）应调整的应纳税所得额。

（3）计算业务（3）应调整的应纳税所得额。

（4）计算业务（4）应调整的应纳税所得额。

（5）计算业务（5）应调整的应纳税所得额。

（6）计算业务（6）应调整的境内应纳税所得额、境外已纳所得税款总额、当年抵免限额。

（7）计算该企业当年应纳企业所得税额。

**2.** 位于我国境内某市的一家电子产品生产企业为增值税一般纳税人，拥有自己的核心自主知识产权，2011～2015年，经相关机构认定为高新技术企业，2014年度有关经营情况如下：

（1）全年取得销售电子产品的不含税收入为7 000万元，取得房屋租金收入200万元。

（2）全年购进与生产电子产品相关的原材料取得增值税专用发票，注明价款3 200万元，进项税额544万元并通过主管税务机关认证抵扣；购进安全生产专用设备（属于企业所得税优惠目录规定）取得增值税专用发票，注明价款50万元，进项税额8.5万元，并通过主管税务机关认证抵扣。

（3）全年与销售电子产品相关的销售成本为4 150万元，全年发生销售费用1 400万元，其中含广告费1 100万元，全年发生管理费用600万元，其中含新技术研究开发费320万元、与生产经营有关的业务招待费75万元。

（4）计入成本、费用中的实发工资为400万元，实际拨缴工会经费9万元并取得专用票据，发生职工福利费支出70万元，职工教育经费支出13万元。

（5）全年发生的营业外支出300万元，其中支付合同违约金6万元。

（6）其他相关资料：该企业适用的增值税税率为16%，城市维护建设税税率为7%，教育费附加征收率为3%，地方教育费附加征收率为2%，企业所得税税率为15%。

**要求：**

（1）计算当年该企业应缴纳的增值税、城市维护建设税、教育费附加和地方教育附加。

（2）计算当年该企业实现的会计利润额。

（3）计算当年应纳税所得额时，职工福利费、工会经费、职工教育经费共计应调增应纳税所得额的金额。

（4）计算当年该企业广告费、业务招待费共计应调增应纳税所得额的金额。

（5）计算当年该企业应纳税所得额。

（6）计算当年该企业应缴纳的企业所得税。

## 七、案例分析题

**1.** 三泰工业企业为居民企业，假定2017年经营业务如下：

（1）产品销售收入为640万元，其他业务收入为180万元。

（2）产品销售成本为400万元，其他业务成本为80万元。

（3）营业税金及附加为28.6万元。

（4）当期发生的管理费用为86万元，其中新技术的研究开发费用为35万元、业务招待费为10万元。

（5）财务费用为20万元。

（6）权益性投资收益为15万元（被投资方位于深圳，当年适用税率为20%）。

（7）营业外收入为10万元（其中处置固定资产净收益为6万元），营业外支出为30万元（其中含公益性捐赠25万元）。

（8）当年12月购进安全生产设备一台，投资额为30万元。

**要求：**

（1）计算企业2017年管理费用纳税调整金额（包括加计扣除部分）。

（2）计算企业2017年营业外收支纳税调整金额。

（3）计算企业2017年应纳所得税额。

**2.** 黄河公司为在西部地区新办的从事国家鼓励类产业的内资企业，是增值税一般纳税人，其主营业务收入占企业总收入的80%。该公司2011年度有关资料如下：

（1）利用《资源综合利用企业所得税优惠目录》规定的资源作为主要材料，生产符合国家标准的非限制产品，取得产品销售收入2 800万元，销售成本为1 300万元。

（2）本年度发生销售费用700万元（其中广告费500万元），管理费用600万元（其中业务招待费30万元），财务费用90万元。

（3）产品销售税金为180万元（其中，增值税为120万元）。

（4）计入成本、费用中的实发工资总额为180万元，拨缴职工工会经费5万元（已经取得工会专用缴款收据），支出职工福利费30万元、教育经费6万元。

（5）本年度受让符合条件的环境保护项目，该项目取得项目收入800万元，项目成本为600万元。该项目的转让方从2003年开始取得第一笔项目的生产经营收入，已经成功地运转了5年。

（6）本年度新投资一项符合国家规定的节能节水专用设备，投资额为100万元，设备折旧已经计入管理费用。

（7）本年度其他业务收入为100万元，营业外收入为50万元。

（8）本年度营业外支出为90万元（含通过公益性社会团体向贫困山区捐赠40万元）。

**要求**：计算黄河公司2011年度的应纳企业所得税。

Chapter8

# 第八章

# 个人所得税法

## 引导案例　工资一样，缴税为何不一样

在广州市某企业打工的大学毕业生小王最近有点儿烦：几个月前，他和同班同学小张同时应聘在他们工作的这家企业，身份都是临时工，协议中的工资均为4 000元，但每个月实际拿到手的，小张为3 985元，他却只有3 360元。小王想不通的是，大家都是同样的工资，为什么实际所得不一样？小王说，一开始，他还以为是自己工作做得不如小张，公司在自己的工资里进行了一定的扣除，因此，开始两个月，他便没好意思到公司的财务部询问，怕别人说自己工作业绩差。从第三个月开始，小王感觉自己的业绩明显比小张好很多，他盘算自己当月的工资应该比小张高一些，起码也应该持平。但是，第三个月小王的工资还是3 360元，小张也还是3 985元，只是公司给他们的奖金有些差别，他比小张要多几百元。小王这时觉得，自己的工资比小张少不是因为业绩，他怀疑公司没有按当初商定的协议办事，小王很生气，便到公司财务部询问详情。谁知财务人员告诉小王，公司就是按当初协议定的月工资4 000元给他支付的，与小张是同一个工资档次，至于最后小王和小张实际到手的工资有差别，主要是他们俩跟公司签订了不一样的合同，导致在工资扣税时适用的税法不同。

**讨论与思考问题：**

为什么小王领的工资会比小张少呢？

## 第一节　个人所得税概述

### 1. 个人所得税的概念

个人所得税是以自然人取得的各类应税所得为征税对象而征收的一种所得税，是政府利用税收对个人收入进行调节的一种手段。个人所得税在组织财政收入、提高公民纳税意识，尤其在调节个人收入分配差距方面具有重要作用。

**2. 个人所得税的税制模式**

从世界范围看，个人所得税的税制模式有：

（1）分类征收制。分类征收制就是将纳税人不同来源、性质的所得项目，分别规定不同的税率征税。

（2）综合征收制。综合征收制是对纳税人全年的各项所得加以汇总，就其总额进行征税。

（3）混合征收制。混合征收制是对纳税人不同来源、性质的所得先分别按照不同的税率征税，然后将全年的各项所得进行汇总征税。

目前，我国个人所得税的征收采用的是分类征收制，其改革方向是由分类征收制向分类与综合相结合的模式转变。

## 第二节 个人所得税法的一般规定

个人所得税法是指国家制定的用以调整个人所得税征收与缴纳之间权利及义务关系的法律规范。现行的个人所得税的基本规范是1980年9月10日第五届全国人民代表大会第三次会议制定，1993年10月31日第八届全国人民代表大会常务委员会第四次会议决定修订的《中华人民共和国个人所得税法》，多年来通过了六次修订。目前适用的是2011年6月30日，由第十一届全国人民代表大会常务委员会第二十一次会议修订通过并公布的《中华人民共和国个人所得税法》，自2011年9月1日起施行。

### 一、纳税义务人

个人所得税的纳税义务人及征税对象为中国公民，个体工商户以及在中国有所得的外籍人员和香港、澳门、台湾同胞。上述纳税人依据住所和居住时间两个标准，区分为居民和非居民，分别承担不同的纳税义务。居民纳税人员有无限纳税义务。其取得的应纳税所得，无论是来源于中国境内还是中国境外的任何地方，都要在中国缴纳个人所得税。

**1. 居民纳税义务人**

居民纳税义务人是指在中国境内有住所，或者无住所而在中国境内居住满一年的个人。所谓在中国境内有住所的个人，是指因户籍、家庭、经济利益关系而在中国境内习惯居住的个人；所谓在境内居住满一年，是指在一个纳税年度内，在中国境内居住满360日。在计算居住天数时，对临时离境应视同在华居住，不扣减其在华居住天数。

**2. 非居民纳税义务人**

非居民纳税义务人，是指不符合居民纳税义务人判定标准的纳税义务人，非居民纳税人承担有限纳税义务，即仅应其来源于中国境内的所得，向中国缴纳个人所得税。

从2000年1月1日起，个人独资企业和合伙企业投资者也为个人所得税的纳税义务人。

## 二、征税范围

个人所得税的应税所得，不全是个人所得，只限于按照税法规定应税项目的范围内。现行个人所得税的应税所得共11项。

**1. 工资、薪金所得**

工资、薪金所得是指个人因任职或受雇而取得的工资、薪金、奖金年终加薪、劳动分红、津贴以及与任职或者受雇有关的其他所得。

按照税法规定，年终加薪、劳动分红不分种类和取得情况，一律按工资、薪金所得课税。但对津贴、补贴中的下列项目不予征税。这些项目包括：

（1）独生子女补贴。

（2）托儿补助费。

（3）差旅费津贴、误餐补助。

（4）执行公务员工资制度未纳入基本工资总额的补贴、津贴差额和家属成员的副食品补贴。奖金则是指所有具有工资性质的奖金，免税奖金的范围在税法中另有规定。

**2. 个体工商户的生产、经营所得**

个人独资企业和合伙企业为个人所得税的纳税义务人。个体工商户的生产、经营所得包括四个方面：

（1）经工商行政管理部门批准开业并领取营业执照的城乡个体工商户，从事工业、手工业、建筑业、交通运输业、商业、饮食业、服务业、修理业以及其他行业的生产、经营取得的所得；

（2）个人经政府有关部门批准，取得执照，从事办学、医疗、咨询以及其他有偿服务活动取得的所得；

（3）其他个人从事个体工商业生产、经营取得的所得，即个人临时从事生产、经营活动取得的所得；

（4）上述个体工商户和个人取得的与生产、经营有关的各项应税所得。

**3. 对企事业单位的承包经营、承租经营所得**

对企事业单位的承包经营、承租经营所得，是指个人承包经营、承租经营以及转包，取得的薪金性质的所得。根据其经营形式和分配方式，大体可分为两类。

一类是个人承包、承租企业经营后，如果企业的工商登记未变，主要看是否拥有经营成果所得权。若承包、承租人对企业经营成果不拥有经营成果所有权，仅是按合同（协议）规定，完成各项指标后取得一定所得的，其取得的所得应按工资、薪金所得项目计税；若承包、承租人按合同（协议）的规定只向发包、出租方交纳一定金额，企业经营成果归承包、承租人所有的，承包、承租取得的所得，包括按月或按次取得的工资、薪金所得，对企事业单位的承包经营、承租经营所得项目计税。

另一类是个人承包、承租企业经营后，企业的工商登记改变为个体工商户的，则应依照个体工商户的生产、经营所得项目计算纳税。

4. 劳务报酬所得

劳务报酬所得是指个人从事设计、装潢、安装、制图、化验、测试、医疗、法律、会计、咨询、讲学、新闻、广播、翻译、审稿、书画、雕刻、影视、录像、演出、表演、广告、展览、技术服务、介绍服务、经纪服务、代办服务以及其他劳务取得的所得。

个人因担任董事职务所取得的董事费收入，应按劳务报酬所得项目计税。

劳务报酬所得与工资、薪金所得的区别是：工资、薪金所得是属于非独立的个人劳务活动，即在机关、团体、部队、学校、企事业单位以及其他组织中任职、受雇而取得的报酬；劳务报酬所得则是个人独立从事各种技艺、提供各项劳务取得的报酬。两者的主要区别在于：前者存在雇用与被雇用的关系，后者则不存在这种关系。

5. 稿酬所得

稿酬所得，是指个人因其作品以图书、报刊形式出版、发表而取得的所得。这里所说的"作品"，是指包括中外文字、图片、乐谱等能以图书、报刊方式出版、发表的作品；"个人用品"，包括本人的著作、翻译的作品等。个人取得遗作稿酬，应按稿酬所得项目计税。

6. 特许权使用费所得

特许权使用费所得，是指个人提供专利权、著作权、商标权、非专利技术以及其他特许权的使用权取得的所得。

提供著作权的使用权取得的所得，不包括稿酬所得。作者将自己的文字作品手稿原件或复印件公开拍卖（竞价）取得的所得，应按特许权使用费所得项目计税。

7. 利息、股息、红利所得

利息、股息、红利所得，是指个人拥有债权、股权而取得的利息、股息、红利所得。

利息，是指个人的存款利息、贷款利息和购买各种债券的利息。股息，也称股利，是指股票持有人根据股份制公司章程规定，凭股票定期从股份公司取得的投资盈利。红利，也称公司（企业）分红，是指股份公司或企业根据应分配的利润按股份分配超过股息部分的利润。

股份制企业以股票形式向股东个人支付的股息、红利，即派发红股，应以派发红股的股票面额为收入额计税。

8. 财产租赁所得

财产租赁所得是指个人出租建筑物、土地使用权、机器设备、车船以及其他财产取得的所得。财产，包括动产和不动产。

9. 财产转让所得

财产转让所得是指个人转让有价证券、股权、建筑物、土地使用权、机器设备、车船以及其他自有财产给他人或单位而取得的所得，包括转让动产和不动产而取得的所得。

个人转让有价证券所得，包括个人转让股票而取得的所得。1996 年年底前，对个人股票买卖取得的所得暂不征税。

**10. 偶然所得**

偶然所得是指个人取得的所得是非经常性的，属于各种机遇性所得，包括得奖、中奖、中彩以及其他偶然性质的所得（含奖金、实物和有价证券）。

个人购买社会福利有奖募捐奖券，一次中奖收入不超过 10 000 元的，免征个人所得税；超过 10 000 元的，应以全额按偶然所得项目计税。

**11. 经国务院财政部门确定征税的其他所得**

其他所得是指除上述列举的各项个人应税所得外，其他确有必要征税的以及难以界定应税项目的个人所得。比如，个人因任职单位缴纳有关保险费用而取得的无赔款优待收入；股民个人从证券公司取得的回扣或交易手续费返回收入等。

## 三、所得来源地的确定

下列所得，不论支付地点是否在中国境内，均为来源于中国境内的所得：

（1）因任职、受雇、履约等而在中国境内提供劳务取得的所得；

（2）将财产出租给承租人在中国境内使用而取得的所得；

（3）转让中国境内的建筑物、土地使用权等财产或者在中国境内转让其他财产取得的所得；

（4）许可各种特许权在中国境内使用而取得的所得；

（5）从中国境内的公司、企业以及其他经济组织或者个人取得的利息、股息、红利所得。

在中国境内无住所，但是居住一年以上五年以下的个人，其来源于中国境外的所得，经主管税务机关批准，可以只就由中国境内公司、企业以及其他经济组织或者个人支付的部分缴纳个人所得税；居住超过五年的个人，从第六年起，应当就其来源于中国境外的全部所得缴纳个人所得税。

在中国境内无住所，但是在一个纳税年度中在中国境内连续，或者累计居住不超过 90 日的个人，其来源于中国境内的所得，由境外雇主支付且不由该雇主在中国境内的机构、场所所负担的部分，免予缴纳个人所得税。

## 四、税目及税率

现行个人所得税法的税率设计有超额累进税率和比例税率两种形式。

**1. 工资、薪金所得适用税率**

工资、薪金所得适用 3% ～ 45% 的 7 级超额累进税率，如表 8-1 所示。

表 8-1 工资、薪金所得个人所得税税率表

| 级数 | 应纳税所得额（含税） | 应纳税所得额（不含税） | 税率（%） | 速算扣除数（元） |
| --- | --- | --- | --- | --- |
| 1 | 不超过 1 500 元的部分 | 不超过 1 455 元的部分 | 3 | 0 |
| 2 | 1 500 ～ 4 500 元的部分 | 1 455 ～ 4 155 元的部分 | 10 | 105 |
| 3 | 4 500 ～ 9 000 元的部分 | 4 155 ～ 7 755 元的部分 | 20 | 555 |
| 4 | 9 000 ～ 35 000 元的部分 | 7 755 ～ 27 255 元的部分 | 25 | 1 005 |
| 5 | 35 000 ～ 55 000 元的部分 | 27 255 ～ 41 255 元的部分 | 30 | 2 755 |
| 6 | 55 000 ～ 80 000 元的部分 | 41 255 ～ 57 505 元的部分 | 35 | 5 505 |
| 7 | 80 000 元的部分 | 超过 57 505 的部分 | 45 | 13 505 |

注：1. 本表含税级距中应纳税所得额，是指每月收入金额 – 各项社会保险金（五险一金）– 起征点 3 500 元（外籍 4 800 元）的余额。

2. 含税级距适用于由纳税人负担税款的工资、薪金所得；不含税级距适用于由他人（单位）代付税款的工资、薪金所得。

### 2. 个体工商户的生产、经营所得和对企事业单位承包、承租经营所得的适用税率

个体工商户包括：依法取得个体工商户营业执照，从事生产经营的个体工商户；经政府有关部门批准，从事办学、医疗、咨询等有偿服务活动的个人以及其他从事个体生产、经营的个人。个体工商户以业主为个人所得税纳税义务人。

（1）个体工商户的生产、经营所得和对企事业单位承包、承租经营所得。

适用 5% ～ 35% 的 5 级超额累进税率，如表 8-2 所示。

表 8-2 个体工商户的生产、经营所得和对企事业单位承包、承租经营所得税率表

| 级数 | 全年含税应纳税所得额 | 不含税应纳税所得额 | 税率（%） | 速算扣除数（元） |
| --- | --- | --- | --- | --- |
| 1 | 不超过 15 000 元的部分 | 不超过 14 250 元的部分 | 5 | 0 |
| 2 | 15 000 ～ 30 000 元的部分 | 14 250 ～ 27 750 元的部分 | 10 | 750 |
| 3 | 30 000 ～ 60 000 元的部分 | 9 250 ～ 25 250 元的部分 | 20 | 3 750 |
| 4 | 60 000 ～ 100 000 元的部分 | 51 750 ～ 79 750 元的部分 | 30 | 9 750 |
| 5 | 超过 100 000 元的部分 | 79 750 元的部分 | 35 | 14 750 |

注：1. 表中所列含税级距与不含税级距，均为按照税法规定减除有关费用（成本、损失）后的所得额。

2. 含税级距适用于个体工商户的生产、经营所得和由纳税人负担税款的承包经营、承租经营所得；不含税级距适用于由他人（单位）代付税款的承包经营、承租经营所得。

（2）个人独资企业和合伙企业的个人投资者取得的生产经营所得也适用 5% ～ 35% 的 5 级超额累进税率。

### 3. 劳务报酬所得

劳务报酬所得，适用 20% 的比例税率，对劳务报酬一次收入畸高的，实行加成征收，如表 8-3 所示。

表 8-3 劳务报酬所得税率表

| 级数 | 劳务报酬所得 | 税率（%） | 速算扣除（元） |
| --- | --- | --- | --- |
| 1 | 不超过 20 000 元的部分 | 20 | 0 |
| 2 | 20 000 ～ 50 000 元的部分 | 30 | 2 000 |
| 3 | 50 000 元的部分 | 40 | 7 000 |

**4. 稿酬所得、特许权使用费所得、财产租赁所得**

每次收入不超过 4 000 元的，减除费用 800 元；4 000 元以上的，减除 20% 的费用，然后就其余额按比例税率 20% 征收。

稿酬所得应纳税额可减征 30%，实际税率为 14%。

对居民个人出租居住用房取得的租金所得按 10% 税率计税。

**5. 财产转让所得**

减除财产原值和合理费用后的余额，按比例税率 20% 征收。

**6. 利息、股息、红利所得，偶然所得和其他所得**

利息、股息、红利所得，偶然所得和其他所得均适用 20% 的比例税率。

## 五、应纳税所得额的规定

由于个人所得税的应税项目不同，并且取得某项所得所需费用也不相同，因此，计算个人所得税应纳税所得额，须按不同的应税项目分项计算。以某项应税项目的收入额减去税法规定的该项目费用减除费用标准后的余额，为该应税项应纳税所得额。

**1. 每次收入的确定**

《个人所得税法》对纳税义务人的征税方法有三种：一是按年计征，如个体工商户和承包、承租经营所得；二是按月计征，如工资、薪金所得；三是按次计征，如劳务报酬所得，稿酬所得，特许权使用费所得，利息、股息、红利所得，财产租赁所得，偶然所得和其他所得七项所得。在按次计征的情况下，根据扣除费用依据每次应纳税所得额的大小，分别规定了定额和定率两种标准。因此，无论是从正确贯彻税法的立法精神，维护纳税义务人的合法权益方面来看，还是从避免税收漏洞，防止税款流失，保证国家税收收入来看，如何准确划分“次”，都是十分重要的。《个人所得税法实施条例》对劳务报酬所得等七个项目的“次”，做出了明确规定，具体如下所示。

（1）劳务报酬所得，根据不同劳务项目的特点，分别规定为：

1）只有一次性收入的，以取得该项收入为一次。例如，从事设计、安装、装潢、制图、化验、测试等劳务，往往是接受客户的委托，按照客户的要求，完成一次劳务后取得收入。因此，属于只有一次性收入的，应以每次提供劳务取得的收入为一次。

2）属于同一事项连续取得收入的，以一个月内取得的收入为一次。例如，某歌手与一卡拉 OK 厅签约，在一年内每天到卡拉 OK 厅演唱一次，每次得报酬 100 元，在计算其劳务报酬时，应视为同一事项的连续性收入，以其一个月内取得的收入为一次计征个人所得税，而不能以每天取得的收入为一次。

（2）稿酬所得，以每次出版、发表取得的收入为一次。具体又可细分为：

1）同一作品再版取得的所得，应视为另一次稿酬所得计征个人所得税；

2）同一作品先在报刊上连载，然后再出版，或先出版，再在报刊上连载的，应视为两次稿酬所得计征个人所得税；

3）同一作品在报刊上连载取得收入的，以连载完成后取得的所有收入合并为一次，计征个人所得税；

4）同一作品在出版和发表时，以预付稿酬等形式取得的稿酬收入，应合并计算为一次；

5）同一作品出版、发表后，因添加印数而追加稿酬的，应与以前出版、发表时取得的稿酬合并计算为一次，计征个人所得税。

（3）特许权使用费所得，以某项使用权的一次转让所取得的收入为一次。

（4）利息、股息、红利所得，以支付利息、股息、红利时取得的收入为一次。

（5）财产租赁所得，以一个月内取得的收入为一次。

（6）偶然所得，以每次收入为一次。

（7）其他所得，以每次收入为一次。

**2. 费用减除标准**

（1）工资、薪金所得，以每月收入额减除费用 3 500 元后的余额为应纳税所得额。

（2）个体工商户的生产、经营所得，以每一纳税年度的收入总额，减除成本、费用以及损失后的余额，为应纳税所得额。

（3）对企事业单位承包、承租经营所得，以每一纳税年度的收入总额，减除必要费用后的余额，为应纳税所得额。

（4）劳务报酬所得，稿酬所得，特许权使用费所得，利息、股息、红利所得，财产租赁所得，每次收入不超过 4 000 元的，减除费用 800 元；4 000 元以上的，减除 20% 的费用，其余额为应纳税所得额。

（5）财产转让所得，以转让财产的收入额减除财产原值和合理费用后的余额，为应纳税所得额。

（6）利息、股息、红利所得，财产租赁所得，偶然所得和其他所得，以每次收入额为应纳税所得额。

**3. 附加减除费用适用的范围和标准**

考虑到外籍人员和在境外工作的中国公民的生活水平比国内公民要高，而且，我国汇率的变化情况对他们的工资、薪金所得也有一定的影响。为了不因征收个人所得税而加重他们的负担，现行税法对外籍人员和在境外工作的中国公民的工资、薪金所得增加了附加减除费用的照顾。

（1）附加减除费用适用的范围，主要包括：

1）在中国境内的外商投资企业和外国企业中工作取得工资、薪金所得的外籍人员；

2）应聘在中国境内的企事业单位、社会团体、国家机关中工作取得工资、薪金所得的外籍专家；

3）在中国境内有住所而在境外任职或者受雇取得工资、薪金所得的个人；

4）财政部确定的取得工资、薪金所得的其他人员。

（2）附加减除费用标准，在每月减除 3 500 元费用的基础上，再附加减除 1 300 元。

4. 应纳税所得额的规定

（1）个人将其所得通过中国境内的社会团体、国家机关向教育和其他社会公益事业以及遭受严重自然灾害地区、贫困地区捐赠，捐赠额未超过纳税义务人申报的应纳税所得额 30% 的部分，可以从其应纳税所得额中扣除。

（2）个人的所得用于资助非关联的科研机构和高等学校研究开发新产品、新技术、新工艺所发生的研究开发经费，经主管税务机关确定，可以全额在下月（工资、薪金所得）或下次（按次计征的所得）或当年（按年计征的所得）计征个人所得税时，从应纳税所得额中扣除，不足抵扣的，不得结转抵扣。

（3）个人取得的应纳税所得，包括现金、实物和有价证券。所得为实物的，应当按照取得的凭证上所注明的价格计算应纳税所得额；无凭证的实物或者凭证上所注明的价格明显偏低的，由主管税务机关参照当地的市场价格核定应纳税所得额。所得为有价证券的，由主管税务机关根据票面价格和市场价格核定应核定的应纳税所得额。

## 第三节　个人所得税应纳税额的计算

依照税法规定的适用税率和费用扣除标准，各项所得的应纳税额，应分别计算如下所示。

### 一、工资、薪金所得应纳税额的计算

工资、薪金所得应纳税额的计算公式为

每月应纳税额 = 应纳税所得额 × 适用税率 – 速算扣除数

= (每月工资、薪金收入额 –1 600 或 4 800)

× 适用税率 – 速算扣除数

【例 8-1】 某企业一职工李红 2017 年 3 月工资单上的含税工资收入为 4 200 元，该纳税人不适用附加减除费用的规定，计算李红 3 月应纳的个人所得税额。

**解析：**

（1）3 月应纳税所得额 =4 200–3 500=700（元）

（2）3 月应纳税额 =700 × 3%=21（元）

【例 8-2】 在境内某公司受聘的美籍专家杰克逊（非居民纳税人），2017 年 2 月从公司取得工资收入计人民币 20 800 元。计算杰克逊 2 月应纳的个人所得税额。

**解析：**

（1）2 月应纳税所得额 =20 800–4 800=16 000（元）

（2）2 月应纳税额 =16 000 × 20%–375=2 825（元）

## 二、个体工商户的生产、经营所得应纳税额的计算

个体工商户的生产、经营所得应纳税额的计算公式为：

每月应纳税额＝应纳税所得额 × 适用税率－速算扣除数
＝(全年收入总额－成本、费用以及损失)
× 适用税率－速算扣除数

**1. 应纳税所得额的确定**

对于按规定建账建制，能准确提供有关纳税资料的个体工商户，实行查账征收，其生产经营所得或应纳税所得额是每一纳税年度的收入总额，减除准予扣除成本、费用、损失和税金后的余额。

成本、费用是指个体工商户从事生产经营所发生的各项直接成本、间接成本以及销售费用、管理费用、财务费用等期间费用。其中包括纳税人支付给生产经营从业人员的工资。

损失指个体工商户在生产经营过程中发生的各项营业外支出，包括固定资产盘亏、报废、毁损和出售净损失、自然灾害或意外事故损失、公益救济性捐赠、赔偿金、违约金等。

税金指个体工商户按规定缴纳的消费税、营业税、城市维护建设税、资源税、土地使用税、土地增值税、房产税、车船税、印花税、耕地占用税以及视同税金的教育费附加。

从事生产经营的个体工商户未提供完整准确的纳税资料，不能正确计算应纳税所得额的，由主管税务机关核定其应纳税所得额。

个人独资企业的投资者以全部生产经营所得为应纳税所得额。合伙企业的投资者按照合伙企业的全部生产经营所得和合伙协议约定的分配比例，确定应纳税所得额；合伙协议没有约定分配比例的，以全部生产经营所得和合伙人数量平均计算每个投资者的应纳税所得额。

采用查账征税的个人独资企业和合伙企业的生产经营所得，应按《个体工商户个人所得税计算税办法（试行）》的规定确定，但下列项目的扣除应根据以下规定执行：

（1）投资者的扣除标准，应由各省、自治区、直辖市地方税务局参照个人所得税法“工资、薪金所得”项目的扣除标准确定。投资者工资不得在税前扣除。

（2）企业从业人员的工资支出标准由各省、自治区、直辖市地方税务局确定，在标准以内允许税前扣除。

（3）工会经费、职工教育经费、职工福利费分别在计税工资总额 2%、1.5% 和 14% 标准内据实扣除。

（4）企业每一纳税年度发生的广告和业务宣传费用，不超过当年销售（营业）收入 2% 部分，可据实扣除；超过部分可无限期向以后纳税年度结转。

（5）企业每一纳税年度发生的与其生产经营业务直接相关的业务招待费，在以下规定比例范围内，可据实扣除：年销售（营业）收入净额 1 500 万元及其以下的，不超过年销售（营业）收入净额的 0.5%；年销售（营业）收入净额超过 1 500 万元，不超过 1 500 万元的 0.5% 以及 1500 万元以上部分的 0.3%。

（6）投资者及其家庭发生的生活费用不允许在税前扣除。投资者及其家庭发生的生

活费用与企业生产经营费用混合在一起，并且难以划分的，应全部视作投资者个人及其家庭发生的生活费用，不允许在税前扣除。

（7）企业征税经营和投资者及家庭生活共用的固定资产难以划分的，应由主管税务机关根据企业的征税经营类型、规模等具体情况，核定准予在税前扣除的折旧费用和数额或比例。

（8）企业计提的各项准备金不得扣除。

采用核定征税的个人独资企业和合伙企业的生产经营所得，定额征收的，由税务机关按一定标准、程序和方法，直接核定纳税人年度应纳税所得额和应纳个人所得税额，由纳税人按规定进行申报缴纳的办法；核定应税所得率征收的，由税务机关按一定标准、程序和方法，预先核定纳税人的应税所得率（见表 8-4），由纳税人根据纳税年度内的收入总额或成本费用等项目的实际发生额，按预先核定的应税所得率计算应纳税所得额，据以计算应纳所得税额：

应纳税所得额 = 收入总额 × 应税所得率

或　　应纳税所得额 = 成本费用支出额 ÷（1– 应税所得率）× 应税所得率

**表 8-4　应税所得率表（适用核定征收）**

| 序号 | 行业 | 应税所得率 |
| --- | --- | --- |
| 1 | 工业、交通运输业、商业 | 5% ～ 20% |
| 2 | 建筑业、房地产开发业 | 7% ～ 20% |
| 3 | 饮食服务业 | 7% ～ 25% |
| 4 | 娱乐业 | 20% ～ 40% |
| 5 | 其他行业 | 10% ～ 30% |

企业经营多业的，无论其经营项目是否单独核算，均应根据其主营项目确定其适用的应税所得率。

**2. 应纳税额的计算**

个体工商户生产经营所得的个人所得税应纳税额，按其应纳税所得额，适用 5 级超额累进税率计算，计算公式为：

全年应纳税额 = 全年应纳税所得额 × 适用税率 – 速算扣除数

**【例 8-3】** 某个体经营户，2016 年实现销售收入 1 400 万元，耗用原材料 80 万元，支付 5 名雇工工资计 4 万元（符合当地税务机关规定标准），缴纳房租、水电费等 3 万元，发生业务招待费 2 万元，通过国家机关捐赠“希望工程”12 万元。计算该个体工商户 2016 年应纳个人所得税额。

**解析：**

（1）准予扣除的业务招待费限额 =1 400 × 0.5%=0.7（万元）

（2）捐赠前应纳税所得额 =140–80–4–3–0.7=52.3（万元）

（3）准予扣除公益救济性捐赠限额 =12（万元）

（4）应纳税所得额 =52.3–12=40.3（万元）

（5）应纳个人所得税额 =40.3 × 35%–0.675=13.43（万元）

## 三、对企事业单位的承包经营、承租经营所得应纳税额的计算

对企事业单位承包、承租经营所得以每一纳税年度的收入总额，减除必要费用后的余额，为应纳税所得额。其中收入总额是指纳税人按照承包、承租经营合同规定分得的经营利润和工资、薪金的所得；减除必要费用是指按每月减除 1 600 元。

承包承租经营所得适用五级超额累进税率，以其应纳税额按适用税率计算应纳税额。具体公式表示为：

应纳税所得额 = 纳税年度承包、承租经营收入总额 – 每月 1 600 元

应纳税额 = 应纳税所得额 × 适用税率 – 速算扣除数

**【例 8-4】** 2017 年 1 月 1 日，张某与公司签订承包承租经营招待所的合同，承包期为 3 年，2017 年招待所实现承包经营利润总额 109 600 元。按合同规定：承包期内张某每月向公司领取生活费 700 元，张某每年从承包利润中上交承包费 2 万元。计算 2017 年张某应纳个人所得税额。

**解析：**

（1）应纳税所得额 =[（109 600–20 000）+700 × 12]–1 600 × 12=78 800（元）

（2）应纳税额 =78 800 × 35%–6 750=20 830（元）

## 四、劳务报酬所得应纳税额的计算

劳务报酬所得以个人每次取得的收入，定额或定率减除规定费用后的余额为应纳税所得额。每次收入超过 4 000 元的，定额减除费用 800 元；每次收入在 4 000 元以上的，定率减除费用为每次收入的 20%。

劳务报酬所得实际按 3 级超额累进税率和应纳税所得额计算应纳税额。用公式表示为

每次收入不超过 4 000 元时：

应纳税所得额 = 每次收入额 –800

每次收入在 4 000 元以上时：

应纳税所得额 = 每次收入额 ×（1–20%）

应纳税额 = 应纳税所得额 × 适用税率 – 速算扣除数

在计算纳税时应该注意：凡属于只有一次收入的，以完成一次劳务取得的该项收入为一次；凡属于同一项目连续性收入的，以同一地方同一个月内取得的全部收入为一次。

**【例 8-5】** 某演员 2017 年 5 月分别在同一县的两个企业单位参加大型文艺活动，主办单位分别支付报酬 1 500 元和 2 500 元。计算该演员的演出报酬应纳个人所得税额。

**解析：**

（1）应纳所得税额 =（1 500+2 500）–800=3 200（元）

（2）应纳税额 =3 200 × 20%=640（元）

## 五、稿酬所得应纳税额的计算

稿酬所得以个人每次取得的收入，定额或定率减除费用后的余额为应纳税所得额。费用扣除计算方法与劳务相同。稿酬所得按 20% 的比例税率和应纳税所得额计算应纳税额，并按规定对应纳税额减征 30%。用公式表示为

每次收入不超过 4 000 元时：

$$应纳税所得额 = 每次收入额 -800$$

每次收入在 4 000 元以上时：

$$应纳税所得额 = 每次收入额 \times (1-20\%)$$

$$应纳税额 = 应纳税所得额 \times 20\% \times (1-30\%)$$

$$= 应纳税所得额 \times 14\%$$

## 六、特许权使用费所得应纳税额的计算

特许权使用费所得以个人每次取得的收入，定额或定率减除费用后的余额为应纳税所得额。费用扣除计算方法与劳务相同。特许权使用费所得按 20% 的比例税率和应纳税所得额计算应纳税额。用公式表示为：

$$应纳税额 = 应纳税所得额 \times 20\%$$

## 七、利息、股息、红利所得及偶然所得应纳税额的计算

利息、股息、红利所得及偶然所得以个人每次所得的收入额为应纳税所得额，不得从收入额中扣除任何费用。其中利息、股息、红利所得的每次收入是指支付单位或个人每次支付利息、股息、红利时，个人所取得的收入；偶然所得以每次取得该项收入为一次。应纳税额的计算公式如下：

$$应纳税额 = 应纳税所得额（每次收入额）\times 20\%$$

**【例 8-6】** 王某在某商场的有奖销售中，中了人民币 20 000 元大奖，则王某应纳的个人所得税额计算如下：

应纳税额 =20 000 × 20%=4 000（元）

根据《个人所得税法》的规定，各项所得项目的个人所得税一般以所得人为纳税义务人，以支付单位为扣缴义务人。为正确记录、反映个人所得税的扣缴事项，扣缴义务人应通过“应交税费—应交个人所得税”科目和“应付股息”“管理费用”“固定资产”等有关账户进行核算。

**【例 8-7】** 新欣公司租用某人拥有的一幢营业用房做办公用房，月租金为 20 000 元，经计算该公司每月应代扣代缴个人所得税为 3 200 元。该公司有关会计处理如下：

1. 租赁费用列支时

借：管理费用　　　　　　　　20 000

贷：其他应付款　　20 000

2. 支付租赁费代扣个人所得税时

借：其他应付款　　20 000

贷：应交税费—应交个人所得税　　3 200

银行存款（或现金）　　16 800

3. 按规定缴纳扣缴的个人所得税时

借：应交税费—应交个人所得税　　3 200

贷：银行存款　　3 200

**【例 8-8】** 甲企业于 2017 年 8 月从王某处购入机器一台，售价 100 000 元，在出售过程中由王某支付交易费用 5 000 元，该机器于王某 2017 年购入时原价为 80 000 元，则该公司应代扣代缴个人所得税 3 000 元。甲企业有关会计处理如下：

1. 支付设备款项代扣个人所得税时

借：固定资产　　100 000

贷：应交税费—应交个人所得税　　3 000

银行存款（或现金）　　97 000

2. 按规定缴纳代扣的个人所得税时

借：应交税费—应交个人所得税　　3 000

贷：银行存款　　3 000

**最新改革动态：《个人所得税法》将迎来根本性变革　起征点调至每年 6 万元**

备受关注的《个人所得税法修正案（草案）》19 日提请十三届全国人大常委会第三次会议审议，这是个税法自 1980 年出台以来第七次大修，也将迎来一次根本性变革：工资薪金、劳务报酬、稿酬和特许权使用费四项劳动性所得首次实行综合征税；个税起征点由每月 3 500 元提高至每月 5 000 元（每年 6 万元）；首次增加子女教育支出、继续教育支出、大病医疗支出、住房贷款利息和住房租金等专项附加扣除；优化调整税率结构，扩大较低档税率级距……

## 八、财产租赁所得应纳税额的计算

财产租赁所得以个人每次取得的收入，定额或定率减除费用后的余额为应纳税所得额。费用扣除计算方法与劳务相同。另外，纳税人出租财产过程中缴纳的税金和教育费附加，持完税凭证，可以从其财税租赁收入中扣除；由纳税人负担的出租财产的修缮费用，提供有效、准确凭证的，也允许从租赁收入和中扣除；以每次 800 元为限，一次扣除不完的，准予在以后各次无限期延续扣除。财产租赁所得按 20% 的比例税率和应纳税所得额计算应纳税额，用公式表示为：

$$应纳税额 = 应纳税所得额 \times 20\%$$

财产租赁所得以一个月内取得的收入为一次，对居民个人按市出租居住用房取得的租金所得按 10% 税率计税。

【例 8-9】2017 年 4 月某作家的作品由人民出版社出版，该社支付稿酬 13 000 元，计算该作家应纳个人所得税额。

解析：

应纳税额 =13 000×（1–20%）×14%=1 456（元）

【例 8-10】 李某将一间店面房从 2016 年 1 月开始出租，租期一年。月租金收入为 2 000 元，每月缴纳有关税费 300 元，在出租第 10 个月发生修缮费用 2 000 元，由李某承担，并担供有关凭证。计算李某应纳税额。

解析：

（1）1 ～ 9 月每月应纳税额 =（2 000–300–800）×20%=180（元）

（2）10 ～ 11 月每月应纳税额 =（2 000–300–800–800）×20%=20（元）

（3）12 月每月应纳税额 =（2 000–300–800–400）×20%=100（元）

## 九、财产转让所得应纳税额的计算

财产转让所得以每次转让财产取得的收入额减除财产原值和合理费用后的余额为应纳税所得额。其中合理费用是指卖出财产时按规定支付的有关费用。财产转让所得按 20% 的比例税率计算应纳税额。用公式表示为：

应纳税所得额 = 每次收入 – 财产原值 – 合理费用

应纳税额 = 应纳税所得额 ×20%

其中，每次收入指一件财产的所有权一次转让取得的收入。

【例 8-11】 张某 2017 年 3 月卖掉其父母留给他的一幢房屋，取得转让收入 24 万元，该房屋原价为 12 万元，卖房时支付有关税费 12 000 元（有完税凭证），同时支付广告费 4 000 元。计算张某的应纳税额。

解析：

应纳税额 =（240 000–120 000–4 000）×20%=23 200（元）

# 第四节　个人所得税优惠政策

## 一、免税项目

（1）省级人民政府、国务院部委和中国人民解放军军以上单位，以及外国组织、国际组织颁发的科学、教育、技术、文化、卫生、体育、环境保护等方面的奖金。

（2）国债和国家发行的金融债券利息。国债利息，是指个人持有中华人民共和国财政部发行的债券而取得的利息所得；国家发行的金融债券利息，是指个人持有经国务院批准发行的金融债券而取得的利息所得。

（3）按照国家统一规定发给的补贴、津贴。按照国家统一规定发给的补贴、津贴，是指按照国务院规定发给的政府特殊津贴和国务院规定免纳个人所得税的补贴、津贴。

（4）福利费、抚恤金、救济金。福利费，是指根据国家有关规定，从企业、事业单位、国家机关、社会团体提留的福利费或者工会经费中支付给个人的生活补助费；救济金，是指国家民政部门支付给个人的生活困难补助费。

（5）保险赔款。

（6）军人的转业费、复员费。

（7）按照国家统一规定发给干部、职工的安家费、退职费、退休工资、离休工资、离休生活补助费。

（8）依照我国有关法律规定应予免税的各国驻华使馆、领事馆的外交代表、领事官员和其他人员的所得。

（9）中国政府参加的国际公约、签订的协议中规定免税的所得。

（10）企业和个人按照国家或地方政府规定的比例提取并向指定金融机构实际缴付的住房公积金、医疗保险金、基本养老保险金，不计入个人当期的工资、薪金收入，免予征收个人所得税。

（11）对个人取得的教育储蓄存款利息所得以及国务院财政部门确定的其他专项储蓄存款或储蓄专项基金存款的利息所得，免征个人所得税。

（12）发给的见义勇为奖金。

（13）经国务院财政部门批准免税的所得。

## 二、减税项目

（1）残疾、孤老人员和烈属的所得。

（2）严重自然灾害造成重大损失的。

（3）其他经国务院财政部门批准减税的。

上述减税项目的减征幅度和期限，由省、自治区、直辖市人民政府规定。

## 三、暂免征税项目

（1）外籍个人以非现金形式或实报实销形式取得的住房补贴、伙食补贴、搬迁费、洗衣费。

（2）外籍个人按合理标准取得的境内、外出差补贴。

（3）外籍个人取得的探亲费、语言训练费、子女教育费等，经当地税务机关审核批准为合理的部分。

（4）个人举报、协查各种违法、犯罪行为而获得的奖金。

（5）个人办理代扣代缴税款手续，按规定取得的扣缴手续费。

（6）个人转让自用达五年以上，并且是唯一的家庭生活用房取得的所得。

（7）对按《国务院关于高级专家离休退休若干问题的暂行规定》（国发〔1983〕141号）和《国务院办公厅关于杰出高级专家暂缓离退休审批问题的通知》（国办发〔1991〕40号）精神，达到离休、退休年龄，但确因工作需要，适当延长离休退休年龄的高级专家（指享受国家发放的政府特殊津贴的专家、学者），其在延长离休退休期间的工资、薪金所得，视同退休工资、离休工资免征个人所得税。

（8）外籍个人从外商投资企业取得的股息、红利所得。

（9）凡符合下列条件之一的外籍专家取得的工资、薪金所得可免征个人所得税：

1）根据世界银行专项贷款协议由世界银行直接派往我国工作的外国专家；

2）联合国组织直接派往我国工作的专家；

3）联合国援助项目来华工作的专家；

4）援助国派往我国专为该国无偿援助项目工作的专家；

5）根据两国政府签订文化交流项目来华工作两年以内的文教专家，其工资、薪金所得由该国负担的；

6）根据我国大专院校国际交流项目来华工作两年以内的文教专家，其工资、薪金所得由该国负担的；

7）通过民间科研协定来华工作的专家，其工资、薪金所得由该国政府机构负担的。

## 第五节　个人所得税的征收管理

个人所得税的纳税办法，有自行申报纳税和代扣代缴纳税两种。

### 一、自行申报纳税

自行申报纳税是由纳税人在税法规定的纳税期限内向税务机关申报取得的应税所得项目和数额，如实填写个人所得税纳税申报表，并按照税法规定计算应纳税额，据以缴纳个人所得税的一种方法。

#### （一）自行申报纳税的纳税义务人

（1）自2006年1月1日起，年所得12万元以上的。

（2）从中国境内两处或者两处以上取得工资、薪金所得的。

（3）从中国境外取得所得的。

（4）取得应税所得，没有扣缴义务人的。

（5）国务院规定的其他情形。

#### （二）自行申报纳税的内容

**1. 构成12万元的所得**

构成12万元的所得包括工资、薪金所得，个体工商户取得的生产、经营所得，对企事业单位的承包经营、承租经营所得，劳务报酬所得，稿酬所得，特许权使用费所得，利息、股息、红利所得，财产租赁所得，财产转让所得，偶然所得，经国务院财政部门确定征税的其他所得。

**2. 不包含在 12 万元的所得**

（1）免税所得，包括省级人民政府、国务院部委、中国人民解放军军以上单位，以及外国组织、国际组织颁发的科学、教育、技术、文化、卫生、体育、环境保护等方面的奖金；国债和国家发行的金融债券利息；按照国家统一规定发给的补贴、津贴，即《个人所得税法实施条例》第十三条规定的按照国务院规定发放的政府特殊津贴、院士津贴、资深院士津贴，以及国务院规定免征个人所得税的其他补贴、津贴；福利费、抚恤金、救济金；保险赔款；军人的转业费、复员费；按照国家统一规定发给干部、职工的安家费、退职费、退休工资、离休工资、离休生活补助费；按照我国有关法律规定应予免税的各国驻华使馆、领事馆的外交代表、领事官员和其他人员的所得；中国政府参加的国际公约、签订的协议中规定免税的所得；经国务院财政部门批准免税的所得。

（2）《个人所得税法实施条例》第六条规定可以免税的来源于中国境外的所得。

（3）按照国家规定，单位为个人缴付的基本养老保险费、基本医疗保险费、失业保险费、住房公积金。

**3. 各项所得的年所得的计算方法**

（1）工资、薪金所得，按照未减除费用及附加减除费用的收入额计算。

（2）劳务报酬所得、特许权使用费所得，不得减除纳税人在提供劳务或让渡特许权使用权过程中缴纳的有关税费。

（3）财产租赁所得，不得减除纳税人在出租财产过程中缴纳的有关税费；对于纳税人一次取得跨年度财产租赁所得的，全部视为实际取得所得年度的所得。

（4）个人转让房屋所得，采用核定征收个人所得税的，按照实际征收率（1%、2%、3%）分别换算为应税所得率（5%、10%、15%），据此计算年所得。

## （三）自行申报纳税的申报期限

（1）年所得 12 万元以上的纳税人，在纳税年度终了后 3 个月内向主管税务机关办理纳税申报。

（2）个体工商户和个人独资、合伙企业投资者取得的生产、经营所得应纳的税款，分月预缴的，纳税人在每月终了后 15 日内办理纳税申报；分季预缴的，纳税人在每个季度终了后 15 日内办理纳税申报；纳税年度终了后，纳税人在 3 个月内进行汇算清缴，多退少补。

（3）纳税人年终一次性取得对企事业单位的承包经营、承租经营所得的，自取得所得之日起 30 日内办理纳税申报；在 1 个纳税年度内分次取得对企事业单位的承包经营、承租经营所得的，在每次取得所得后的次月 15 日内申报预缴；纳税年度终了后 3 个月内汇算清缴，多退少补。

（4）从中国境外取得所得的纳税人，在纳税年度终了后 30 日内向中国境内主管税务机关办理纳税申报。

除以上规定的情形外，纳税人取得的其他各项所得须申报纳税的，在取得所得的次月 15 日内向主管税务机关办理纳税申报。

## 二、代扣代缴纳税

代扣代缴是指按照税法规定负有扣缴税款义务的单位或者个人，在向个人支付应纳税所得时，应计算应纳税额，从其所得中扣除并缴入国库，同时向税务机关报送《扣缴个人所得税报告表》。这种方法有利于控制税源、防止漏税和逃税。

### (一) 扣缴义务人和代扣代缴的范围

**1. 扣缴义务人**

凡支付个人应纳税所得的企业（公司）、事业单位、机关、社团组织、军队、驻华机构、个体工商户等单位或者个人，为个人所得税的扣缴义务人。

**2. 代扣代缴的范围**

扣缴义务人向个人支付下列所得，应代扣代缴个人所得税：

（1）工资、薪金所得；

（2）对企事业单位的承包经营、承租经营所得；

（3）劳务报酬所得；

（4）稿酬所得；

（5）特许权使用费所得；

（6）利息、股息、红利所得；

（7）财产租赁所得；

（8）财产转让所得；

（9）偶然所得；

（10）经国务院财政部门确定征税的其他所得。

### (二) 扣缴义务人的义务及应承担的责任

（1）扣缴义务人应指定支付应纳税所得的财务会计部门或其他有关部门的人员为办税人员，由办税人员具体办理个人所得税的代扣代缴工作。

（2）扣缴义务人的法人代表（或单位主要负责人）、财会部门的负责人及具体办理代扣代缴税款的有关人员，共同对依法履行代扣代缴义务负法律责任。

（3）同一扣缴义务人的不同部门支付应纳税所得时，应报办税人员汇总。

（4）扣缴义务人在代扣税款时，必须向纳税人开具税务机关统一印制的代扣代缴税款凭证。

（5）扣缴义务人对纳税人的应扣未扣的税款，其应纳税款仍然由纳税人缴纳，扣缴义务人应承担应扣未扣税款 50% 以上至 3 倍的罚款。

（6）扣缴义务人应设立代扣代缴税款账簿，正确反映个人所得税的扣缴情况，并如实填写《扣缴个人所得税报告表》及其他有关资料。

### （三）代扣代缴期限

扣缴义务人每月所扣的税款，应当在次月 15 日内缴入国库，并向主管税务机关报送《扣缴个人所得税报告表》。

**【引导案例解析】**

财务人员解释说，小张跟单位签订的是为期一年的劳动合同，属于有固定雇用关系的合同工，而小王只是跟单位进行了口头协议，属于非雇用关系的临时人员。对小张来说，公司按照税法上“工资、薪金所得”的相关规定扣缴个税，对小王来说，公司是按“劳务报酬”的相关规定来计算个人所得税，所以他们两人实际的税后所得会不一样。对于不太了解税法的小王来说，他对这个解释还是有点想不明白，更让小王想不明白的是，公司财务人员还告诉他，根据税务部门的要求，小王每月取得报酬后，还要给公司开具相应的发票，小王说：“我一不是个体户，二不是企业，没生产什么产品，也没做什么生意，我到哪里去开什么发票？”

带着这两个疑问，小王决定到当地税务部门问个明白，在广州市某地税部门，一位税务干部接待了满腹疑虑的小王，听完小王的诉说，税务干部告诉他，打工形式不同，税收待遇就是有区别，公司的做法没有错，完全符合税法的规定。据税务干部介绍，企业的临时人员主要有两种形式：一种是具有“雇用关系”的临时人员，通常是指企业长期或季节性聘用的一些从事生产经营的临时人员；另一种属于“非雇用关系”的临时人员。雇用关系的临时人员可以按“工资、薪金所得”扣缴个税，套用相应的税率进行扣缴；而非雇用关系的临时工，则必须按照“劳务报酬”计算个人所得税，相对来说，“劳务报酬”缴纳的税费比较多。

## 同步测试题

### 一、名词解释

1. 个人所得税　　2. 习惯性居住地

3. 居住满一年　　4. 合理费用

5. 财产转让所得

### 二、单项选择题

**1.** 以下属于工资、薪金所得项目的是（　　）。

A. 托儿补助费　　B. 劳动分红　　C. 投资分红　　D. 独生子女补贴

2. 出租车经营单位对出租车驾驶员采取单车承包或承租方式运营，出租车驾驶员从事客货营运取得的收入，按（　　）项目征收个人所得税。
A. 工资、薪金所得　　B. 对企事业单位的承包、承租经营所得
C. 劳务报酬所得　　D. 个体工商户生产、经营所得

3. 个人参加笔会现场作画取得的所得属于（　　）。
A. 工资、薪金所得　　B. 稿酬所得
C. 劳务报酬所得　　D. 个体工商户生产、经营所得

4. 以下不属于特许权使用费所得项目的有（　　）。
A. 提供商标权使用权取得的所得　　B. 提供非专利技术使用权取得的所得
C. 提供专利权使用权取得的所得　　D. 转让土地使用权取得的所得

5. 个人对企业承包经营、承租经营时，承包、承租人对企业经营成果不拥有所有权，仅按合同（协议）规定取得一定所得的，应按（　　）所得项目征收个人所得税。
A. 工资、薪金　　B. 劳务报酬
C. 对企事业单位的承包、承租经营　　D. 个体工商户生产、经营

6. 下列各项所得中，应当征收个人所得税的是（　　）。
A. 个人取得的国债利息　　B. 个人取得的国家发行的金融债券利息
C. 个人取得的教育储蓄存款利息　　D. 个人拥有股权取得的股息

7. 韩国居民崔先生 2015 年受其供职的境外公司委派来华从事设备安装调试工作，在华停留 60 天，在此期间取得境外公司支付的工资收入 40 000 元，取得中国体育彩票中奖收入 20 000 元，则崔先生当年在中国应缴纳的个人所得税为（　　）元。
A. 4 000　　B. 5 650　　C. 9 650　　D. 10 250

8. 某人某年出版小说一部，取得稿酬 8 000 元，同年该小说在一家报纸上连载，取得稿酬 3 500 元，则该人应纳的个人所得税为（　　）元。
A. 1 548　　B. 1 840　　C. 1 820　　D. 1 274

9. 2016 年 5 月，李某出版小说一部取得稿酬 80000 元，从中拿出 20000 元通过国家机关捐赠给受灾地区，李某 5 月应缴纳的个人所得税为（　　）元。
A. 6 160　　B. 6 272　　C. 8 400　　D. 8 960

10. 国内某作家的一篇小说先在某晚报上连载 3 个月，每月取得稿酬 3 600 元，然后送交出版社出版，一次取得稿酬 20 000 元，该作家因此须缴个人所得税为（　　）元。
A. 416　　B. 3 449.6　　C. 3 752　　D. 4 009.6

## 三、多项选择题

1. 以下有关个人所得税的所得来源说法正确的有（　　）。
A. 工资、薪金所得以纳税人任职的单位所在地作为所得来源地
B. 生产经营所得以纳税人生产经营活动实现地作为所得来源地
C. 不动产转让所得以不动产坐落地作为所得来源地

D. 特许权使用费所得以特许权的使用地作为所得来源地

2. 以下采用定额与定率相结合的费用扣除方法的项目有（　　）。

A. 劳务报酬所得　　B. 特许权使用费所得

C. 财产转让所得　　D. 其他活动取得的所得

3. 下列项目中，属于劳务报酬所得的有（　　）。

A. 个人书画展卖画取得的报酬

B. 提供著作版权取得的报酬

C. 将国外的作品翻译出版取得的报酬

D. 高校教师受出版社委托进行审稿取得的报酬

4. 下列各项中，应按照利息、股息、红利所得计征个人所得税的有（　　）。

A. 股份制公司为个人股东购买住房支付的款项

B. 员工因拥有股权而参与公司税后利润分配取得的所得

C. 员工将行权后的股票再转让时获高于购买日公平市场价的差额

D. 股份制公司个人投资者年终既不归还又未用于企业经营的借款

5. 下列所得中，以每次收入额为应税所得额的有（　　）。

A. 利息　　B. 红利　　C. 偶然所得　　D. 劳务报酬所得

6. 下列各项个人所得中，应当征收个人所得税的有（　　）。

A. 企业集资利息　　B. 从股份公司取得股息

C. 企业债券利息　　D. 国家发行的金融债券利息

7. 纳税人取得的下列所得中，应自行申报缴纳个人所得税的有（　　）。

A. 从两处或两处以上取得工资、薪金所得

B. 取得应纳税所得而没有扣缴义务的

C. 从中国境外取得所得的

D. 年所得 12 万元以上的

8. 下列关于个人所得税的表述中正确的有（　　）。

A. 在中国境内无住所，但一个纳税年度内在中国境内居住满 365 天的个人为居民纳税人

B. 连续或累计在境内居住不超过 90 天，个人所取得的境内所得并由境内支付部分免税

C. 在中国境内无住所，且一个纳税年度内一次居住不超过 30 天的个人为非居民纳税人

D. 在中国境内无住所，但在境内居住超过 5 年的个人，从第 6 年起凡在境内居住满 1 年的，就来源于境内、外全部所得纳税

9. 下列各项中应按劳务报酬征收个人所得税的有（　　）。

A. 个人兼职会计所得

B. 个人受托设计所得

C. 个人受托从事翻译所得

D. 出租车驾驶员单车承包或承租经营

10. 下列各项中，适用 5% ~ 35% 超额累进税率征收个人所得税的有（　　）。

A. 个体工商户的生产经营所得
B. 合伙企业的生产经营所得
C. 个人独资企业的生产经营所得
D. 对企事业单位的承包经营、承租经营所得

## 四、是非判断题

**1.** 对国家发行的金融债券利息所得免征个人所得税。(　　)

**2.** 股份制企业购买车辆并将车辆所有权办到股东个人名下，应按照工资、薪金所得项目征收个人所得税。(　　)

**3.** 连续或累计在中国境内居住不超过 90 天的非居民纳税人，其所得的中国境内所得并由境内支付的部分免税。(　　)

**4.** 在判断个人所得来源地时对不动产转让所得以不动产坐落地为所得来源地。(　　)

**5.** 居民企业纳税义务人承担有限纳税义务，即仅就其来源于中国境内的所得，向中国缴纳个人所得税。(　　)

**6.** 同一作品在报刊上连载取得收入的，以连载完成后取得的所有收入合并为一次计征个人所得税。(　　)

**7.** 为保证正确计算扣除限额及合理扣除境外已纳税额，在中国境内有住所或无住所而在境内住满 1 年的个人，从中国境内和境外取得的所得应分别计算个人所得税。(　　)

**8.** 个体工商户的生产经营所得，企事业单位的承包经营所得、承租经营所得，个人独资企业和合伙企业生产经营所得，适用 5% ~ 35% 的 5 级超额累进税率。(　　)

**9.** 根据《个人所得税法》的规定，特许权使用费所得，以每一项使用权的每次转让所取得的收入为一次。(　　)

**10.** 出租汽车经营单位对出租车驾驶员采用单车承包或承租方式运营，出租车驾驶员从事客货运营取得的收入，按个体工商户的生产经营所得计征个人所得税。(　　)

## 五、简答题

**1.** 什么是个人所得税？
**2.** 个人所得税规定的应税所得项目有哪些？
**3.** 如何理解个人所得税的计税原理和税额的计算？
**4.** 个人所得税自行申报办法是如何规定的？
**5.** 如何确定扣缴义务人的适用范围和法定义务？

## 六、综合计算题

**1.** 某高校赵教授 2017 年取得部分收入项目如下：

（1）1 月从学校取得的收入包括基本工资 3 200 元、教授津贴 6 000 元，因公出差取得差旅费津贴 420 元，按照所在省人民政府规定的比例提取并缴付的“五险一金”为 1 455 元；

（2）5月10日因参与另一高校的博士论文答辩取得答辩费5 000元，同日晚上为该校做一场学术报告取得收入3 000元；

（3）自1月1日起将自有的面积为120平方米的住房按市场价格出租给李某居住，每月租金5 500元，租期为一年，全年租金收入66 000元，其中，7月因墙面开裂发生维修费用3 200元，取得装修公司出具的正式发票；

（4）7月取得国债利息收入1 850元，一年期定期储蓄存款利息收入375元，某上市公司发行的企业债利息收入1 000元；

（5）8月因持有两年前购买的某上市公司股票13 000股，取得该公司年中股票分红所得2 600元。

**要求：**

（1）计算赵教授1月从学校取得的收入应缴纳的个人所得税。

（2）计算赵教授5月10日取得的答辩费和做学术报告取得收入应缴纳的个人所得税。

（3）计算赵教授7月取得的租金收入应缴纳的个人所得税（不考虑租金收入应缴纳的其他税收及附加）。

（4）计算赵教授7月取得的利息收入应缴纳的个人所得税。

（5）计算赵教授8月取得的上市公司股票分红收入应缴纳的个人所得税。

**2.** 一外籍个人担任我国境内一家外商投资企业市场部经理，每月工资由该企业支付6 000元，由外方公司支付4 000美元，该个人2017年在我国境内实际工作340天，有25天出差在境外履行职务。其在境外履行职务期间，外方公司支付工薪收入3 000美元，我国境内企业仍照发其工资。

**要求：**计算其全年应纳个人所得税。（外汇汇率按1∶8.2。）

## 七、案例分析题

**1.** 赵园作为中国居民，2017年共发生以下经济事项：

（1）承包了某小区餐厅，按照协议规定，赵园每年缴纳12万元的租金，餐厅由赵园自主经营。2017年全年餐厅共收入110万元，购买原材料支出30万元，水电燃气共支出5万元，装饰支出10万元，支付给外请员工工资20万元，赞助小区物业春节游园活动1万元，赵园为孩子报兴趣班支出2万元。

（2）在经过业主同意后，赵园将餐厅的1/4的房屋转租给王沛，用于王沛售卖彩票的窗口，每个月收取租金4 000元。

（3）赵园为小区居民提供设计服务，取得一次性收入30 000元。

（4）赵园买彩票中奖2 000元。

**要求：**

（1）赵园承包餐厅的收入，按什么税目计算缴纳个人所得税？

（2）计算2017年赵园承包餐厅应缴纳的个人所得税。

（3）计算赵园将餐厅房屋转租每月应缴纳的个人所得税。

（4）计算赵园提供设计服务应缴纳的个人所得税。

（5）计算赵园买彩票中奖应缴纳的个人所得税。

**2.** 张伟峰投资成立一家超市，为个人独资企业，2016年发生以下业务：

全年超市收入总额为400万元，营业成本为260万元，营业税金及附加为10万元，其间费用为133万元（其中包括5名员工的工资30万元以及张伟峰的工资6万元），亏损3万元。

当年税务局对该超市进行税务检查，发现以下事项：

（1）将张伟峰家庭生活费4万元计入企业的期间费用；

（2）该企业和张伟峰共用价值15万元的轿车，无法划分清楚使用范围，该车已经使用2年，该企业会计账簿未计提该轿车的折旧，税务机关根据当地情况核定准予在税前扣除折旧数，每年为2万元。

（3）给超市所在地居委会赞助物品价值10万元。

（4）计提存货跌价准备3万元在申报时已经税前扣除。

（5）实际发生的招待费3万元在申报时已经税前扣除。

（6）向非金融机构借款的利息支出8万元全部计入了费用，在申报时已经税前扣除（金融机构同类、同期贷款利息应为6万元）。

（7）张伟峰个人取得存款利息收入1万元、国债利息收入1万元。

（8）张伟峰在12月将个人一间住房用于出租，收取租金3 000元，修理房屋支出1 000元。

**要求：**

（1）计算张伟峰投资的个人独资企业应纳税所得额。

（2）计算张伟峰投资的个人独资企业应纳个人所得税。

（3）计算张伟峰为其他项目应纳个人所得税。

Chapter9

# 第九章

# 资源税法、城镇土地使用税法和耕地占用税法

**引导案例　资源税扣缴义务人的具体规定**

2017 年球大公司扩建，在基建过程中所采用的砂石料是附近农村的小四轮拖拉机运送的，当时小四轮拖拉机运送的砂石料没有发票，该公司在税务局领取了发票，按税务局要求代扣代缴了税款，后来，税务局在对该公司进行纳税稽查时，指出该公司在代扣代缴税款时未代扣代缴资源税，要求该公司补缴资源税。

**讨论与思考问题：**

1. 资源税的扣缴义务人有哪些?
2. 当其未履行代扣代缴义务时应承担什么样的责任?
3. 税务机关的处理结果是否正确?

## 第一节　资源税法

### 一、资源税概述

#### 1. 资源税的概念

资源税是对在我国境内从事应税矿产品和生产盐的单位和个人课征的一种税，属于对自然资源占用课税的范畴。1984 年我国开征资源税时，普遍认为征收资源税主要依据的是受益原则、公平原则和效率原则。从受益方面考虑，资源属国家所有，开采者因开采国有资源而得益，有责任向所有者支付其地租；从公平角度来看，条件公平是有效竞争的前提，资源级差收入的存在影响资源开采者利润的真实性，所以级差收入以归政府支配为好；从效率角度分析，稀缺资源应由社会净效率高的企业来开采，对资源开采中出现的浪费等不当行为，国家有权采取经济手段促其转变。

**2. 征收资源税的作用**

国家征收资源税的作用主要有以下三个方面：

（1）促进企业之间开展平等竞争。我国的资源税属于比较典型的级差资源税，它根据应税产品的品种、质量、存在形式、开采方式以及企业所处的地理位置和交通运输条件等客观因素的差异确定差别税率，从而使条件优越者税负较高，反之则税负较低。这种税率设计使资源税能够比较有效地调节自然资源条件差异等客观因素给企业带来的级差收入，减少或排除资源条件差异对企业盈利水平的影响，为企业之间开展平等竞争创造有利的外部条件。

（2）促进对自然资源的合理开发利用。对开发、利用应税资源的行为课征资源税，体现了国有自然资源有偿占用的原则，从而可以促使纳税人节约、合理地开发和利用自然资源，有利于我国经济的可持续发展。

（3）为国家筹集财政资金。随着资源税课征范围的逐渐扩展，资源税的收入规模及其在税收收入总额中所占的比重都相应增加，其财政意义也日渐明显，在为国家筹集财政资金方面发挥着不可忽视的作用。

## 二、资源税法的一般规定

资源税法是指国家制定的用以调整资源税征收与缴纳之间权利及义务关系的法律规范。现行资源税法的基本规范是 2011 年 9 月 30 日国务院公布的《中华人民共和国资源税暂行条例》（以下简称《资源税暂行条例》），2011 年 10 月 28 日财政部、国家税务总局公布的《中华人民共和国资源税暂行条例实施细则》（以下简称《资源税实施细则》），2015 年 7 月 1 日国家税务总局公布的《煤炭资源税征收管理办法（试行）》以及 2016 年 5 月 9 日财政部、国家税务总局公布的《关于全面推进资源税改革的通知》《关于资源税改革具体政策问题的通知》。

### （一）纳税义务人

资源税的纳税义务人是指在中华人民共和国领域及管辖海域开采应税资源的矿产品或者生产盐的单位和个人。单位是指国有企业、集体企业、私营企业、股份制企业、其他企业和行政单位、事业单位、军事单位、社会团体及其他单位；个人是指个体经营者和其他个人。其他单位和其他个人包括外商投资企业、外国企业及外籍人员。

收购未税矿产品的单位为资源税的扣缴义务人。规定资源税的扣缴义务人，主要是针对零星、分散、不定期开采的情况，为了加强管理、避免漏税，由扣缴义务人在收购矿产品时代扣代缴资源税。

收购未税矿产品的单位是指独立矿山、联合企业和其他单位。独立矿山是指只有采矿或只有采矿和选矿，独立核算、自负盈亏的单位，其生产的原矿和精矿主要用于对外销售。联合企业是指采矿、选矿、冶炼（或加工）连续生产的企业或采矿、冶炼（或加工）连续生产的企业，其采矿单位一般是该企业的二级或二级以下核算单位。其他单位也包括收购未税矿产品的个体户在内。

## （二）税目、税率

### 1. 税目

资源税税目包括 5 大类，在 5 个税目下面又设有若干个子目。

（1）原油，是指开采的天然原油，不包括人造石油。

（2）天然气，是指专门开采或者与原油同时开采的天然气。

（3）煤炭，是指原煤，不包括洗煤、选煤及其他煤炭制品。

（4）金属矿，包括铁矿、金矿、铜矿、铝土矿、铅锌矿、镍矿、锡矿、钨、钼、未列举名称的其他金属矿产品原矿或精矿。

（5）其他非金属矿，包含石墨、硅藻土、高岭土、萤石、石灰石、硫铁矿、磷矿、氯化钾、硫酸钾、井矿盐、湖盐、提取地下卤水晒制的盐、煤层气、海盐、稀土、未列举名称的其他非金属矿产品。

纳税人在开采主矿产品的过程中伴采的其他应税矿产品，凡未单独规定适用税额的，一律按主矿产品税目征收资源税。

### 2. 税率

资源税采用从价定率或者从量定额的办法计征，分别以应税产品的销售额乘以纳税人具体适用的比例税率或者以应税产品的销售数量乘以纳税人具体适用的定额税率计算，实施“级差调节”的原则。级差调节是指运用资源税对因资源储存状况、开采条件、资源优劣、地理位置等客观存在的差别而产生的资源级差收入，通过实施差别税率或差别税额对其进行调节（见表 9-1）。

表 9-1　资源税税目税率幅度表

| 序号 | 税目 | | 征税对象 | 税率幅度 |
|---|---|---|---|---|
| 1 | 金属矿 | 铁矿 | 精矿 | 1% ～ 6% |
| 2 | | 金矿 | 金锭 | 1% ～ 4% |
| 3 | | 铜矿 | 精矿 | 2% ～ 8% |
| 4 | | 铝土矿 | 原矿 | 3% ～ 9% |
| 5 | | 铅锌矿 | 精矿 | 2% ～ 6% |
| 6 | | 镍矿 | 精矿 | 2% ～ 6% |
| 7 | | 锡矿 | 精矿 | 2% ～ 6% |
| 8 | | 未列举名称的其他金属矿产品 | 原矿或精矿 | 税率不超过 20% |
| 9 | 非金属矿 | 石墨 | 精矿 | 3% ～ 10% |
| 10 | | 硅藻土 | 精矿 | 1% ～ 6% |
| 11 | | 高岭土 | 原矿 | 1% ～ 6% |
| 12 | | 萤石 | 精矿 | 1% ～ 6% |
| 13 | | 石灰石 | 原矿 | 1% ～ 6% |
| 14 | | 硫铁矿 | 精矿 | 1% ～ 6% |

（续）

| 序号 | 税目 | | 征税对象 | 税率幅度 |
|---|---|---|---|---|
| 15 | 非金属矿 | 磷矿 | 原矿 | 3% ～ 8% |
| 16 | | 氯化钾 | 精矿 | 3% ～ 8% |
| 17 | | 硫酸钾 | 精矿 | 6% ～ 12% |
| 18 | | 井矿盐 | 氯化钾初级产品 | 1% ～ 6% |
| 19 | | 湖盐 | 氯化钾初级产品 | 1% ～ 6% |
| 20 | | 提取地下卤水晒制的盐 | 氯化钾初级产品 | 3% ～ 15% |
| 21 | | 煤层气 | 原矿 | 1% ～ 2% |
| 22 | | 黏土、砂石 | 原矿 | 每吨或立方米 0.1 ～ 5 元 |
| 23 | | 未列举名称的其他非金属矿产品 | 原矿或精矿 | 从量税率每吨或立方米不超过 30 元；从价税率不超过 20% |
| 24 | | 海盐 | 氯化钾初级产品 | 1% ～ 5% |
| 25 | | 原油 | | 6% ～ 10% |
| 26 | | 天然气 | | 6% ～ 10% |
| 27 | | 煤炭 | | 2% ～ 10% |

## 三、计税依据

资源税的计税依据为应税产品的销售额或销售量，各税目的征税对象包括原矿、精矿、金锭、氯化钾初级产品，具体按照《资源税税目税率幅度表》相关规定执行。

**1. 从价定率征收的计税依据**

从价定率征收的计税依据为销售额。它是指纳税人销售应税产品向购买方收取的全部价款和价外费用，不包括增值税销项税额和运杂费用。

运杂费用是指应税产品从坑口或洗选（加工）地到车站、码头或购买方指定地点的运输费用、建设基金以及随运销产生的装卸、仓储、港杂费用。运杂费用应与销售额分别核算。凡未取得相应凭据或不能与销售额分别核算的，应当一并计征资源税。

**2. 从量定额征收的计税依据**

从量定额征收的计税依据为销售数量，销售数量的具体规定为：①销售数量包括纳税人开采或者生产应税产品的实际销售数量和视同销售的自用数量；②纳税人不能准确地提供应税产品销售数量的，以应税产品的产量或者按主管税务机关确定的折算比换算成的数量为计征资源税的销售数量。

## 四、应纳税额的计算

资源税应纳税额，按照从价定率或者从量定额的办法，分别以应税产品的销售额乘以纳税人具体适用的比例税率或者以应税产品的销售数量乘以纳税人具体适用的定额税率计算。

**1. 从价定率应纳税额的计算**

实行从价定率征收的，根据应税产品的销售额乘以纳税人具体适用的比例税率计算应纳税额，具体计算公式为：

应纳税额 = 销售额 × 适用税率

【例 9-1】 某油田 2017 年 3 月销售原油 40 000 吨，开具增值税专用发票取得销售额 20 000 万元，增值税额 3 400 万元，按《资源税税目税率幅度表》的规定，其适用的税率为 8%。计算该油田 3 月的应纳资源税额。

**解析：**

应纳资源税额 =20 000 × 8%=1 600（万元）

**2. 从量定额应纳税额的计算**

资源税实行从量定额方法征税，按照应税产品的课税数量和规定的单位税额计算。其计算的基本公式为：

应纳税额 = 课税数量 × 单位税额

代扣代缴应纳税额 = 收购未税矿产品的数量 × 适用的单位税额

【例 9-2】 西北某油田 2017 年 5 月共开采原油 10 万吨，其中已销售 7.5 万吨，自用 0.5 万吨，尚待销售 2 万吨。按规定该原油单价税额为 12 元 / 吨，计算该油田 5 月的应纳资源税额。

**解析：**

应纳资源税额 = 销售原油应纳税额 + 自用原油应纳税额

= 7.5 × 12+0.5 × 12

= 96（万元）

【例 9-3】 某企业用外购液体盐加工固体盐，平均每 3.5 吨液体盐加工 1 吨固体盐，该企业 2017 年 1 月共销售固体盐 20 000 吨，按规定液体盐和固体盐应纳税额分别为 6 元 / 吨和 25 元 / 吨，计算该企业 2017 年 1 月的应纳资源税额。

**解析：**

应纳资源税额 = 已销售固体盐数量 × 适用税额 – 固体盐所耗液体数量 × 适用税额

=20 000 × 25–20 000 × 3.5 × 6

=80 000（元）

## 五、减税、免税项目

资源税贯彻普遍征收、级差调节的原则思想，因此规定的减免税项目比较少。

（1）开采原油过程中用于加热、修井的原油，免税。

（2）纳税人开采或者生产应税产品过程中，因意外事故或者自然灾害等原因遭受重大损失的，由省、自治区、直辖市人民政府酌情决定减税或者免税。

（3）铁矿石资源税减按 40% 征收资源税。

（4）对鼓励利用的低品位矿、废石、尾矿、废渣、废水、废气等提取的矿产品，由省级人民政府根据实际情况确定是否减税或免税。

（5）从2007年1月1日起，对地面抽采煤层气暂不征收资源税。

（6）自2010年6月1日起，纳税人在新疆开采的原油、天然气，自用于连续生产原油、天然气的，不缴纳资源税；自用于其他方面的，视同销售，须按规定计算缴纳资源税。

（7）有下列情形之一的，免征或者减征资源税：

1）油田范围内运输稠油过程中用于加热的原油、天然气，免征资源税；

2）稠油、高凝油和高含硫天然气资源税减征40%；

3）三次采油资源税减征30%；

4）对低丰度油气田资源税暂减征20%；

5）对深水油气田资源税暂减征30%；

6）对实际开采年限在15年以上的衰竭期矿山开采的矿产资源，资源税减征30%；

7）对依法在建筑物下、铁路下、水体下通过充填开采方式采出的矿产资源，资源税减征50%。

资源税规定仅对在中国境内开采或生产应税产品的单位和个人征收，对进口的矿产品和盐不征收资源税。由于对进口应税产品不征收资源税，相应地，对出口应税产品也不免征或退还已纳资源税。

## 六、征收管理

**1. 纳税义务发生时间**

（1）纳税人销售应税产品，其纳税义务发生时间为：

1）纳税人采用分期付款方式结算的，其纳税义务发生时间为销售合同规定的收款日期当天；

2）纳税人采用预收款规定方式结算的，其纳税义务发生时间为发出应税产品的当天；

3）纳税人采用其他方式结算的，其纳税义务发生时间为收讫销售款或者取得索取销售款凭据的当天。

（2）扣缴义务人代扣、代缴税款的义务发生时间为支付货款的当天。

（3）纳税人自产自用应税产品的纳税义务发生时间为移送使用应税产品的当天。

**2. 纳税期限**

纳税期限是纳税人发生纳税义务的缴纳税款的期限。资源税的纳税期限为1日、3日、5日、10日、15日或者1个月，由主管税务机关根据实际情况具体核定。不能按固定期限计算纳税的，可以按次计算纳税。

纳税人以1个月为一期纳税的，自期满之日起10日内申报纳税；以1日、3日、5日、10日或者15日为一期纳税的，自期满之日起5日内预缴税款，于次月1日起的10日内申报纳税并结清上月税款。

**3. 纳税地点**

具体纳税地点包括：

（1）纳税人应当向应税产品的开采或者生产所在地主管税务机关缴纳；

（2）扣缴义务人代扣、代缴资源税，应当向收购地主管税务机关缴纳；

（3）纳税人在本省、自治区、直辖市范围内开采或者生产应税产品，纳税地点的调整由省、直辖市、自治区税务机关确立。

## 第二节　城镇土地使用税法

### 一、城镇土地使用税概述

城镇土地使用税是以国有土地为征税对象，对拥有土地使用权的单位和个人征收的一种税。征收土地使用税有利于促进土地的合理使用，调节土地级差收入，也有利于筹集地方财政资金。

土地是国家宝贵的资源，是人类赖以生存和从事生产必不可少的物质条件。为了进一步合理利用城镇土地，调节土地的级差收入，提高土地使用效率，加强城镇土地管理，2006 年 12 月 31 日，国务院颁布了第 483 号令，修订了《中华人民共和国城镇土地使用税暂行条例》，主要是提高了城镇土地使用税税额标准，将征税范围扩大到外商投资企业和外国企业。续订后的条例，从 2007 年 1 月 1 日起施行，对统一税制、公平税负、拓展税基和增加地方财政收入起到积极作用。

### 二、城镇土地使用税法的一般规定

城镇土地使用税法是指国家制定的调整城镇土地使用税征收与缴纳权利义务关系的法律规范。现行的城镇土地使用税法的基本规范是 2006 年 12 月 31 日国务院修改并颁布的《中华人民共和国城镇土地使用税暂行条例》，2013 年 12 月 4 日国务院第 32 次常务会议做了部分修改，自 2013 年 12 月 7 日起实施。

**1. 纳税义务人**

城镇土地使用税是以国有土地或集体土地为征税对象，对拥有土地使用权的单位和个人征收的一种税。

在城市、县城、建制镇、工矿区范围内使用土地的单位和个人，为城镇土地使用税的纳税人。

所称单位，包括国有企业、集体企业、私营企业、股份制企业、外商投资企业、外国企业以及其他企业和事业单位、社会团体、国家机关、军队以及其他单位；所称个人，包括个体工商户以及其他个人。

城镇土地使用税的纳税人通常包括以下几类：

（1）拥有土地使用权的单位和个人；

（2）拥有土地使用权的单位和个人不在土地所在地的，其土地的实际使用人和代管人为纳税人；

（3）土地使用权未确定或权属纠纷未解决的，其实际使用人为纳税人；

（4）土地使用权共有的，共有各方都是纳税人，由共有各方分别纳税。

**2. 征税范围**

城镇土地使用税的纳税范围，包括在城市、县城、建制镇、工矿区内的国家所有和集体所有的土地。上述城市、县城、建制镇、工矿区分别按以下标准确认：

（1）城市是指国务院批准设立的市；

（2）县城是指县人民政府所在地的地区；

（3）建制镇是指经省、自治区、直辖市人民政府批准设立的建制镇；

（4）工矿区是指工商业比较发达、人口比较集中、符合国务院规定的建制镇标准，但尚未设立建制镇的大中型工矿企业所在地。

**3. 税率**

城镇土地使用税采用定额税率，即采用有幅度的差别税额，按大、中、小城市、县城、建制镇、工矿区分别规定每平方米土地使用税年应纳税额。具体标准如下：

（1）大城市为 1.5 ～ 30 元；

（2）中等城市为 1.2 ～ 24 元；

（3）小城市为 0.9 ～ 18 元；

（4）县城、建制镇、工矿区为 0.6 ～ 12 元。

大、中、小城市以公安部门登记在册的非农业正式户口人数为依据，按照国务院颁布的《城市规划条例》中规定的标准划分：人口在 50 万人以上者为大城市；人口在 20 万～ 50 万人之间者为中等城市；人口在 20 万以下者为小城市。城镇土地使用税税率如表 9-2 所示。

**表 9-2　城镇土地使用税税率**

| 级别 | 人口 | 每平方米税额 |
| --- | --- | --- |
| 大城市 | 50 万人以上 | 1.5 ～ 30 元 |
| 中等城市 | 20 万～ 50 万人 | 1.2 ～ 24 元 |
| 小城市 | 20 万人以下 | 0.9 ～ 18 元 |
| 县城、建制镇、工矿区 |  | 0.6 ～ 12 元 |

**4. 计税依据**

城镇土地使用税以纳税人实际占用的土地面积为计税依据，土地面积计量标准为每平方米，即税务机关根据纳税人实际占用的土地面积，按照规定的税额计算应纳税额，向纳税人征收土地使用税。

纳税人实际占用的土地面积按下列办法确定：

（1）由省、自治区、直辖市人民政府确定的单位组织测定土地面积的，以测定的面积为准。

（2）尚未组织测量，但纳税人持有政府部门核发的土地使用证书的，以证书确认的土地面积为准。

（3）尚未核发土地使用证书的，应由纳税人申报土地面积，据以纳税，待核发土地使用证书以后再做调整。

（4）对在城镇土地使用税征税范围内单独建造的地下建筑用地，按规定征收城镇土地使用税。其中，已取得地下土地使用权证的，按土地使用权证确认的土地面积计算应征税款；未取得地下土地使用权证或地下土地使用权证上未标明土地面积的，按地下建筑垂直投影面积计算应征税款。

对上述地下建筑用地暂按应征税款的50%征收城镇土地使用税。

## 三、应纳税额的计算

城镇土地使用税的应纳税额可以通过纳税人实际占用的土地面积乘以该土地所在地段的适用税额求得。其计算公式为：

全年应纳税额＝实际占用应税土地面积（平方米）× 适用税额

【例 9-4】 设在某城市的一家企业使用土地面积为20 000平方米，经税务机关核定，该土地为应税土地，每平方米税额为4元。计算该企业全年应缴纳的城镇土地使用税额。

**解析：**

全年应缴纳的税额＝20 000×4=80 000（元）

## 四、税收优惠

**1. 法定免缴城镇土地使用税的**

（1）国家机关、人民团体、军队自用的土地。

（2）由国家财政部门拨付事业经费的单位自用的土地。

（3）宗教寺庙、公园、名胜古迹自用的土地。

（4）市政街道、广场、绿化地带等公共用地。

（5）直接用于农、林、牧、渔业的生产用地。

（6）经批准开山填海整治的土地和改造的废弃土地，从使用的月份起免缴土地使用税5～10年。

（7）对非营利性医疗机构、疾病控制机构和妇幼保健机构等卫生机构自用的土地，免征土地使用税。

（8）企业办的学校、医院、托儿所、幼儿园，其用地与企业其他用地明确区分的，免征土地使用税。

（9）免税单位无偿使用纳税单位的土地（如公安、海关等单位使用铁路、民航等单位的土地）免征土地使用税。

（10）对行使国家行政管理职能的中国人民银行总行（含国家外汇管理局）所属分支机构自用的土地，免征土地使用税。

（11）为了体现国家的产业政策，支持重点产业的发展，对石油、电力、煤炭等能源用地、民用港口、铁路等交通用地和水利设施用地，三线调整企业、盐业、采石场、邮电等一些特殊用地划分了征免税界限和给予政策性减免税照顾。

（12）自 2016 年 1 月 1 日至 2018 年 12 月 31 日，对专门经营农产品的农产品批发市场、农贸市场使用的房产、土地，暂免征土地使用税。

**2. 省、自治区、直辖市地方税务局确定的城镇土地使用税减免优惠**

（1）个人所有的居住房屋及院落用地。

（2）房产管理部门在房租调整改革前经租的居民住房用地。

（3）免税单位职工家属的宿舍用地。

（4）集体和个人办的各类学校、医院、托儿所、幼儿园用地。

## 五、征收管理

**1. 纳税期限**

城镇土地使用税实行按年计算、分期缴纳。缴纳期限由省、自治区、直辖市人民政府确定。

**2. 纳税义务发生时间**

（1）纳税人购置新建商品房，自房屋交付使用之次月起，缴纳城镇土地使用税。

（2）纳税人购置存量房，自办理房屋权属转移、变更登记手续，房地产权属登记机关签发房屋权属证书之次月起，缴纳城镇土地使用税。

（3）纳税人出租、出借房产，自交付出租、出借房产之次月起，缴纳城镇土地使用税。

（4）以出让或转让方式有偿取得土地使用权的，应由受让方从合同约定交付土地时间的次月起缴纳城镇土地使用税；合同未约定交付时间的，由受让方从合同签订的次月起缴纳城镇土地使用税。

（5）纳税人新征用的耕地，自批准征用之日起满 1 年时开始缴纳土地使用税。

（6）纳税人新征用的非耕地，自批准征用次月起缴纳土地使用税。

（7）自 2009 年 1 月 1 日起，纳税人因土地的权利发生变化而依法终止城镇土地使用税纳税义务的，其应纳税款的计算应截止到土地的权利发生变化的当月末。

**3. 纳税地点与征收机构**

城镇土地使用税在土地所在地缴纳。城镇土地使用税由土地所在地的地方税务机关征收，其收入纳入地方财政预算管理。

# 第三节 耕地占用税法

## 一、耕地占用税概述

耕地占用税是以国有土地为征税对象，对拥有土地使用权的单位和个人征收的一种税。征收土地使用税有利于促进土地的合理使用，调节土地级差收入，也有利于筹集地方财政资金。

## 二、耕地占用税法的一般规定

耕地占用税法是指国家制定的调整耕地占用税征收与缴纳权利义务关系的法律规范。现行耕地占用税法的基本规范是2007年12月1日国务院重新颁布的《中华人民共和国耕地占用税暂行条例》(以下简称《耕地占用税暂行条例》)。

**1. 纳税义务人**

耕地占用税的纳税义务人是占用耕地建房或从事非农业建设的单位和个人。所称单位，包括国有企业、集体企业、私营企业、股份制企业、外商投资企业、外国企业以及其他企业和事业单位、社会团体、国家机关、部队以及其他单位；所称个人，包括个体工商户以及其他个人。

**2. 征税范围**

占用耕地建房或者从事非农业建设的单位或者个人，为耕地占用税的纳税人，应当依照规定缴纳耕地占用税。所称耕地，是指用于种植农作物的土地，包括菜地、园地。其中，园地包括花圃、苗圃、茶园、果园、桑园和其他种植经济林木的土地。

占用鱼塘及其他农用土地建房或从事其他非农业建设，也视同占用耕地。

**3. 税率**

耕地占用税在税率设计上采用了地区差别定额税率。税率规定如下：

（1）人均耕地不超过1亩的地区（以县级行政区域为单位，下同)，每平方米为10～50元；

（2）人均耕地超过1亩但不超过2亩的地区，每平方米为8～40元；

（3）人均耕地超过2亩但不超过3亩的地区，每平方米为6～30元；

（4）人均耕地超过3亩的地区，每平方米为5～25元。

经济特区、经济技术开发区和经济发达且人均耕地特别少的地区，适用税额可以适当提高，但是提高的部分最高不得超过当地适用税额的50%（见表9-3)。

表9-3 各省、自治区、直辖市耕地占用税平均税额

| 省、自治区、直辖市 | 每平方米平均税额（元） |
| --- | --- |
| 上海 | 45.0 |
| 北京 | 40.0 |
| 天津 | 35.0 |

（续）

| 省、自治区、直辖市 | 每平方米平均税额（元） |
| --- | --- |
| 江苏、浙江、福建、广东 | 30.0 |
| 辽宁、湖北、湖南 | 25.0 |
| 河北、安徽、江西、山东、河南、重庆、四川 | 22.5 |
| 广西、海南、贵州、云南、陕西 | 20.0 |
| 山西、吉林、黑龙江 | 17.5 |
| 内蒙古、西藏、甘肃、青海、宁夏、新疆 | 12.5 |

**4. 计税依据**

耕地占用税以纳税人占用耕地的面积为计税依据，以每平方米为计量单位。

## 三、应纳税额的计算

耕地占用税以纳税人占用耕地的面积为计税依据，以每平方米为计税单位，按适用的定额税率计税。其计算公式为：

应纳税额 = 实际占用耕地面积 × 适用的定额税率

**【例 9-5】** 假设某市一家企业新占用 40 000 平方米耕地用于工业建设，所占耕地适用的定额税额为 20 元 / 平方米。计算该企业应缴纳的耕地占用税额。

**解析：**

应缴纳的耕地占用税额 =40 000 × 20=800 000（元）

## 四、税收优惠

耕地占用税对占用耕地实行一次性征收，对生产经营单位和个人不设立减免税，仅对公益性单位和须照顾群体设立减免税。

**1. 免征耕地占用税**

（1）军事设施占用耕地。

（2）学校、幼儿园、养老院、医院占用耕地。

**2. 减征耕地占用税**

（1）铁路线路、公路线路、飞机场跑道、停机坪、港口、航道占用耕地，减按每平方米 2 元的税额征收耕地占用税。

根据实际需要，国务院财政、税务主管部门商国务院有关部门并报国务院批准后，可以对前款规定的情形免征或者减征耕地占用税。

（2）农村居民占用耕地新建住宅，按照当地适用税额减半征收耕地占用税。

农村烈士家属、残疾军人、鳏寡孤独以及革命老根据地、少数民族聚居区和边远贫困山区生活困难的农村居民，在规定用地标准以内新建住宅缴纳耕地占用税确有困难的，经所在地乡（镇）人民政府审核，报经县级人民政府批准后，可以免征或者减征耕地占用税。

## 五、征收管理

耕地占用税由地方税务机关负责征收。

土地管理部门在通知单位或者个人办理占用耕地手续时，应当同时通知耕地所在地同级地方税务机关。获准占用耕地的单位或者个人应当在收到土地管理部门的通知之日起30日内缴纳耕地占用税。土地管理部门凭耕地占用税完税凭证或者免税凭证和其他有关文件发放建设用地批准书。

【引导案例解析】

税务机关的处理结果是不正确的，其可以责成球大公司限期将应扣未扣、应收未收的资源税补扣或补收，并处应扣未扣、应收未收税款50%以上3倍以下的罚款，但是无权要求球大公司直接承担缴纳税款的义务。该案例的处理结果应该是由球大公司向砂石料的销售者补收资源税款，如果该纳税人拒绝缴纳税款，由球大公司在1日内报告给税务机关，由税务机关处理。

## 同步测试题

### 一、名词解释

1. 资源税
2. 城镇土地使用税
3. 耕地占用税
4. 建制镇
5. 工矿区

### 二、单项选择题

**1.** 下列油类产品中，应征资源税的有（　　）。
A. 人造石油　B. 天然原油　C. 汽油　D. 柴油

**2.** 下列属于资源税扣缴义务人的是（　　）。
A. 收购未税矿产品的单位
B. 收购未税矿产品的单位和个人
C. 收购已税矿产品的单位
D. 收购已税矿产品的单位和个人

**3.** 根据有关规定，对独立矿山应纳的铁矿石资源税减征（　　），按规定税额标准的（　　）征收。
A. 30%，70%
B. 40%，60%
C. 60%，40%
D. 50%，50%

**4.** 跨省、自治区、直辖市开采应税资源产品的单位，其下属生产单位与核算单位不在同一省、自治区、直辖市，其应税产品的纳税地点为（　　）。
A. 开采地
B. 收购地
C. 销售地
D. 核算单位所在地

**5.** 城镇土地使用税的计税依据为（　　）。

A. 纳税人申报的土地面积　　B. 纳税人拥有的土地面积
C. 纳税人实际占用的土地面积　　D. 税务机关认定的土地面积

6. 某城市的一家公司，实际占地 3 000 平方米。由于经营规模扩大，年初该公司又受让了一块尚未办理土地使用证的土地 1 000 平方米，公司按其当年开发使用的 500 平方米土地面积进行申报纳税，以上土地均适用每平方米 3 元的城镇土地使用税税率。该公司当年应缴纳城镇土地使用税为（　　）元。
A. 12 000　　B. 9 000　　C. 10 500　　D. 2 000

7. 下列（　　）土地应依法缴纳城镇土地使用税。
A. 军队的训练场用地
B. 直接用于农、林、牧、渔业的生产用地
C. 公园中附设的餐饮部占用的土地
D. 由财政部门拨付经费的学校教学楼用地

8. 以下关于耕地占用税的表述不正确的是（　　）。
A. 耕地占用税以纳税人实际占用耕地的面积为计税依据，按照规定税额一次性征收
B. 耕地占用税实行地区差别幅度比例税率
C. 占用果园、桑园用以建房的应缴纳耕地占用税
D. 个人占用耕地建房也应缴纳耕地占用税

9. 2017 年 3 月某单位经批准占用耕地 15 000 平方米，其中 800 平方米用于建造幼儿园，2 000 平方米用于建造医院，其余用于建造购货中心。当地耕地占用税税额为 20 元 / 平方米。该单位应缴纳耕地占用税（　　）元。
A. 244 000　　B. 260 000　　C. 284 000　　D. 300 000

10. 获准占用耕地的单位或者个人应当在收到土地管理部门的通知之日起（　　）日内缴纳耕地占用税。
A. 7　　B. 15　　C. 30　　D. 60

## 三、多项选择题

1. 根据《资源税暂行条例》规定，资源税的计税依据为（　　）。
A. 销售收入额　　B. 实际产量
C. 实际销售数量　　D. 自用数量

2. 资源税的税目共有七个，其中包括（　　）。
A. 天然气　　B. 天然矿泉水
C. 盐　　D. 煤炭制品

3. 纳税人不能准确提供应税产品销售数量或移送使用数量的，可以（　　）为课税数量。
A. 应税产品的实际产量
B. 当期计划产量

C. 上年同期产量

D. 按主管税务机关确定的折算比换算成的数量

**4.** 资源税纳税人的纳税期限为（　　）。

A. 1个月　　B. 15日　　C. 10日　　D. 7日

**5.** 城镇土地使用税的纳税人包括（　　）。

A. 土地的实际使用人　　B. 土地的代管人

C. 拥有土地使用权的单位和个人　　D. 土地使用权共有的各方

**6.** 下列属于城镇土地使用税计税依据的有（　　）。

A. 政府确定的单位测定的面积

B. 政府部门核发的土地使用证书上的面积

C. 没有土地使用证书的纳税人申报的面积

D. 房屋等不动产的占地面积

**7.** 下列项目中，按《城镇土地使用税暂行条例》规定直接免征城镇土地使用税的有（　　）。

A. 由国家财政部门拨付事业经费的单位本身业务用地

B. 免税单位职工家属的宿舍用地

C. 集体和个人办的各类学校、医院、托儿所、幼儿园用地

D. 市政街道、广场、绿化地带等公共用地

**8.** 以下关于城镇土地使用税的说法不正确的有（　　）。

A. 公园的经营用地免征城镇土地使用税

B. 直接用于种植、养殖的生产用地和农副产品加工场地均免征城镇土地使用税

C. 个人办学校用地，由省、自治区、直辖市地方税务局确定减免城镇土地使用税的优惠

D. 市政街道用地免征城镇土地使用税

**9.** 下列关于耕地占用税的表述正确的有（　　）。

A. 耕地占用税实行地区差别定额税率

B. 人均耕地面积越少，耕地占用税单位税额越高

C. 耕地占用税由地方税务机关负责征收

D. 获准占用耕地的单位或者个人应当在收到土地管理部门的通知之日起10日内缴纳耕地占用税

**10.** 根据耕地占用税相关制度的规定，以下说法正确的有（　　）。

A. 依照规定免征或者减征耕地占用税后，纳税人改变原占地用途，不再属于免征或者减征耕地占用税情形的，应当按照当地适用税额补缴耕地占用税

B. 建设直接为农业生产服务的生产设施占用耕地的不征耕地占用税

C. 纳税人临时占用耕地可不缴纳耕地占用税

D. 农民占用耕地建房免征耕地占用税

## 四、是非判断题

1. 资源税的纳税人不包括生产或开采应税资源的外商投资企业、外国企业和外籍人员。(　　)
2. 纳税人以自产的液体盐加工固体盐，以加工固体盐数量为课税数量，按固体盐税额征税；纳税人自产的液体盐加工固体盐，其加工固体盐所耗用的液体盐的应纳税款准予扣除。(　　)
3. 资源税纳税人未分别核算或者不能准确提供不同税目应税产品的课税数量的，分别从高或者从低适用税额。(　　)
4. 资源税须对应税资源在每一流转环节计算征收。(　　)
5. 按现行税法规定，对于各类学校，包括由国家财政部门拨付事业经费的学校和集体或个人办的学校所占用的土地，一律免征城镇土地使用税。(　　)
6. 民政部门举办的安置残疾人占一定比例的福利工厂用地，免缴城镇土地使用税。(　　)
7. 纳税人使用的土地不属于同一省、自治区、直辖市管理的，由纳税人分别向土地所在地税务机关缴纳城镇土地使用税。(　　)
8. 纳税单位无偿使用免税单位的土地，免征城镇土地使用税；免税单位无偿使用纳税单位的土地，照章征收城镇土地使用税。(　　)
9. 土地使用权未确定或权属纠纷未解决的土地，暂不缴纳城镇土地使用税。(　　)
10. 扣缴义务人（北京某企业）5 月在河北收购未税矿产品，应在河北收购地缴纳代扣代缴的资源税。(　　)

## 五、简答题

1. 如何理解资源税的特点？
2. 如何确定城镇土地使用税的纳税人？
3. 开征耕地占用税有何现实意义？
4. 资源税的税目包括哪些内容？
5. 简述土地增值税扣除项目的内容。

## 六、综合计算题

**1.** 自贡盐场 2017 年 5 月生产海盐原盐若干吨，其中直接销售原盐 30 000 吨，加工成精制盐 12 000 吨，加工成粉洗盐 8 000 吨。该盐场每吨精制盐、粉洗盐耗用原盐量分别为 1.5 吨和 1.2 吨。已知该盐场原盐的单位税额为 25 元 / 吨，要求计算该盐场 5 月的应纳资源税额。

**2.** 伟华油田 10 月生产原油 30 万吨（其中高凝油 3 万吨，稠油 2 万吨）。当月使用情况如下：用于自办油厂加工 10 万吨，用于加热和修井 1 万吨，其余全部销售。另外，在采油过程中同时回收天然气 4 000 万立方米。要求计算该油田 10 月的应纳资源税额。（原油单位税额为 8 元 / 吨，天然气单位税额为 12 元 / 千立方米。）

## 七、案例分析题

**1.** 宝基公司为位于新化市郊区的一国有企业，某年土地使用的相关资料如下：

（1）宝基公司提供的政府部门核发的土地使用证书显示，宝基公司实际占用的土地面积中，企业内托儿所和厂医院共占地1 000平方米；厂区以外的公用绿化用地2 000平方米。

（2）本年1月1日将一块100平方米的土地无偿借给某国家机关做公务使用。

（3）本年1月1日从某公园无偿借到一块50平方米的土地作为办公室。

（4）与该企业开办的宝德外商投资企业在宝基公司拥有的同一办公楼，该办公楼建筑面积为5 000平方米，其中，宝基公司实际使用2 000平方米，其余归外商投资企业使用，该办公楼占用土地3 000平方米。

（5）除上述土地外，其余土地10 000平方米，均为宝基公司生产经营用地。

**要求：**假设当地的城镇土地使用税每年征收一次，该地每平方米土地年税额3元，请根据上述资料，分析计算宝基公司当年应缴纳的城镇土地使用税。

**2.** 成功油田2017年3月开采销售原油1.2万吨，销售油田开采天然气250万立方米，原油的不含税售价为每吨5 000元，天然气的不含税售价为每立方米1 800元，资源税税率为6%。

**要求：**根据上述资料，计算成功油田3月的应纳资源税额。

Chapter10

第十章

# 房产税法、契税法、土地增值税法和烟叶税法

**引导案例　外国人房产是否应缴纳城市房地产税？**

大卫是一家美资公司的财务总监，美国人。2003 年年底，他在广州市区某花园小区购买了一套复式楼。2005 年 3 月，大卫将复式楼出租，租客用作住宅，税务机关为此核定其每月计税租金 6 000 元。之后，大卫办理出租房屋纳税，被告知除要缴纳营业税和个人所得税外，还要缴纳城市房地产税。对此，大卫非常不解，因为按照他之前的理解，外籍人士拥有的房产，可以减免三年的城市房地产税，而他的房产购买至今仍未满三年。

资料来源："税务筹划：他为何不能免缴城市房地产税"载于《羊城晚报》2005-07-16。

**讨论与思考问题：**

1. 城市房地产税有哪些优惠政策？
2. 外国人在何种情况下不享有这些优惠政策？

## 第一节　房产税法

### 一、房产税概述

**房产税的概念**

房产税是以房屋为征税对象，按照房屋的计税余值或租金收入，向产权所有人征收的一种财产税。征收房产税有利于地方政府筹集财政收入，也有利于加强房产管理。

### 二、房产税法的一般规定

房产税法是指国家制定的调整房产税征收与缴纳之间权利义务关系的法律规范。现行房产税法的基本规范是 1986 年 9 月 15 日国务院颁布的《中华人民共和国房产税暂行条例》(以下简称《房产税暂行条例》)。

### （一）纳税义务人与征税范围

#### 1. 纳税义务人

房产税是以房屋为征税对象，按照房屋的计税余值或租金收入，向产权所有人征收的一种财产税。房产税以在征税范围内的房屋产权所有人为纳税人，其中：

（1）产权属国家所有的，由经营管理单位纳税；产权属集体和个人所有的，由集体单位和个人纳税。

（2）产权出典的，由承典人纳税。所谓产权出典，是指产权所有人将房屋、生产资料等的产权，在一定期限内典当给他人使用而取得资金的一种融资业务。

（3）产权所有人、承典人不在房屋所在地的，或者产权未确定及租典纠纷未解决的，由房产代管人或者使用人纳税。

（4）无租使用其他房产纳税单位和个人无租使用房产管理部门、免税单位及纳税单位的房产，应由使用人代为缴纳房产税。

#### 2. 征税范围

房产税是以房产为征税对象的。所谓房产，是指有屋面和围护结构，能够遮风避雨，可供人们在其中生产、学习、工作、娱乐、居住或储藏物资的场所。房地产开发企业建造的商品房，在出售前不征收房产税，但对出售前房地产开发企业已使用或出租、出借的商品房按规定征收房产税。

房产税的征税范围为城市、县城、建制镇和工矿区。具体规定如下：

（1）城市是指国务院批准设立的市；

（2）县城是指县人民政府所在地的地区；

（3）建制镇是指经省、自治区、直辖市人民政府批准设立的建制镇；

（4）工矿区是指工商业比较发达、人口比较集中、符合国务院规定的建制镇标准但尚未设立建制镇的大中型工矿企业所在地。

### （二）税率与计税依据

#### 1. 税率

我国现行房产税采用的是比例税率。由于房产税的计税依据分为从价计征和从租计征两种形式，所以房产税的税率也有两种：一种是按房产原值一次减除 10% ～ 30% 后的余值计算缴纳的，税率为 1.2%；另一种是按房产租金收入计算缴纳的，税率为 12%。自 2001 年 1 月 1 日起，对个人按市场价格出租的居民住房，用于居住的，可暂减按 4% 的税率征收房产税。自 2008 年 3 月 1 日起，对个人出租住房，不区分用途，按 4% 的税率征收房产税。

#### 2. 计税依据

房产税的计税依据是房产的计税价值或房产的租金收入。按照房产计税价值征税的，称为从价计征；按照房产租金收入计征的，称为从租计征。

（1）从价计征。《房产税暂行条例》规定，房产税依照房产原值一次减除 10% ～ 30%

后的余值计算缴纳。各地扣除比例由当地省、自治区、直辖市人民政府确定。

（2）从租计征。房产出租的，以房产租金收入为房产税的计税依据。所谓房产租金收入，是指房屋所有者出租房产使用权所得的报酬，包括货币收入和实物收入。

## 三、应纳税额的计算

### 1. 从价计征的计算

从价计征是按房产的原值减除一定比例后的余值计征，其计算公式为：

应纳税额 = 应税房产原值 ×（1– 扣除比例）×1.2%

**【例 10-1】** 某企业的经营用房原值为 8 000 万元，按照当地规定允许减除 30% 后按余值计税，适用税率为 1.2%，计算该企业应缴纳的房产税。

**解析：**

应纳税额 =8 000 ×（1–30%）× 1.2%=67.2（万元）

### 2. 从租计征的计算

从租计征是按房产的租金收入计征，其计算公式为：

应纳税额 = 租金收入 ×12%（或 4%）

**【例 10-2】** 某公司出租房屋 20 间，年租金收入为 600 000 元，适用税率为 12%，计算该公司应缴纳的房产税。

**解析：**

应纳税额 =600 000 × 12%=72 000（元）

## 四、税收优惠

目前房产税的税收优惠政策主要有：

（1）国家机关、人民团体、军队自用的房产免征房产税。

（2）由国家财政部门拨付事业经费的单位，如学校、医疗卫生单位、托儿所、幼儿园、敬老院、文化、体育、艺术，这些实行全额或差额预算管理的事业单位所有的，本身业务范围内使用的房产免征房产税。

（3）宗教寺庙、公园、名胜古迹自用的房产免征房产税。

（4）个人所有非营业用的房产免征房产税。

（5）经财政部批准免税的其他房产：①对非营利性医疗机构、疾病控制机构和妇幼保健机构等卫生机构自用的房产，免征房产税；②从 2001 年 1 月 1 日起，对按政府规定价格出租的公有住房和廉租住房，暂免征收房产税；③对经营公租房的租金收入，免征房产税。

## 五、征收管理

**1. 纳税义务发生时间**

（1）纳税人将原有房产用于生产经营，从生产经营之月起缴纳房产税。

（2）纳税人自行新建房屋用于生产经营，从建成之次月起缴纳房产税。

（3）纳税人委托施工企业建设的房屋，从办理验收手续之次月起缴纳房产税。

（4）纳税人购置新建商品房，从房屋交付使用之次月起缴纳房产税。

（5）纳税人购置存量房，自办理房屋权属转移、变更登记手续，房地产权属登记机关签发房屋权属证书之次月起缴纳房产税。

（6）纳税人出租、出借房产，自交付出租、出借房产之次月起缴纳房产税。

（7）房地产开发企业自用、出租、出借本企业建造的商品房，自房屋使用或交付之次月起缴纳房产税。

（8）纳税人因房产的实物或权利状态发生变化而依法终止房产税纳税义务的，其应纳税款的计算应截至房产的实物或权利状态发生变化的当月末。

**2. 纳税期限**

房产税按年征收、分期缴纳。纳税期限由省、自治区、直辖市人民政府规定。

**3. 纳税地点**

房产税在房产所在地缴纳。房产不在同一地方的纳税人，应按房产的坐落地点分别向房产所在地的税务机关纳税。

# 第二节　契税法

## 一、契税概述

**1. 契税的概念**

契税是以在中国境内转移土地、房屋权属为征税对象，向产权承受人征收的一种财产税。

**2. 契税的特点**

契税的特点主要有以下三个方面：

（1）契税在土地、房屋等不动产的转让环节征税，且每转让一次就征收一次契税；土地、房屋产权未发生转移的，不征契税。

（2）契税由取得土地、房屋等不动产权属的承受人缴纳。

（3）契税采用有幅度的比例税率，税负相对较轻。

**3. 契税的意义**

征收契税的意义主要有：

（1）筹集地方财政收入。契税是地方税种，由于按照财产转移价值征税，所以税源充足，从而增加了地方政府财政收入。

（2）以法律形式保护合法产权。契税对承受人征税，有利于通过法律形式确定产权关系，保护合法产权交易，避免产权纠纷。

（3）调节社会收入分配，公平税负。土地、房屋交易本身是财富流动或分配的形式，对土地、房屋等产权交易环节征收契税，可以调节社会收入分配，缓解社会分配不公的矛盾。

（4）调控房地产市场交易价格，促进房地产市场健康有序地发展。

## 二、契税法的一般规定

契税法是指国家制定的用以调整契税征收与缴纳权利及义务关系的法律规范。现行的契税法的基本规范是1997年7月7日国务院发布并于同年10月1日开始施行的《中华人民共和国契税暂行条例》(以下简称《契税暂行条例》)。

### (一) 纳税义务人与征税范围

#### 1. 纳税义务人

契税的纳税义务人是指在中华人民共和国境内转移土地、房屋权属，承受的单位和个人。土地、房屋权属是指土地使用权和房屋所有权。

#### 2. 征税范围

契税是以在中华人民共和国境内转移土地、房屋权属为征税对象，向产权承受人征收的一种财产税。其具体的征税范围包括以下五项内容。

（1）国有土地使用权出让。国有土地使用权出让是指土地使用者向国家交付土地使用权出让费用，国家将国有土地使用权在一定年限内让与土地使用者的行为。

（2）土地使用权转让，包括出售、赠与和交换。土地使用权转让是指土地使用者以出售、赠与和交换或者其他方式将土地使用权转移给其他单位和个人的行为。

（3）房屋买卖。房屋买卖是指以货币为媒介，出售者向购买者过渡房产所有权的交易行为。以下几种特殊情况，视同买卖房屋：①以房产抵债或实物交换房屋；②以房产作价投资、入股；③买房拆料或翻建新房。

（4）房屋赠与。房屋赠与是指房屋产权所有人将房屋无偿转让给他人所有。

（5）房屋交换。房屋交换是指房屋所有者之间相互交换房屋的行为。

### (二) 税率与计税依据

#### 1. 税率

契税实行3%～5%的幅度税率。实行幅度税率是考虑到我国经济发展的不平衡，各地经济差别较大的实际情况，因此，各省、自治区、直辖市人民政府可以在3%～5%

的幅度税率规定范围内，按照本地区的实际情况决定。

**2. 计税依据**

契税的计税依据为不动产的价格。由于土地、房屋权属转移方式不同，定价方法不同，因而具体计税依据视不同情况而决定。

（1）国有土地使用权出让、土地使用权出售、房屋买卖，为成交价格。

（2）土地使用权赠与、房屋赠与，由征收机关参照土地使用权出售、房屋买卖的市场价格核定。

（3）土地使用权交换、房屋交换，为所交换的土地使用权、房屋的价格的差额。

前款成交价格明显低于市场价格并且无正当理由的，或者所交换土地使用权、房屋的价格的差额明显不合理并且无正当理由的，由征收机关参照市场价格核定。

**3. 应纳税额的计算**

契税采用比例税率。当计税依据确定以后，应纳税额的计算比较简单，计算公式为：

$$应纳税额=计税依据\times 税率$$

**【例 10-3】** 居民 A 有两套住房，将一套出售给居民 B，成交价格为 2 400 000 元；将另一套住房与居民 C 交换成两套一室住房，并支付给居民 C 换房差价款 600 000 元。计算 A、B、C 相关行为应缴纳的契税（假定税率为 4%）。

**解析：**

（1）A 应缴纳的契税 =600 000×4%=24 000（元）

（2）B 应缴纳的契税 =2 400 000×4%=96 000（元）

（3）C 无须缴纳契税

## 三、税收优惠

契税优惠的一般规定有：

（1）国家机关、事业单位、社会团体、军事单位承受土地、房屋用于办公、教学、医疗、科研和军事设施的，免征。

（2）城镇职工按规定第一次购买公有住房的，免征。

（3）因不可抗力灭失住房而重新购买住房的，酌情准予减征或者免征。

（4）土地、房屋被县级以上人民政府征用、占用后，重新承受土地、房屋权属的，由省级人民政府确定是否减免。

（5）承受荒山、荒丘、荒滩土地使用权，并用于农、林、牧、渔业生产的，免征契税。

（6）公租房经营单位购买住房作为公租房的，免征契税。

（7）对个人购买家庭唯一住房，面积为 90 平方米及以下的，减按 1% 的税率征收契税；面积为 90 平方米以上的，减按 2% 的税率征收契税。

## 四、征收管理

**1. 纳税义务发生时间**

契税的纳税义务发生时间，为纳税人签订土地、房屋权属转移合同的当天，或者纳税人取得其他具有土地、房屋权属转移合同性质凭证的当天。

**2. 纳税期限**

纳税人应当自纳税义务发生之日起 10 日内，向土地、房屋所在地的契税征收机关办理纳税申报，并在契税征收机关核定的期限内缴纳税款。

**3. 纳税地点**

契税在土地、房屋所在地的征收机关缴纳。

# 第三节　土地增值税法

## 一、土地增值税概述

**1. 土地增值税的概念**

土地增值税是对有偿转让国有土地使用权及地上建筑物和其他附着物产权，取得增值收入的单位和个人征收的一种税。征收土地增值税增强了政府对房地产开发和交易市场的调控，有利于抑制炒买炒卖土地获取暴利的行为，也增加了国家财政收入。

**2. 土地增值税开征的目的**

我国土地增值税开征的目的主要有以下几个方面：

（1）进一步改革和完善税制，增强国家对房地产开发和房地产市场的调控力度；

（2）抑制炒买炒卖土地获得暴利的行为；

（3）规范国家参与土地增值收益的分配方式，增加国家财政收入。

## 二、土地增值税法的一般规定

土地增值税法是指国家制定的用以调整土地增值税征收与缴纳之间权利义务关系的法律规范。现行土地增值税的基本规范是 1993 年 12 月 13 日国务院颁布的《中华人民共和国土地增值税暂行条例》(以下简称《土地增值税暂行条例》)。

**1. 纳税义务人**

土地增值税是对转让国有土地使用权、地上建筑物及其附着物并取得收入的单位和个人，就其转让房地产所取得的增值额征收的一种税。

土地增值税的纳税义务人是转让国有土地使用权、地上的建筑物及其附着物并取得收入的单位和个人，包括：各类企业单位、事业单位、国家机关、社会团体、个体经营者。根据《国务院关于外商投资企业和外国企业适用增值税、消费税、营业税等税收暂行条例的有关问题的通知》的规定，外商投资企业、外国企业、外籍个人、华侨、港澳台同胞等，只要有转让房地产行为并取得增值收入的，都是土地增值税的纳税义务人，都要按照规定缴纳土地增值税。

**2. 征税范围**

转让国有土地使用权、地上的建筑物及其附着物，并取得收入的行为，都是土地增值税的征税范围。具体讲：

（1）对转让土地使用权的，只对转让国有土地使用权的行为征税，转让集体土地使用权的行为没有纳入征税范围。这是因为根据《中华人民共和国土地管理法》的规定，集体土地未经国家征用不得转让。因此，转让集体土地是违法行为，所以不能纳入征税范围。

（2）转让房地产的，只对转让后取得的增值收入征税，虽然发生转让房地产行为，但没有增值收入，如通过继承、赠与等无偿转让房地产的行为不在土地增值税的征税范围。

（3）只对转让房地产的征税，不转让的不征税。例如，出租房地产虽然取得了收入，但没有发生房地产产权的转让，所以，不属于土地增值税的征税范围。

**3. 税率**

土地增值税规定了四级超率累进税率，它以增值额与扣除项目金额的比率大小从低到高划分为四个级次。

（1）增值额未超过扣除项目金额 50% 的部分，税率 30%。

（2）增值额超过扣除项目金额 50% 未超过 100% 的部分，税率 40%。

（3）增值额超过扣除项目金额 100% 未超过 200% 的部分，税率 50%。

（4）增值额超过扣除项目金额 200% 的部分，税率为 60%。

四级超率累进税率每级增值额未超过扣除项目金额的比例，均包括本比例数。超率累进税率如表 10-1 所示。

**表 10-1　土地增值税四级超率累进税率表**

| 级数 | 增值额与扣除项目金额的比率 | 税率（%） | 速算扣除系数（%） |
|---|---|---|---|
| 1 | 不超过 50% 的部分 | 30 | 0 |
| 2 | 超过 50% ～ 100% 的部分 | 40 | 5 |
| 3 | 超过 100% ～ 200% 的部分 | 50 | 15 |
| 4 | 超过 200% 的部分 | 60 | 35 |

## 三、土地增值税的计算

土地增值税的计税依据为纳税人转让土地所得的增值额，即纳税人转让土地取得的收入减除规定扣除项目金额后的余额。

**1. 应税收入的确定**

应税收入是指纳税人转让房产所取得的全部价款及有关的经济利益，包括货币收入、实物收入以及其他收入在内的全部收入。

**2. 扣除项目的确定**

转让房地产所取得的收入，允许从中扣除的项目，概括起来有以下几项。

（1）取得土地使用权所支付的金额，包括纳税人为取得土地使用权所支付的地价款和按国家统一规定交纳的有关费用。具体为：以出让方式取得土地使用权的，为支付的土地出让金；以行政划拨方式取得土地使用权的，为转让土地使用权时按规定补交的出让金；以转让方式取得土地使用权的，为支付的地价款。

（2）开发土地和新建房及配套设施的成本（简称房地产开发成本），包括土地征用及拆迁补偿费、前期工程费、建筑安装工程费、基础设施费、公共设施配套费、开发间接费用。这些成本允许按发生额扣除。

（3）开发土地和新建房及配套设施的费用（简称房地产开发费用），是指与房地产开发项目有关的销售费用、管理费用、财务费用。根据新会计制度的规定，与房地产开发有关的费用直接计入当年损益，不按房地产项目进行归集或分摊。为了便于计算，北京市政府在京政发〔1996〕7号《北京市人民政府关于征收土地增值税有关政策问题的通知》中明确，财务费用中的利息支出，凡能够按转让房地产项目计算分摊并提供金融机构证明的，可将不高于商业银行同类同期贷款利率所支付的利息据实扣除外，其他房地产开发费用应按房地产成本之和的5%的比例计算扣除金额。凡不能按转让房地产项目计算分摊利息支出并提供金融机构证明的，房地产开发费用按房地产成本之和的10%的比例计算扣除金额。

（4）旧房及建筑物的评估价格，是指转让已使用在一年以上的房屋及建筑物时，由市政府批准的房地产评估机构评定的重置成本价乘以成新度折扣率，并经地方主管税务机关确认的价格。

（5）与转让房地产有关的税金，是指在转让房地产时交纳的营业税、城市维护建设税、印花税。因转让房地产交纳的教育费附加，也可视同税金予以扣除。

（6）加计扣除。对从事房地产开发的纳税人，可按取得土地使用权所支付的金额与房地产开发成本之和加计20%的扣除。其扣除方法采用项目年终结利和竣工清算税款时一并扣除的方法。

**3. 应纳税额的计算**

土地增值税按照纳税人转让房地产所取得的增值额和规定的税率计算征收。土地增值税的计算公式是：

$$应纳税额=\sum（每级距的土地增值税\times适用税率）$$

在实际工作中，一般采用速算扣除法计算，公式如下：

$$应纳税额=增值额\times适用税率-允许扣除项目金额\times速算扣除系数$$

**【例10-4】** 广厦公司转让一块已开发的土地使用权，取得转让收入1 400万元，为取得土地使用权所支付的金额为320万元，开发土地成本为65万元，开发土地费用为21万元，应纳有关税费为77万元。计算该企业应纳土地增值税额。

解析：

（1）21 ÷（320+65）=5%，未超过 10%，允许据实扣除

（2）允许扣除项目金额 =（320+65）×（1+20%）+ 21 + 77 = 560（万元）

（3）增值额 =1400−560=840（万元）

（4）增值额占允许扣除项目的比率 = 840 ÷ 560 = 150%

（5）应纳土地增值税额 =840 × 50%−560 × 15%=336（万元）

## 四、税收优惠

**1. 建造普通标准住宅的税收优惠**

纳税人建造普通标准住宅出售，增值额未超过扣除项目金额 20% 的，免征土地增值税；增值额超过扣除项目金额 20% 的，应就其全部增值额按规定计税。

对于纳税人既建造普通标准住宅，又建造其他房地产开发的，应分别核算增值额；不分别核算增值额或不能准确核算增值额的，其建造的普通标准住宅不能适用这一免税规定。

**2. 国家征用收回的房地产的税收优惠**

因国家建设需要依法征用，收回的房地产，免征土地增值税。

**3. 因城市规划、国家建设需要而搬迁，由纳税人自行转让原房地产的税收优惠**

因城市规划、国家建设需要而搬迁，由纳税人自行转让原房地产的，免征土地增值税。

**4. 对企事业单位、社会团体以及其他组织转让旧房作为公共租赁住房房源的税收优惠**

对企事业单位、社会团体以及其他组织转让旧房作为公共租赁住房房源的且增值额未超过扣除项目金额 20% 的，免征土地增值税。

## 五、税收管理

**1. 纳税义务发生的时间与地点**

土地增值税由房地产所在地税务机关负责征收。纳税人应当自转让房地产合同签订之日起 7 日内，向房地产所在地主管税务机关办理纳税申报。因经常发生房地产转让行为而难以在每次转让后纳税申报的纳税人，经税务机关审核同意后，可以定期进行纳税申报，具体情况由税务机关根据情况确定。

纳税人转让的房地产坐落在两个或两个以上地区的，应按房地产所在地分别申报、缴纳土地增值税。

**2. 纳税申报**

土地增值税的申报和城建税、教育费附加、资源税、房产税和城市房地产税、土地增值税和城镇土地使用税（预征部分）、车船使用税、车船使用牌照税、印花税（仅限汇总缴纳和核定征收两种方式）、文化事业建设费、水利建设专项资金的申报一起，统一通过填制《地方税（费）纳税综合申报表》进行申报。

# 第四节 烟叶税法

烟叶税是以纳税人收购烟叶的收购金额为计税依据征收的一种税。

烟叶税是新中国成立以后慢慢形成的一个税种，1958 年我国颁布实施《中华人民共和国农业税条例》(以下简称《农业税条例》)。1983 年，国务院以《农业税条例》，选择特定农业产品征收农林特产农业税。当时农林特产农业税征收范围不包括烟叶，对烟叶另外征收产品税和工商统一税。1994 年我国进行了财政体制和税制改革，国务院决定取消原产品税和工商统一税，将原农林特产农业税与原产品税和工商统一税中的农林牧水产品税目合并，改为统一征收农业特产农业税，并于同年 1 月 30 日发布《国务院关于对农业特产收入征收农业税的规定》，其中规定对烟叶在收购环节征收，税率为 31%。1999 年，将烟叶特产农业税的税率下调为 20%。2004 年 6 月，根据《中共中央、国务院关于促进农民增加收入若干政策的意见》，财政部、国家税务总局下发《关于取消除烟叶外的农业特产农业税有关问题的通知》。规定从 2004 年起，除对烟叶暂保留征收农业特产农业税外，取消对其他农业特产品征收的农业特产农业税。2005 年 12 月 29 日，十届全国人大常委会第十九次会议决定，《农业税条例》自 2006 年 1 月 1 日起废止。2006 年 4 月 28 日，国务院公布了《中华人民共和国烟叶税暂行条例》(以下简称《烟叶税暂行条例》)，并自公布之日起施行。

## 一、纳税义务人和征税范围

### 1. 纳税义务人

在中华人民共和国境内收购烟叶的单位为烟叶税的纳税人。

### 2. 征税范围

烟叶税的征税范围包括晾晒烟叶、烤烟叶。

## 二、税率和应纳税额的计算

### 1. 税率

烟叶税实行比例税率，税率为 20%。

### 2. 应纳税额的计算

烟叶税应纳税额按照《烟叶税暂行条例》的规定，以纳税人收购烟叶的收购金额和规定的税率计算。

应纳税额的计算公式为：

$$应纳税额 = 烟叶收购金额 \times 税率$$

收购金额包括纳税人支付给烟叶销售者的烟叶收购价款和价外补贴。按照简化手续、方便征收的原则，对价外补贴统一暂按烟叶收购价款的 10% 计入收购金额征税，计算公式为：

$$收购金额=收购价款\times(1+10\%)$$

【例 10-5】 东方烟草公司系增值税一般纳税人，2017 年 3 月收购烟叶 100 000 千克，烟叶收购价格为 10 元 / 千克，总计 1 000 000 元，计算东方烟草公司收购烟叶应缴纳的烟叶税。

**解析：**

应缴纳的烟叶税 =1 000 000×（1+10%）×20%=220 000（元）

## 三、征收管理

**1. 纳税义务发生时间**

烟叶税的纳税义务发生时间为纳税人收购烟叶的当天。

**2. 纳税地点**

纳税人收购烟叶，应当向烟叶收购地的主管税务机关申报纳税。

**3. 纳税期限**

纳税人应当自纳税义务发生之日起 30 日内申报纳税。

**【引导案例解析】**

广州市地税局咨询台的税务专家就此解释，大卫出租自有房产之所以不能减免三年的城市房地产税，其原因在于“新建”与“购置”的区别。税务专家介绍，根据税法规定，对外籍个人（包括华侨、港澳台同胞，下同）新建的房产，自落成之月起免征城市房地产税三年；对外籍个人购置的非营业用房产，暂免征收城市房地产税。按照大卫的情况，他所拥有的复式楼是“购置”而不是“自建”，所以不能享受免征三年城市房地产税的优惠；又由于大卫的房产从 2005 年 3 月开始出租，已经属于营业用房，所以也不能享受暂免征城市房地产税的优惠。因此，大卫同样要缴城市房地产税。根据税法规定，广州市市区（不含番禺区、花都区、从化区、增城区）个人（包括外籍个人）出租用作住宅的自有房产，根据个人出租房屋核定的计税租金收入标准 × 综合征收率（10%）计征各项税收（未含印花税和土地使用税）；用作非住宅（包括商铺、办公和生产用房）的自有房产，按 14% 的综合征收率（未含印花税和土地使用税）计征各项税收。针对以上案例，有关税务专家提醒，现在，越来越多的外籍个人喜欢在广州投资置业，这些人士在广州购置房产或进行有关投资活动前，一定要了解清楚当地的有关税收优惠政策，符合优惠政策条件的要及时办理享受优惠，以减少自己的投资成本；不符合条件的，应及时到当地税务机关办理有关纳税事项，以免给自己带来不利影响。

## 同步测试题

### 一、名词解释

1. 房产税　　2. 契税

3. 土地增值税　　4. 烟叶税

5. 农业税

## 二、单项选择题

**1.** 纳税人经营用房屋的计税依据是（　　）。

A. 房屋原值　　B. 房屋净值

C. 房屋计税余值　　D. 房屋现值

**2.** 纳税人自行新建房屋用于生产经营的，从（　　）起缴纳房产税。

A. 生产经营之月　　B. 建成之月

C. 生产经营之次月　　D. 建成之次月

**3.** 下列房产中免征房产税的是（　　）。

A. 化工厂的生产用房　　B. 个人自住用房

C. 个人拥有的经营用房　　D. 保险公司自用房产

**4.** 由国家财政部门拨付事业经费的单位，其经费来源实行自收自支后，从事业单位经费实行自收自支的年度起，免征房产税的期限是（　　）。

A. 1 年　　B. 3 年　　C. 5 年　　D. 无限期

**5.** 下列项目中属于契税征税范围的有（　　）。

A. 以土地、房屋权属作价投资　　B. 农村集体土地承包经营权转移

C. 等价交换房产　　D. 城镇职工第一次购买商品房

**6.** 国有土地使用权出让，以（　　）作为契税的计税依据。

A. 市场价格　　B. 成交价格

C. 土地价值　　D. 计划价格

**7.** 某机构以划拨方式取得土地使用权，后经批准转让房地产给前进实业公司（　　）。

A. 应由某机构补缴契税　　B. 由前进实业公司补缴契税

C. 不用缴纳契税　　D. 由双方各半缴纳契税

**8.** 下列单位中，不属于土地增值税纳税人的是（　　）。

A. 合作建房后出售的合作单位　　B. 出租办公楼的企业

C. 转让办公楼的事业单位　　D. 转让自住 4 年私房的个人

**9.** 土地增值税的税率形式是（　　）。

A. 全额累进税率　　B. 超额累进税率

C. 超倍累进税率　　D. 超率累进税率

**10.** 某单位转让一幢 1985 年建造的公寓楼，当时造价为 600 万元，经房地产评估机构评定，该楼的重置成本为 2 000 万元，成新度折扣率为 60%。在计算土地增值税时，其评估价格为（　　）万元。

A. 600　　B. 1 200

C. 2 000　　D. 1 500

## 三、多项选择题

**1.** 下列项目中，符合有关房产税暂行条例规定的有（ ）。

A. 房屋产权属于国家所有的，由经营管理单位缴纳房产税

B. 房屋产权属于集体和个人所有的，由集体单位和个人缴纳房产税

C. 房屋产权出典的，由出典人缴纳房产税

D. 产权所有人、承典人不在房产所在地的，由房产代管人或使用人缴纳

**2.** 经财政部批准，下列房产中可以免征房产税的有（ ）。

A. 施工期间在基建工地为其服务的各种临时性房屋

B. 经有关部门鉴定属损坏不堪使用的房屋和危险房屋

C. 地下人防设施

D. 微利企业和亏损企业的房产

**3.** 房产税的计税依据可以是（ ）。

A. 房屋产权属于国家所有的，由经营管理单位缴纳房产税

B. 房屋产权属于集体和个人所有的，由集体单位和个人缴纳房产税

C. 房屋产权出典的，由出典人缴纳房产税

D. 产权所有人、承典人不在房产所在地的，由房产代管人或使用人缴纳

**4.** 下列项目中，符合房产税暂行条例有关规定的有（ ）。

A. 纳税人将原有房产用于生产经营，从生产经营之月起缴纳房产税

B. 纳税人自行新建房屋用于生产经营，从建成之次月起，缴纳房产税

C. 纳税人委托施工企业建设的房屋，从办理验收手续之次月起缴纳房产税

D. 纳税人委托施工企业建设的房屋，在办理验收手续前即已使用的新建房屋，应从使用的次月起缴纳房产税

**5.** 下列关于契税的正确说法是（ ）。

A. 普遍适用于内、外资企业，企事业单位、中外籍个人

B. 属财产行为税类

C. 属特定目的的税类

D. 采用幅度比例税率

**6.** 下列以成交价格为依据计算契税的有（ ）。

A. 土地使用权赠与　　B. 土地使用权出让

C. 土地使用权出售　　D. 土地使用权转让

**7.** 符合（ ）条件的纳税人，可以得到契税的减免税优惠。

A. 城镇职工按规定第一次购买公有住房

B. 承受荒地，用于农业生产

C. 企业兼并的房屋产权变更

D. 外国驻华使馆承受房屋权属

**8.** 下列单位中，不属于土地增值税纳税人的是（　　）。

A. 建造房屋的施工单位

B. 中外合资房地产企业

C. 出售国有土地使用权的事业单位

D. 房地产管理的物业公司

**9.** 纳税人转让房地产取得的收入包括（　　）。

A. 货币收入　　B. 实物收入

C. 无形资产收入　　D. 依照有关规定代收的价外费用

**10.** 下列单位和个人中，属于土地增值税的纳税人的有（　　）。

A. 出租闲置房屋的某事业单位

B. 出售花园小区的某房地产公司

C. 市政规划需要迁往城外的某化工厂

D. 公开向社会破产拍卖房地产的某手表厂

## 四、是非判断题

**1.** 所有拥有城镇房屋产权的单位和个人，都是房产税的纳税人。（　　）

**2.** 房产税征税对象是房屋，包括与房屋不可分割的各种附属设备和独立于房屋之外的建筑物。（　　）

**3.** 企业办的幼儿园、医院免纳房产税。（　　）

**4.** 房产不在同一地方的纳税人，以纳税人机构所在地为房产税纳税地点。（　　）

**5.** 随着经济形势的发展，我国出现了以土地、房屋权属作价投资、入股的情况，这种情况不能视同为土地使用权的转让。（　　）

**6.** 某企业将一处房产转让给社会团体用于办公，该社会团体属事业单位，因而此转让行为不纳契税。（　　）

**7.** 发生房屋产权买卖时，出售方应缴纳契税。（　　）

**8.** 对取得土地使用权后，未进行任何开发就转让的纳税人，在计算土地增值税的增值额时，只扣除取得土地使用权时所支付的地价款和按国家统一规定交纳的有关费用，以及在转让环节缴纳的税金，不允许对上述支付的地价款和交纳的有关费用加计20%的扣除。（　　）

**9.** 房产所有人将自己拥有的房地产无偿赠与他人，不需要缴纳土地增值税。（　　）

**10.** 对于一方出资、一方出地的合作建房，建成后自用的，免征土地增值税。（　　）

## 五、简答题

**1.** 房产税的纳税人及其征税范围是如何规定的?

**2.** 简述契税的纳税人及其征税范围。

**3.** 简述我国开征土地增值税的目的和意义。

**4.** 简述我国开征烟叶税的目的和意义。

**5.** 简述土地增值税扣除项目的内容。

## 六、综合计算题

**1.** 某个人有房屋6间，其中2间门面房出租给某饭店，租金按其当年营业收入的10%收取，该饭店当年营业收入20万元；还有2间出租给当地运输企业作为库房，月租金收入为1 000元。

**要求：**计算该出租户本年应缴纳的房产税。

**2.** 位于某县城的振鑫公司，2017年有用于生产经营的厂房4 000平方米，原值为3 200 000元；另外，还有用于出租的仓库600平方米，全年共取得租金60 000元。

**要求：**计算振鑫公司全年应缴纳的房产税。

## 七、案例分析题

**1.** 华发公司自有办公楼两栋，原值分别为1 600万元和1 200万元，占地面积相同，合计为6 000平方米。2017年7月1日，华发公司将其中价值1 200万元的办公楼作为联营投资投入大华公司，每年收取固定的投资收入100万元。2017年公司新占用19 800平方米耕地用于工业建设。已知华发公司所在地政府规定在计算房产税时允许扣除的减除比例为30%，经税务机关核定，华发公司所占土地每平方米的年税额为3元，所占耕地适用的定额税率为40元/平方米。

**要求：**计算华发公司这两栋办公楼2017年应缴纳的房产税、城镇土地使用税和耕地占用税。

**2.** 坐落在县城的东风公司，系一家大型国有企业，用于生产经营的厂房原值为5 000万元，该企业还创办一所学校和一所职工医院，房产原值分别为300万元和200万元；另外，东风公司还有一个用于出租的仓库，年租金为4万元。按当地规定，允许以减除房产原值20%后的余值为计税依据。

**要求：**根据上述资料，计算东风公司全年应缴纳的房产税。

Chapter11

# 第十一章

# 车辆购置税法、车船税法、印花税法和环境保护税法

## 引导案例　华康远洋公司依法交纳印花税案

宝茂县地方税务局稽查局于2017年8月10日对华康远洋公司2000年度印花税缴纳情况进行检查。经检查有关账簿凭证，发现下列资料：

（1）与某科研单位签订一份技术开发合同，合同总金额为400万元。合同规定，研究开发费用为320万元，报酬为80万元。

（2）与大华公司签订非专利技术转让合同，价款为50万元；与富达公司签订专利权转让合同，价款为100万元。

（3）与市工商银行签订借款合同，合同总金额为400万元，又分两次填开借据领取该笔借款，金额分别为300万元、100万元。

（4）与某财务公司签订一项融资租赁合同，设备租赁费总额100万元，租期5年，每年支付租金20万元。

（5）与某建筑公司签订一项建筑承包合同，金额500万元。

（6）该公司兼并一家国有企业，使得实收资本和资本公积总额增加400万元，被兼并企业的资金账簿已按规定缴纳过印花税。

（7）7月与保险公司签订财产保险合同1份，保险标的物价值总额4 000万元，按12‰的比例支付保险费48万元。

资料来源：各种合同印花税的对照，载于中税网，http:www.taxchina.cn。

**讨论与思考问题：**

1. 印花税的征税范围包括哪些？
2. 印花税如何计算？
3. 华康远洋公司应缴纳多少印花税？

# 第一节　车辆购置税法

## 一、车辆购置税概述

**1. 车辆购置税的概念**

车辆购置税是以在中国境内购置规定车辆为课税对象，在特定的环节向车辆购置者征收的一种税。就其性质而言，车辆购置税属于直接税的范畴。车辆购置税于 2001 年 1 月 1 日开始在我国征收，它是一个新的税种，是在原交通部门收取车辆购置费的基础上，通过“费改税”方式演变而来的，征收车辆购置税有利于合理筹集财政资金，规范政府行为，调节收入差距，也有利于配合打击车辆走私和维护国家权益。

**2. 车辆购置税的特点**

车辆购置税作为一种特殊税，除具有税收的共性外，还有其独有的四个特点：第一，征收范围单一，它仅以购置的特定车辆为课税对象，而不是对所有财产或消费的财产征税；第二，征收环节单一，它不是在生产、经营和消费的每一个环节征收，而是在消费领域中的特定环节一次征收；第三，征税具有特定目的，车辆购置税为中央税，取之于应税车辆，用之于交通建设，其征收具有专门用途；第四，价外征收，不转嫁税负，征收车辆购置税的商品价格中不含车辆购置税税额，车辆购置税是附加在价格之外的，且税收的缴纳者即为最终的税收负担者，不转嫁税负。

## 二、车辆购置税法的一般规定

车辆购置税法是指国家制定的用以调整车辆购置税征收与缴纳权利及义务关系的法律规范。现行车辆购置税法的基本规范是 2000 年 10 月 22 日国务院令第 294 号颁布并于 2001 年 1 月 1 日起施行的《中华人民共和国车辆购置税暂行条例》（以下简称《车辆购置税暂行条例》）。

### （一）纳税义务人与征税范围

**1. 纳税义务人**

车辆购置税的纳税义务人是指在中华人民共和国境内购置应税车辆的单位和个人。其中购置，是指包括购买、进口、自产、受赠、获奖或者以其他方式取得并自用应税车辆的行为。所称单位，包括国有企业、集体企业、私营企业、股份制企业、外商投资企业、外国企业以及其他企业和事业单位、社会团体、国家机关、部队以及其他单位；所称个人，包括个体工商户以及其他个人。

**2. 征税范围**

车辆购置税以列举的车辆作为征税对象，未列举的车辆不纳税。其征税范围包括汽车、摩托车、电车、挂车、农用运输车，具体规定如下所示。

（1）汽车：各类汽车。

（2）摩托车。

1）轻便摩托车：最高设计时速不大于 50km/h，发动机汽缸总排量不大于 50cm$^3$ 的两个或者三个车轮的机动车。

2）二轮摩托车：最高设计车速大于 50km/h，或者发动机汽缸总排量大于 50cm$^3$ 的两个车轮的机动车。

3）三轮摩托车：最高设计车速大于 50km/h，或者发动机汽缸总排量大于 50cm$^3$，空车重量不大于 400kg 的三个车轮的机动车。

（3）电车。

1）无轨电车：以电能为动力，由专用输电电缆线供电的轮式公共车辆。

2）有轨电车：以电能为动力，在轨道上行驶的公共车辆。

（4）挂车。

1）全挂车：无动力设备，独立承载，由牵引车辆牵引行驶的车辆。

2）半挂车：无动力设备，与牵引车辆共同承载，由牵引车辆牵引行驶的车辆。

（5）农用运输车。

1）三轮农用运输车：柴油发动机，功率不大于 7.4kW，载重量不大于 500kg，最高车速不大于 40km/h 的三个车轮的机动车。

2）四轮农用运输车：柴油发动机，功率不大于 28kW，载重量不大于 1 500kg，最高车速不大于 50km/h 的四个车轮的机动车。

## （二）税率与计税依据

### 1. 税率

车辆购置税实行统一比例税率，税率为 10%。

### 2. 计税依据

车辆购置税以应税车辆为课税对象，应税车辆的价格，即计税价格就成为车辆购置税的计税依据。

车辆购置税的计税价格根据不同情况，按照下列规定确定。

（1）纳税人购买自用的应税车辆的计税价格，为纳税人购买应税车辆而支付给销售者的全部价款和价外费用，不包括增值税税款。“价外费用”是指销售方价外向购买方收取的基金、集资费、返还利润、补贴、违约金、手续费、包装费、储存费、优质费、运输装卸费、保管费、代收款项、代垫款项以及其他各种性质的价外收费。

由于纳税人购买自用的应税车辆是按不含增值税的计税价格征收车辆购置税的，因此，纳税人购车发票的价格未扣除增值税税款的，或者因不得开具机动车辆销售统一发票（或其他普通发票）而发生价款与增值税税款合并收取的，在确定车辆购置税的计税价格时，应将其换算为不含增值税的销售价格。其换算公式为：

计税价格 = 含增值税的销售价格 ÷（1+ 增值税税率或征收率）

（2）纳税人进口自用的应税车辆的计税价格的计算公式为：

计税价格＝关税完税价格＋关税＋消费税

（3）纳税人自产、受赠、获奖或者以其他方式取得并自用的应税车辆的计税价格，由主管税务机关参照国家税务总局规定的相同类型应税车辆的最低计税价格核定。

（4）以最低计税价格为计税依据的确定。

纳税人购买自用的或进口自用的应税车辆，申报的计税价格低于同类型应税车辆的最低计税价格，又无正当理由的，按照最低计税价格征收车辆购置税，即纳税人购买自用的或进口自用的应税车辆，首先应分别按上述的计税价格、组成计税价格计税，申报的计税价格偏低，又提不出正当理由的，应以最低计税价格为计税依据，按照核定的最低计税价格征税，计算公式为：

核定计税价格＝车辆进价×（1+成本利润率）

式中，成本利润率由省级国家税务局确定。

最低计税价格是指国家税务总局依据车辆生产企业提供的车辆价格信息并参照市场平均交易价格核定的车辆购置税计税价格。

## 三、车辆购置税应纳税额的计算

车辆购置税实行从价定率的办法计算应纳税额。应纳税额的计算公式为：

应纳税额＝计税价格×税率

由于应税车辆购置来源、应税行为发生以及计税价格的不同，车辆购置税应纳税额的计算方法也有所区别。

### （一）购买自用的应税车辆应纳税额的计算

纳税人购买自用的应税车辆，其计税价格由纳税人支付给销售者的全部价款（不包括增值税税款）和价外费用组成。

#### 1. 购买自用的国产应税车辆应纳税额的计算

**【例 11-1】** 赵某于2017年3月8日从南京汽车公司购买一辆轿车供自己使用，支付含增值税车价款106 000元，另支付代收临时牌照费150元、代收保险费352元，支付购买工具件和零配件价款2 035元、车辆装饰费250元。支付的各项价、费款均由南京汽车公司开具“机动车销售统一发票”，计算赵某的应纳车辆购置税额。

**解析：**

（1）计税价格＝（106 000+150+352+2 035+250）÷（1+16%）≈ 93 781.90（元）

（2）应纳车辆购置税额＝93 781.90×10%= 9 378.19（元）

#### 2. 购买进口自用的应税车辆应纳税额的计算

**【例 11-2】** 某单位于2017年12月从东风汽车贸易中心（增值税一般纳税人）购买

日本本田公司生产的轿车一辆，该单位按东风汽车贸易中心开具的“机动车辆统一发票”金额支付价款 371 000 元，东风汽车贸易中心代该单位办理车辆上牌等事宜，并向该单位收取新车登记费、上牌办证费、代办手续费、送车费等共计 36 000 元。计算该单位的应纳车辆购置税额。

**解析：**

应纳车辆购置税额 =（371 000+36 000）÷（1+16%）× 10% ≈ 35 086.21（元）

### （二）进口自用的应税车辆应纳税额的计算

纳税人进口自用的应税车辆以组成计税价格为计税依据。计税价格的计算公式为：

计税价格 = 关税完税价格 + 关税 + 消费税

**【例 11-3】** 某贸易进出口公司于 2017 年 11 月 12 日从国外进口 10 辆小轿车，该公司报关进口这批小轿车时经报关地口岸海关对有关报关资料的审查，确定关税计税价格为 198 000 元 / 辆，海关按关税政策规定课征关税 217 800 元 / 辆，并按消费税、增值税有关规定分别代征进口消费税 21 884 元 / 辆、增值税 74 406 元 / 辆。由于业务工作的需要，该公司将两辆小轿车用于本单位使用。计算出该公司的应纳车辆购置税额。

**解析：**

（1）组成计税价格 =198 000+217 800+21 884=437 684（元）

（2）应纳车辆购置税额 = 自用数量 × 组成计税价格 × 税率 =2 × 437 684 × 10%= 87 536.80（元）

### （三）以其他方式取得并自用的应税车辆应纳税额的计算

纳税人自产自用、受赠使用、获奖使用和以其他方式取得并自用的应税车辆，凡不能取得该种车型的购置价格，或者低于最低计税价格的，以国家税务总局核定的最低计税价格为计税依据计算征收车辆购置税。

#### 1. 自产自用的应税车辆应纳税额的计算

**【例 11-4】** 某客车制造厂于 2017 年 8 月将自产的一辆客车用于本厂后勤生活服务，该厂在办理车辆上牌落籍前，出具该车的发票注明金额为 44 300 元，并按此金额向主管税务机关申报纳税，经审核，国家税务总局对该车同类型车辆核定的最低计税价格为 47 000 元。该厂对作价提不出正当理由。计算该车的应纳车辆购置税额。

**解析：**

应纳车辆购置税额 =47 000 × 10%=4 700（元）

#### 2. 受赠使用的应税车辆应纳税额的计算

**【例 11-5】** 我国某儿童基金会接受某中美合资公司赠送的小轿车一辆，该车经国家税务总局核定的最低计税价格为380 000元。计算应纳车辆购置税额。

**解析：**

应纳车辆购置税额 =380 000×10%=38 000（元）

### 3. 获奖使用的应税车辆应纳税额的计算

**【例11-6】** 2017年3月余某在某公司举办的有奖销售活动中，中奖获得一辆昌河微型汽车，举办公司开具的销售发票金额为58 700元。余某申报纳税时，经主管税务机关审核，国家税务总局核定该车型的最低计税价格为73 500元。计算余某的应纳车辆购置税额。

**解析：**

应纳车辆购置税额 =735 000×10%=7 350（元）

### 4. 其他方式取得并自用的应税车辆应纳税额的计算

其他方式是指除自产自用、受赠使用、获奖使用以外的方式，主要包括拍卖、抵债、走私、罚没等，以这些方式取得并自用的应税车辆，也应按同类型车辆的最低计税价格计征车辆购置税。

**【例11-7】** 某公司因经营不善、资不抵债而宣告破产，法院等有关部门在清理资产过程中，组织有关单位对其资产进行拍卖，其中，2017年3月由某拍卖公司拍卖的一辆小轿车，成交价为95 000元，该车为未上牌新车，国家税务总局核定同类型车辆的最低计税价格为130 000元。计算购买者申报纳税时的应纳车辆购置税额。

**解析：**

应纳车辆购置税额 =130 000×10%=13 000（元）

## 四、税收优惠与管理

### 1. 车辆购置税的减免税

车辆购置税的免税、减税，按照下列规定执行：

（1）外国驻华使馆、领事馆和国际组织驻华机构及其外交人员自用的车辆，免税；

（2）中国人民解放军和中国人民武装警察部队列入军队武器装备订货计划的车辆，免税；

（3）设有固定装置的非运输车辆，免税；

（4）有国务院规定予以免税或者减税的其他情形的，按照规定免税或者减税。

### 2. 车辆购置税的退税

纳税人已经缴纳车辆购置税但在办理车辆登记注册手续前，因下列原因需要办理退还车辆购置税的，由纳税人申请，征收机构审查后办理退还车辆购置税手续：

（1）公安机关车辆管理机构不予办理车辆登记注册手续的，凭生产企业或经销商开具的退车证明、退车发票、完税证明正本、公安机关车辆管理机构出具的注销车辆号牌证明办理退税手续；

（2）因质量等原因发生退回所购车辆的，凭生产企业或经销商开具的退货证明、退车发票、完税证明正本和副本办理退税手续。

**3. 车辆购置税的纳税申报**

车辆购置税实行一车一申报制度。

**4. 车辆购置税的纳税环节**

车辆购置税的纳税环节选择在销售环节。

**5. 车辆购置税的纳税地点**

纳税人购置应税车辆，应当向车辆登记注册地的主管税务机关申报纳税；购置不需要办理车辆登记注册手续的应税车辆，应当向纳税人所在地的主管税务机关申报纳税。

**6. 车辆购置税的纳税期限**

纳税人购买自用应税车辆的，应当自购买之日起60日内申报纳税；进口自用应税车辆的，应当自进口之日起60日内申报纳税；自产、受赠、获奖或者以其他方式取得并自用应税车辆的，应当自取得之日起60日内申报纳税。

车辆购置税税款应当一次缴清。

# 第二节 车船税法

## 一、车船税概述

**1. 车船税的概念**

车船税是以车船为征税对象，向拥有车船的单位和个人征收的一种税。

**2. 征收车船税的作用**

征收车船税的作用主要有以下三个方面：

（1）有利于为地方政府筹集财政资金。

（2）有利于车船的管理和合理配置。

（3）有利于调节财富差异。

## 二、车船税法的一般规定

车船税法是指国家制定的用以调整车船税征收与缴纳权利义务关系的法律规范。现行车船税法的基本规范是2011年2月25日由中华人民共和国第十一届全国人民代表大会常务委员会第十九次会议通过的《中华人民共和国车船税法》(以下简称《车船税法》)，自2012年1月1日起施行。

### （一）纳税义务人与征税范围

**1. 纳税义务人**

在中华人民共和国境内，车辆、船舶（以下简称车船）的所有人或者管理人为车船税的纳税人。

**2. 征税范围**

车船税的征税范围为依法应当在车船管理部门登记的车船。但下列车船免征车船税：

（1）非机动车船（不包括非机动驳船）；

（2）拖拉机；

（3）捕捞、养殖渔船；

（4）军队、武警专用的车船；

（5）警用车船；

（6）按照有关规定已经缴纳船舶吨税的船舶；

（7）依照我国有关法律和我国缔结或者参加的国际条约的规定，应当予以免税的外国驻华使馆、领事馆和国际组织驻华机构及其有关人员的车船。

## （二）税目与税率

车船税实行定额税率。定额税率是税率的一种特殊形式，车船税的适用税额，依照《车船税税目税额表》（见表11-1）执行。车辆的具体适用税额由省、自治区、直辖市人民政府在规定的子税目税额幅度内确定。

表 11-1　车船税税目税额表

| 税目 | | 计税单位 | 年基准税额 | 备注 |
| --- | --- | --- | --- | --- |
| 乘用车按发动机汽缸容量（排气量）分档 | 1.0升（含）以下的 | 每辆 | 60～360元 | 核定载客人数9人（含）以下 |
| | 1.0升以上至1.6升（含）的 | | 300～540元 | |
| | 1.6升以上至2.0升（含）的 | | 360～660元 | |
| | 2.0升以上至2.5升（含）的 | | 660～1 200元 | |
| | 2.5升以上至3.0升（含）的 | | 1 200～2 400元 | |
| | 3.0升以上至4.0升（含）的 | | 2 400～3 600元 | |
| | 4.0升以上 | | 3 600～5 400元 | |
| 商用车 | 客车 | 每辆 | 480～1 440元 | |
| | 货车 | 整备质量每吨 | 16～120元 | |
| 其他车辆 | 专用作业车 | 整备质量每吨 | 16～120元 | |
| | 轮式专用机械车 | 整备质量每吨 | 16～120元 | |
| 摩托车 | | 每辆 | 36～180元 | |
| 船舶 | 机动船舶 | 净吨位每吨 | 3～6元 | 拖船、非机动驳船分别按照机动船舶税额的50%计算 |
| | 游艇 | 艇身长度每米 | 600～2 000元 | |

车船税采用定额税率，即对征税的车船规定单位固定税额。车船税确定税额总的原则是：非机动车船的税负轻于机动车船；人力车的税负轻于畜力车；小吨位船舶的税负轻于大船舶。

（1）机动船舶，具体适用税额为：

1）净吨位小于或者等于 200 吨的，每吨 3 元；

2）净吨位 201 ～ 2 000 吨的，每吨 4 元；

3）净吨位 2001 ～ 10 000 吨的，每吨 5 元；

4）净吨位 10 001 吨及以上的，每吨 6 元；

5）拖船按照发动机功率每 1 千瓦折合净吨位 0.67 吨计算征收车船税。

（2）游艇，具体适用税额为：

1）艇身长度不超过 10 米的游艇，每米 600 元；

2）艇身长度超过 10 米但不超过 18 米的游艇，每米 900 元；

3）艇身长度超过 18 米但不超过 30 米的游艇，每米 1 300 元；

4）艇身长度超过 30 米的游艇，每米 2 000 元；

5）辅助动力帆艇，每米 600 元。

## 三、车船税应纳税额的计算与代缴纳

纳税人按照纳税地点所在的省、自治区、直辖市人民政府确定的具体适用税额缴纳车船税；车船税由地方税务局负责征收。

（1）购置的新车船，购置当年的应纳税额自纳税义务发生的当月起按月计算。计算公式为：

应纳税额 =（年应纳税额 /12）× 应纳税月份数

应纳税月份数 =12– 纳税义务发生时间（取月份）+1

（2）在一个纳税年度内，已完税的车船被盗抢、报废、灭失的，纳税人可以凭有关管理机关出具的证明和完税证明，向纳税所在地的主管税务机关申请退还自被盗抢、报废、灭失月份起至该纳税年度终了期间的税款。

（3）已办理退税的被盗抢车船，失而复得的，纳税人应当从公安机关出具相关证明的当月起计算缴纳车船税。

（4）在一个纳税年度内，纳税人在非车辆登记地由保险机构代收代缴机动车车船税，且能够提供合法有效完税证明的，纳税人不再向车辆登记地的地方税务机关缴纳车船税。

（5）已缴纳车船税的车船在同一纳税年度内办理转让过户的，不另纳税，也不退税。

车船税对于载货汽车、摩托车以“辆”为计税依据；对于载货汽车、三轮汽车低速货车以“自重每吨”为计税依据；对船舶以“按净吨位每吨”为计税依据。计算公式为：

载货汽车、三轮汽车低速货车的应纳税额 = 自重吨数 × 适用单位税额

船舶的应纳税额 = 净吨位数 × 适用单位税额

【例 11-8】 大昌汽车运输公司共有卡车 10 辆，每辆自重 3 吨，当地核定的单位税额为 80 元 / 年；另有本单位职工接送车（大巴）一辆，当地核定的税额为 600 元 / 年，计算该公司全年的应纳车船税。

解析：

（1）货车应纳税额 =3×10×80=2 400（元）

（2）大巴应纳税额 =600×1=600（元）

（3）大昌汽车运输公司全年应纳车船税 =2 400+600=3 000（元）

## 四、税收优惠

### 1. 法定减免

下列车船免征车船税：

（1）捕捞、养殖渔船。

（2）军队、武装警察部队专用的车船。

（3）警用车船。

（4）依照法律规定应当予以免税的外国驻华使领馆、国际组织驻华代表机构及其有关人员的车船。

（5）对节约能源、使用新能源的车船，可以减征或者免征车船税；对受严重自然灾害影响纳税困难以及有其他特殊原因确实需要减税、免税的，可以减征或者免征车船税。具体办法由国务院规定，并报全国人民代表大会常务委员会备案。

### 2. 特定减免

（1）经批准临时入境的外国车船和香港特别行政区、澳门特别行政区、台湾地区的车船，不征收车船税。

（2）按照规定缴纳船舶吨税的机动船舶，自车船税法实施之日起 5 年内免征车船税。

（3）依法不需要在车船登记管理部门登记的机场、港口、铁路站场内部行驶或作业的车船，自车船税法实施之日起 5 年内免征车船税。

## 五、征收管理

### 1. 纳税期限

车船税按年征收、分期（季度或半年）缴纳。具体的纳税期限由省、自治区、直辖市人民政府确立。

### 2. 纳税地点

车船税的纳税地点为纳税人所在地，即单位的经营地或机构所在地、个人的住所所在地。车船使用税实行源泉控制，一律由纳税人所在地的地方税务机关负责征收和管理，各地对外省、市来的车船不计查税款。

### 3. 纳税申报

车船税的申报和城建税、教育费附加、资源税、房产税和城市房地产税、土地增值税和城镇土地使用税（预征部分）、车船使用牌照税、印花税（仅限汇总缴纳和核定征收两种方式）、文化事业建设费、水利建设专项资金的申报一起，统一通过填制《地方税（费）纳税综合申报表》进行申报。

# 第三节 印花税法

## 一、印花税概述

### 1. 印花税的概念

印花税是以经济活动和经济交往中，书立、领受应税凭证的行为为征税对象征收的一种税。印花税因其采用在应税凭证上粘贴印花税票的方法缴纳税款而得名。

### 2. 征收印花税的意义

征收印花税的意义主要有：

（1）有利于增加财政收入；

（2）有利于配合和加强经济合同的监督管理；

（3）有利于培养纳税意识；

（4）有利于配合其他应纳税种的监督管理。

## 二、印花税法的一般规定

印花税法是指国家制定的用以调整印花税征收与缴纳权利及义务关系的法律规范。现行的印花税法的基本规范是1988年8月6日国务院发布并于同年10月1日实施的《中华人民共和国印花税暂行条例》(以下简称《印花税暂行条例》)。

### (一) 纳税义务人

印花税是对经济活动中书立、领受应税凭证的行为征收的一种税。在我国书立、领受应税范围内各种应税凭证的单位和个人，都是印花税的纳税义务人。

所称的单位和个人，是指国内各类企业、事业、机关、团体、部队以及中外合资企业、合作企业、外资企业、外国公司和其他经济组织及其在华机构等单位和个人。

上述单位和个人，按照书立、使用、领受应税凭证的不同，可以分别确定为立合同人、立据人、立账簿人、领受人、使用人和各类电子应税凭证的签订人。

各种权利证照的领受人。如果同一凭证，由两方或者两方以上当事人签订并各执一份的，应由各方就所执的一份各自全额贴花。

## （二）印花税税目与税率

### 1. 印花税税目

印花税的税目是指印花税法明确规定的应当纳税的项目，它具体划定了印花税的征税范围。一般地说，列入税目的就要征税，未列入税目的就不征税。印花税共有 13 个税目。

（1）购销合同，包括供应、预购、采购、购销结合及协作、调剂、补偿、贸易等合同。

（2）加工承揽合同，包括加工、定做、修缮、修理、印刷广告、测绘、测试等合同。

（3）建设工程勘察设计合同，包括勘察、设计合同。

（4）建筑工程承包合同，包括建筑、安装工程承包合同。承包合同包括总承包合同、分包合同和转包合同。

（5）财产租赁合同，包括租赁房屋、船舶、飞机、机动车辆、机械、器具、设备等合同，还包括企业、个人出租门店、柜台等签订的合同。

（6）货物运输合同，包括民用航空、铁路运输、海上运输、公路运输和联运合同，以及作为合同使用的单据。

（7）仓储保管合同，包括仓储、保管合同，以及作为合同使用的仓单、栈单等。

（8）借款合同，银行及其他金融组织与借款人（不包括同业拆借）所签订的合同，以及只填开借据并作为合同使用、取得银行借款的借据。

（9）财产保险合同，包括财产、责任、保证、信用保险合同，以及作为合同使用的单据。

（10）技术合同，包括技术开发、转让、咨询、服务等合同，以及作为合同使用的单据。

（11）产权转移书据，包括财产所有权和版权、商标专用权、专利权、专有技术使用权等转移书据、土地使用权出让合同、商品房销售合同。

（12）营业账簿，指单位或者个人记载生产经营活动的财务会计核算账簿。营业账簿按其反映内容的不同，可分为记载资金的账簿和其他账簿。

（13）权利、许可证照，包括政府部门发给的房产权证、工商营业执照、商标注册证、专利证、土地使用证。

### 2. 印花税税率

印花税的税率设计，遵循税负从轻、共同负担的原则，所以税率比较低；凭证的当事人，即对凭证有直接权利与义务关系的单位和个人均应就其所持凭证依法纳税。

印花税的税率有比例税率和定额税率两种形式。

（1）比例税率。在印花税的 13 个税目中，各类合同以及具有合同性质的凭证（含各类电子形式签订的各类应税凭证）、产权转移书据、营业账簿中记载资金的账簿，适用比例税率。

印花税的比例税率分为 4 个档次，分别为 0.05‰、0.3‰、0.5‰、1‰。

1）适用 0.05‰ 税率的为“借款合同”。

2）适用 0.3‰ 税率的为“购销合同”“建筑安装工程承包合同”“技术合同”。

3）适用 0.5‰ 税率的为“加工承揽合同”“建筑工程勘察设计合同”“货物运输合同”“产权转移书据”“营业账簿”税目中记载资金的账簿。

4）适用 1‰ 税率的为“财产租赁合同”“仓储保管合同”“财产保险合同”。

5）在上海证券交易所、深圳证券交易所、全国中小企业股份转让系统买卖、继承、赠予优先股所书立的股权转让书据，均依书立时实际成交金额，由出让方按 1‰ 的税率计算缴纳证券（股票）交易印花税。

（2）定额税率。在印花税的 13 个税目中，“权利、许可证照”和“营业账簿”税目中的其他账簿，适用定额税率，均为按件贴花，税额为 5 元。这样规定，主要是考虑到上述应税凭证比较特殊，有的是无法计算金额的凭证，例如权利、许可证照；有的是虽记载有金额，但以其作为计税依据又明显不合理的凭证，例如其他账簿。采用定额税率，便于纳税人缴纳，便于税务机关征管。印花税税目、税率如表 11-2 所示。

**表 11-2　印花税税目、税率表**

| | 税目 | 范围 | 税率 | 纳税人 | 说明 |
|---|---|---|---|---|---|
| 1 | 购销合同 | 包括供应、预购、采购、购销、结合及协作、调剂、补偿、易货等合同 | 按购销金额 0.3‰ 贴花 | 立合同人 | |
| 2 | 加工承揽合同 | 包括加工、定做、修缮、修理、印刷广告、测绘、测试等合同 | 按加工或承揽收入 0.5‰ 贴花 | 立合同人 | |
| 3 | 建设工程勘察设计合同 | 包括勘察、设计合同 | 按收取费用 0.5‰ 贴花 | 立合同人 | |
| 4 | 建筑安装工程承包合同 | 包括建筑、安装工程承包合同 | 按承包金额 0.3‰ 贴花 | 立合同人 | |
| 5 | 财产租赁合同 | 包括租赁房屋、船舶、飞机、机动车辆、机械、器具、设备等合同 | 按租赁金额 1‰ 贴花。税额不足 1 元，按 1 元贴花 | 立合同人 | |
| 6 | 货物运输合同 | 包括民用航空运输、铁路运输、海上运输、内河运输、公路运输和联运合同 | 按运输费用 0.5‰ 贴花 | 立合同人 | 单据作为合同使用的，按合同贴花 |
| 7 | 仓储保管合同 | 包括仓储、保管合同 | 按仓储保管费用 1‰ 贴花 | 立合同人 | 仓单或栈单作为合同使用的，按合同贴花 |
| 8 | 借款合同 | 银行及其他金融组织和借款人（不包括银行同业拆借）所签订的借款合同 | 按借款金额 0.05‰ 贴花 | 立合同人 | 单据作为合同使用的，按合同贴花 |
| 9 | 财产保险合同 | 包括财产、责任、保证、信用等保险合同 | 按保险费收入 1‰ 贴花 | 立合同人 | 单据作为合同使用的，按合同贴花 |

（续）

| | 税目 | 范围 | 税率 | 纳税人 | 说明 |
|---|---|---|---|---|---|
| 10 | 技术合同 | 包括技术开发、转让、咨询、服务等合同 | 按所载金额 0.3‰ 贴花 | 立合同人 | |
| 11 | 产权转移书据 | 包括财产所有权、版权、商标专用权、专利权、专有技术使用权等转移书据、土地使用权出让合同、土地使用权转让合同、商品房销售合同 | 按所载金额 0.5‰ 贴花 | 立据人 | |
| 12 | 营业账簿 | 生产、经营用账册 | 记载资金的账簿，按实收资本和资本公积的合计金额 0.5‰ 贴花<br>其他账簿按件计税 5 元 / 件 | 立账簿人 | |
| 13 | 权利、许可证照 | 包括政府部门发给的房屋产权证、工商营业执照、商标注册证、专利证、土地使用证 | 按件贴花 5 元 | 领受人 | |

## 三、应纳税额的计算

### 1. 计税依据的一般规定

印花税的计税依据为各种应税凭证上所记载的计税金额。具体规定如下所示。

（1）购销合同的计税依据为合同记载的购销金额。

（2）加工承揽合同的计税依据是加工或承揽收入的金额。

（3）建设工程勘察设计合同的计税依据为收取的费用。

（4）建筑安装工程承包合同的计税依据为承包金额。

（5）财产租赁合同的计税依据为租赁金额。

（6）货物运输合同的计税依据为取得的运输费金额（运费收入），不包括所运货物的金额、装卸费和保险费等。

（7）仓储保管合同的计税依据为收取的仓储保管费用。

（8）借款合同的计税依据为借款金额。

（9）财产保险合同的计税依据为支付（收取）的保险费，不包括所保财产的金额。

（10）技术合同的计税依据为合同所载的价款、报酬或使用费。

（11）产权转移书据的计税依据为所载金额。

（12）营业账簿税目中记载资金的账簿的计税依据为“实收资本”与“资本公积”两项的合计金额。

（13）权利、许可证照的计税依据为应税凭证件数。

### 2. 计税依据的特殊规定

（1）上述凭证以“金额”“收入”“费用”作为计税依据的，应当全额计税，不得作任何扣除。

（2）同一凭证，载有两个或两个以上经济事项而适用不同税目税率，分别记载金额的，应分别计算应纳税额，相加后按合计税额贴花；未分别记载金额的，按税率高的计税贴花。

（3）按金额比例贴花的应税凭证，未标明金额的，应按照凭证所载数量及国家牌价计算金额；没有国家牌价的，按市场价格计算金额，然后按规定税率计算应纳税额。

（4）应税凭证所载金额为外国货币的，应按照凭证书立当日国家外汇管理局公布的外汇牌价折合成人民币，然后计算应纳税额。

（5）应纳税额不足 1 角的，免纳印花税；1 角以上的，其税额尾数不满 5 分的不计，满 5 分的按 1 角计算。

（6）有些合同，在签订时无法确定计税金额的。

（7）应税合同在签订时纳税义务即已产生，应计算应纳税额并贴花。所以，不论合同是否兑现或是否按期兑现，均应贴花。

（8）对有经营收入的事业单位，凡属由国家财政拨付事业经费，实行差额预算管理的单位，其记载经营业务的账簿，按其他账簿定额贴花，不记载经营业务的账簿不贴花；凡属经费来源实行自收自支的单位，其营业账簿，应对记载资金的账簿和其他账簿分别计算应纳税额。

（9）商品购销活动中，采用以货换货方式进行商品交易签订的合同，是反映既购又销双重经济行为的合同。对此，应按合同所载的购、销合计金额计税贴花。

（10）施工单位将自己承包的建设项目，分包或者转包给其他施工单位所签订的分包合同或者转包合同，应按新的分包合同或者转包合同所载金额计算应纳税额。

**3. 应纳税额的计算方法**

纳税人的应纳税额，根据应纳税凭证的性质，分别按比例税率或者定额税率计算，其计算公式为：

应纳税额 = 应税凭证计税金额（或应税凭证件数）× 适用税率

## 四、税收优惠

对印花税的减免税优惠主要有：

（1）对已缴纳印花税凭证的副本或者抄本免税。凭证的正式签署本已按规定缴纳了印花税，其副本或者抄本对外不发生权利义务关系，只是备查。但以副本或者抄本视同正本使用的，则应另贴印花。

（2）对无息、贴息贷款合同免税。

（3）对房地产管理部门与个人签订的用于生活居住的租赁合同免税。

（4）对农牧业保险合同免税。

（5）对与高校学生签订的高校公寓租赁合同免税。

（6）对公租房经营管理单位建造管理公租房涉及的印花税予以免税。

（7）对纳税人设立的资金账簿按实收资本和资本公积合计金额征收的印花税减半。

（8）对按件征收的其他账簿免征印花税。

## 五、征收管理

### （一）印花税的纳税办法

印花税的纳税办法可采用自行贴花办法、汇贴或汇缴办法、委托代征办法三种办法。

#### 1. 自行贴花办法

纳税人根据应纳税凭证的性质和适用的科目、税率，自行计算应纳税额、自行购买印花税票、自行一次贴足印花税税票并加以注销或划销。这种办法适用于应税凭证较少或者贴花次数较少的纳税人。

#### 2. 汇贴或汇缴办法

一份凭证应纳税额超过500元的，应向当地税务机关申请填写缴款书或者完税证，将其中一联粘贴在凭证上或者由税务机关在凭证上加注完税标记代替贴花。同一种类应纳税凭证，须频繁贴花的，应向当地税务机关申请按期汇总缴纳印花税。税务机关对核准汇总缴纳印花税的单位，应发给汇缴许可证。汇总缴纳的限期限额由当地税务机关确定，但最长期限不得超过1个月。

#### 3. 委托代征办法

委托代征办法包括税务机关委托经由发放或者办理应纳税凭证的单位代为征收印花税税款。如工商行政管理部门在核发各类营业执照和商标注册证时，受税务机关委托，代收印花税税款，并监督领受单位和个人的贴花。

### （二）纳税环节

印花税应当在书立或领受时贴花。

### （三）纳税地点

印花税一般实行就地纳税。

# 第四节　环境保护税法

## 一、环境保护税的概念及其特点

早在2008年，由财政部税政司、国税总局地方税司和国家环保总局政策法规司三部门联合进行的环境税研究制定工作正式启动。2016年12月25日，十二届全国人大常委会第二十五次会议表决通过了《中华人民共和国环境保护税法》（以下简称《环保税法》)，现行排污费更改为环境保护税，于 2018 年 1 月 1 日起开征。这是中央提出落实"税收法定"原则要求后，全国人大常委会审议通过的第一部单行税法，也标志着运行 38 年的排污费制度成为历史。

环境保护税是由英国经济学家庇古最先提出的，他的观点已经为西方发达国家普遍接受。欧美各国的环保政策逐渐减少直接干预手段的运用，越来越多地采用生态税、绿色环保税等多种特指税种来维护生态环境，针对污水、废气、噪音和废弃物等突出的"显性污染"进行强制征税。环境保护税是对于那些从事对于环境有污染的企业征收的税种。环境保护税既可以增加国家的税收收入，还可以促使企业提高环保意识，增加对于环境保护的投入，从而达到保护环境的目的。

荷兰是比较早征收环境保护税的国家，为环境保护设计的税收主要包括燃料税、噪音税、水污染税等，其税收政策已为不少发达国家研究和借鉴。此外，1984 年意大利开征了废物回收费用，作为地方政府处置废物垃圾的资金来源；法国开征森林砍伐税；欧盟开征了碳税。这些环境税收手段加强了环保工作的力度，取得了显著的社会效益和经济效益。

与发达国家相比，中国在环境与资源保护方面虽然也采取了一些税收措施，但比较零散且在整个税收体系中所占比重较小，无法充分起到调节作用，也无法满足环境保护所需的资金。

制定环境保护税法、推进环境保护费改税，有利于从根本上解决现行排污费制度存在的执法刚性不足、行政干预较多、强制性和规范性较为缺乏等问题，有利于促进形成治污减排的内在约束机制，有利于推进生态文明建设、加快经济发展方式转变。

我国自 1979 年确立排污费制度，2003 ～ 2015 年，全国累计征收排污费 2 115.99 亿元，缴纳排污费的企事业单位和个体工商户累计达到 500 多万户。其中，2015 年征收额为 173 亿元。排污费制度对于防止环境污染发挥了重要作用，但与税收制度相比，排污费制度存在执法刚性不足、地方政府和部门干预等问题，因此有必要进行环境保护费改税。《环保税法》的总体思路是由"费"改"税"，即按照"税负平移"原则，实现排污费制度向环保税制度的平稳转移。

在征收方面，《环保税法》规定了税务部门和环保部门的分工。税务机关依法征收管理，环保主管部门则负责依法对污染物监测管理，环保主管部门和税务机关应当建立涉税信息共享平台和机制，定期交换有关纳税信息资料。现行的排污费实行中央和地方 1∶9 分成，考虑到地方政府承担主要污染治理责任，为了调动地方的积极性，环境保护费改税以后，开征之后，环境保护税收入全部作为地方税收入，纳入一般公共预算。

作为我国第一部专门体现"绿色税制"、推进生态文明建设的单行税法，《环保税法》有以下特点。

**1."费"改"税"，实现税负平移**

我国 1979 年确立排污收费制度，选择对大气、水、固体、噪声等四类污染物征收排污费，对防治环境污染起到了重要作用。但在实际执行中却存在着执法刚性不足、地方政府和部门干预等问题，影响了该制度功能的有效发挥。针对这种情况，《环保税法》将“保护和改善环境，减少污染物排放，推进生态文明建设”写入立法宗旨，遵循排污费制度向环保税制度平稳转移原则，将排污费的缴纳人作为环保税的纳税人，根据现行排污收费项目、计费办法和收费标准，设置环保税的税目、计税依据和税额标准。

**2. 减税、免税，降低企业负担**

考虑到目前我国经济下行压力较大，企业生产经营较为困难，《环保税法》采用了两种方式。一是减税，规定了两档减税优惠，企业少排污少缴税。纳税人排污浓度值低于规定标准 30% 的，减按 75% 征税；排污浓度低于标准 50% 的，减按 50% 征税。二是免税，规定对农业生产排放、流动污染源排放等 5 项情形暂予免税。通过这些政策，降低了企业的负担。

**3. 收入归地方，提高地方环保积极性**

为鼓励地方做好污染防治的积极性，《环保税法》明确，中央不再参加收入分成。现行排污费实行中央和地方 1 : 9 分成，以后环境保护税收入将全部归地方，具体税额也由省级政府制定。对现行大气和水污染物的排污费标准，国家只规定下限而未规定上限，各省份可上浮收费标准。环境保护税额既有上限，又有下限。费改税后，征收部门将由环保部门改为税务机关。但考虑到企业排污监测的专业性，离不开环保部门的配合，《环保税法》规定“企业申报、税务征收、环保协同、信息共享”的征管模式。环保部门依法监测管理企业排污和税务机关定期交换纳税资料。

**4. 加大投入，助力生态文明建设**

作为党的十八届三中全会提出“落实税收法定原则”要求后，全国人大常委会审议通过的第一部单行税法，《环保税法》不仅在依法治国层面意义重大，也将进一步推进生态文明建设。此前，排污费征收后实行专款专用，收到的排污费作为财政预算的一部分，用于污染防治等工作。《环保税法》不采用专款专用的方式，而是从两方面入手。一是利用税收杠杆，倒逼企业减排。企业多排污就多交税，少排污则能享受税收减免，通过构建促进经济结构调整、发展方式转变的绿色税制体系，形成有效的约束激励机制。二是加大污染防治和生态环境保护方面的投入力度。原来由排污费安排的支出纳入同级财政预算，按照力度不减的原则予以充分保障，同时，环保投入力度还会不断加大，推进生态文明建设和绿色发展。

## 二、纳税义务人

在中华人民共和国领域和中华人民共和国管辖的其他海域，直接向环境排放应税污染物的企业事业单位和其他生产经营者为环境保护税的纳税人，应当依照规定缴纳环境保护税。

所称应税污染物，是指《环保税法》所附《环境保护税税目税额表》（见表11-3）、《应税污染物和当量值表》（见表11-4）规定的大气污染物、水污染物、固体废物和噪声。

**表11-3　环境保护税税目税额表**

<table>
<tr><th colspan="2">税目</th><th>计税单位</th><th>税额</th><th>备注</th></tr>
<tr><td colspan="2">大气污染物</td><td>每污染当量</td><td>1.2～12元</td><td></td></tr>
<tr><td colspan="2">水污染物</td><td>每污染当量</td><td>1.4～14元</td><td></td></tr>
<tr><td rowspan="4">固体废物</td><td>煤矸石</td><td>每吨</td><td>5元</td><td rowspan="4"></td></tr>
<tr><td>尾矿</td><td>每吨</td><td>15元</td></tr>
<tr><td>危险废物</td><td>每吨</td><td>1 000元</td></tr>
<tr><td>冶炼渣、粉煤灰、炉渣、其他固体废物（含半固态、液态废物）</td><td>每吨</td><td>25元</td></tr>
<tr><td rowspan="6">噪声</td><td rowspan="6">工业噪声</td><td>超标1～3分贝</td><td>每月350元</td><td rowspan="6">1. 一个单位边界上有多处噪声超标，根据最高一处超标声级计算应纳税额；当沿边界长度超过100米有两处以上噪声超标，按照两个单位计算应纳税额<br>2. 一个单位有不同地点作业场所的，应当分别计算应纳税额，合并计征<br>3. 昼、夜均超标的环境噪声，昼、夜分别计算应纳税额，累计计征<br>4. 声源一个月内超标不足15天的，减半计算应纳税额<br>5. 夜间频繁突发和夜间偶然突发厂界超标噪声，按等效声级和峰值噪声两种指标中超标分贝值高的一项计算应纳税额</td></tr>
<tr><td>超标4～6分贝</td><td>每月700元</td></tr>
<tr><td>超标7～9分贝</td><td>每月1 400元</td></tr>
<tr><td>超标10～12分贝</td><td>每月2 800元</td></tr>
<tr><td>超标13～15分贝</td><td>每月5 600元</td></tr>
<tr><td>超标16分贝以上</td><td>每月11 200元</td></tr>
</table>

**表11-4　应税污染物和当量值表**

**一、第一类水污染物污染当量值**

| 污染物 | 污染当量值（千克） |
|---|---|
| 1. 总汞 | 0.000 5 |
| 2. 总镉 | 0.005 |
| 3. 总铬 | 0.04 |
| 4. 六价铬 | 0.02 |
| 5. 总砷 | 0.02 |

（续）

| 一、第一类水污染物污染当量值 | | |
| --- | --- | --- |
| 污染物 | 污染当量值（千克） | |
| 6. 总铅 | 0.025 | |
| 7. 总镍 | 0.025 | |
| 8. 苯并（a）芘 | 0.000 000 3 | |
| 9. 总铍 | 0.01 | |
| 10. 总银 | 0.02 | |
| 二、第二类水污染物污染当量值 | | |
| 污染物 | 污染当量值（千克） | 备注 |
| 11. 悬浮物（SS） | 4 | |
| 12. 生化需氧量（BODs） | 0.5 | 同一排放口中的化学需氧量、生化需氧量和总有机碳，只征收一项 |
| 13. 化学需氧量（CODcr） | 1 | |
| 14. 总有机碳（TOC） | 0.49 | |
| 15. 石油类 | 0.1 | |

## 三、税目、税率

环境保护税税率采用定额税率，其税目、税额依照《环保税法》所附《环境保护税税目税额表》执行。

## 四、计税依据

### （一）环境保护税属于从量计征，即按征税对象的自然计量单位计算征税

#### 1. 应税大气污染物按照污染物排放量折合的污染当量数确定

（1）应税大气污染物的污染当量数，以该污染物的排放量除以该污染物的污染当量值计算。每种应税大气污染物具体污染当量值，依照环境保护税法所附《应税污染物和当量值表》执行。

（2）每一排放口或者没有排放口的应税大气污染物，按照污染当量数从大到小排序，对前三项污染物征收环境保护税。

#### 2. 应税水污染物按照污染物排放量折合的污染当量数确定

（1）应税水污染物的污染当量数，以该污染物的排放量除以该污染物的污染当量值计算。每种应税水污染物具体污染当量值，依照《环保税法》所附《应税污染物和当量值表》执行。

（2）每一排放口的应税水污染物，按照《环保税法》所附《应税污染物和当量值表》，区分第一类水污染物和其他类水污染物，按照污染当量数从大到小排序，对第一类水污染物按照前五项征收环境保护税，对其他类水污染物按照前三项征收环境保护税。

**3. 应税固体废物按照固体废物的排放量确定**

**4. 应税噪声按照超过国家规定标准的分贝数确定**

### （二）排放量和分贝数计算方法

应税大气污染物、水污染物、固体废物的排放量和噪声的分贝数，按照下列方法和顺序计算：

（1）纳税人安装使用符合国家规定和监测规范的污染物自动监测设备的，按照污染物自动监测数据计算；

（2）纳税人未安装使用污染物自动监测设备的，按照监测机构出具的符合国家有关规定和监测规范的监测数据计算；

（3）因排放污染物种类多等原因不具备监测条件的，按照国务院环境保护主管部门规定的排污系数、物料衡算方法计算；

（4）不能按照上述（1）～（3）项规定的方法计算的，按照省、自治区、直辖市人民政府环境保护主管部门规定的抽样测算的方法核定计算。

需要核定计算污染物排放量的，由税务机关会同环境保护主管部门核定污染物排放种类、数量和应纳税额。

### （三）需要增加应税污染项目数的

由省、自治区、直辖市人民政府根据本地区污染物减排的特殊需要，可以增加同一排放口征收环境保护税的应税污染物项目数，报同级人民代表大会常务委员会决定，并报全国人民代表大会常务委员会和国务院备案。

## 五、应纳税额计算

应税大气污染物的应纳税额＝污染当量数 × 具体适用税额

其中：

污染当量数＝该污染物的排放量 ÷ 该污染物的污染当量值

应税水污染物的应纳税额＝污染当量数 × 具体适用税额

其中：

污染当量数＝该污染物的排放量 ÷ 该污染物的污染当量值

应税固体废物的应纳税额＝固体废物的排放量 × 具体适用税额

应税噪声的应纳税额＝超过国家规定标准的分贝数 × 具体适用税额

## 六、减免税优惠

**1. 暂予免征环境保护税**

（1）农业生产（不包括规模化养殖）排放应税污染物的。

（2）机动车、铁路机车、非道路移动机械、船舶和航空器等流动污染源排放应税污染物的。

（3）依法设立的城乡污水集中处理、生活垃圾集中处理场所排放相应应税污染物，不超过国家和地方规定的排放标准的。

（4）纳税人综合利用的固体废物，符合国家和地方环境保护标准的。

（5）国务院批准免税的其他情形。此项免税规定，由国务院报全国人民代表大会常务委员会备案。

**2. 部分减免环境保护税**

（1）纳税人排放应税大气污染物或者水污染物的浓度值低于国家和地方规定的污染物排放标准 30% 的，减按 75% 征收环境保护税。

（2）纳税人排放应税大气污染物或者水污染物的浓度值低于国家和地方规定的污染物排放标准 50% 的，减按 50% 征收环境保护税。

## 七、申报和缴纳

**1. 纳税义务发生的时间**

纳税义务发生的时间为纳税人排放应税污染物的当日。

**2. 纳税期限**

纳税人按月计算，按季申报缴纳，不能按固定期限计算缴纳的，也可以按次申报缴纳。

纳税人按季申报缴纳的，应当自季度终了之日起 15 日内，向税务机关办理纳税申报并缴纳税款；纳税人按次申报缴纳的，应当自纳税义务发生之日起 15 日内，向税务机关办理纳税申报并缴纳税款。

**3. 纳税地点**

纳税人应当向应税污染物排放地的税务机关申报缴纳环境保护税。

## 八、税收法律责任

（1）由税务机关依照《税收征管法》和《环保税法》的有关规定征收管理。环境保护主管部门依照本法和有关环境保护法律法规的规定负责对污染物的监测管理。

（2）环境保护主管部门和税务机关应当建立涉税信息共享平台和工作配合机制。

环境保护主管部门应当将排污单位的排污许可、污染物排放数据、环境违法和受行政处罚情况等环境保护相关信息，定期交送税务机关。

税务机关应当将纳税人的纳税申报、税款入库、减免税额、欠缴税款以及风险疑点等环境保护税涉税信息，定期交送环境保护主管部门。

税务机关发现纳税人的纳税申报数据资料异常或者纳税人未按照规定期限办理纳税申报的，税务机关可以提请环境保护主管部门进行复核，环境保护主管部门应当自收到税务机关的数据资料之日起 15 日内向税务机关出具复核意见。税务机关应当按照环境保护主管部门复核的数据资料调整纳税人的应纳税额。

注：显然，如何计算污染物排放数据是一项专业性很强的业务，主要由环保部门负责提供，而该数据又是计算环境保护税的关键，因此，地税部门对该税种的管理权限可能和社保费一样，仅仅限于征收权。

纳税人从事海洋工程向中华人民共和国管辖海域排放应税大气污染物、水污染物或者固体废物，申报缴纳环境保护税的具体办法，由国务院税务主管部门会同国务院海洋主管部门规定。

【引导案例解析】

技术合同应纳印花税 =80 × 0.3‰=0.024（万元）

非专利技术转让合同应纳印花税 =50 × 0.3‰+100 × 3‰=0.065（万元）

借款合同应纳印花税 =400 × 0.05‰=0.02（万元）

融资租赁业务应纳印花税 =20 × 0.05‰=0.001（万元）

签订建筑承包合同应纳印花税 =500 × 0.3‰=0.15（万元）

经企业主管部门批准的国有、集体企业兼并，对并入单位的资产凡已按资金总额贴花的，接收单位对并入的资金不再补贴印花。

财产保险合同按保险费金额的 1‰ 计算贴花。

应纳印花税 =48 × 1‰=0.048（万元）

## 同步测试题

### 一、名词解释

1. 车船税
2. 印花税
3. 车辆购置税
4. 环境
5. 环境保护税

### 二、单项选择题

**1.** 甲企业从某拍卖公司通过拍卖购进两辆轿车自用，其中一辆是未上牌照的新车，不含税成交价 60 000 元，国家税务总局核定同类型新车的最低计税价格为 120 000 元 / 辆；另一辆是已使用 8 年的轿车，不含税成交价 50 000 元（从原车主取得了完税证明）。甲企业应缴纳车辆购置税为（　　）元。

A. 6 000　　B. 6 500　　C. 12 000　　D. 24 000

**2.** 某财政全额拨款的事业单位 3 月从汽车贸易公司（增值税一般纳税人）购进一辆 1.8 升排量的轿车自用，取得普通发票，发票上注明含税销售额为 272 400 元，另外支付购买工具件和零配件含税价款 3 600 元，支付控购费 21 000 元，并取得控购部门的收据，汽车贸易公司提供系列服务，代办各种手续并收取一定的费用，该事业单位支付汽车贸易公司代收的保险费为9 500元，新车登记费、上牌办证费、手续费等共计7 000元，并取得汽车贸易公司开具的发票。该事业单位应纳的车辆购置税为（　）元。

A. 24 188.03　　B. 25 000　　C. 27 240　　D. 26 794.87

**3.** 李某于2015年3月从汽车贸易公司（增值税一般纳税人）购进1辆1.6升排量的捷达牌轿车，支付全部价款合计为10.2万元（含税），另外支付代收临时牌照费300元，购买工具件和零配件的含税价款为2 600元，所支付的款项均由该汽车贸易公司开具普通发票。李某应纳车辆购置税为（　　）元。

A. 4 482.91　　B. 8 965.81　　C. 6 724.36　　D. 8 744.62

**4.** 甲企业2月购进3辆轿车自用，其中2辆是未上牌照的新车，每辆不含税成交价为120 000元，国家税务总局核定同类型车辆的最低计税价格为110 000元/辆；另一辆是从某企业购入的已使用3年的轿车（从原车主取得了完税证明），不含税成交价为60 000元，甲企业应纳车辆购置税为（　）元。

A. 4 482.91　　B. 8 965.81　　C. 6 724.36　　D. 8 744.62

**5.** 某4S店2014年11月进口7辆商务车，海关核定的关税完税价格为40万元/辆，当月销售4辆，2辆作为样车放置在展厅待售，1辆公司自用，该4S店应纳车辆购置税为（　　）万元。

A. 5.48　　B. 5.60　　C. 5.68　　D. 17.04

**6.** 外国驻我国某外交官2013年1月购买我国生产的轿车自用，支付含税价格20万元，支付保险费800元，支付购买工具件和零部件价款2 500元，支付车辆装饰费5 000元。2015年3月，该外交官将该轿车转让给我国某公民使用，成交价11万元，对上述业务正确的税务处理是（　　）。

A. 2013年该外交官购买轿车时应缴纳车辆购置税为2.03万元，2015年转让轿车时我国公民不缴纳车辆购置税

B. 2013年该外交官购买轿车时免予缴纳车辆购置税，2015年转让轿车时我国公民应缴纳车辆购置税2.4万元

C. 2013年该外交官购买轿车时应缴纳车辆购置税为2万元，2015年转让轿车时我国公民应缴纳车辆购置税为2.4万元

D. 2013年该外交官购买轿车时免予缴纳车辆购置税，2015年转让轿车时我国公民应缴纳车辆购置税为1.42万元

**7.** 纳税人进口自用应税车辆，自进口之日起60日内申报缴纳车辆购置税，“进口之日”是指（　　）。

A. 成交的当天　　B. 报关进口的当天

C. 交易合同上注明的日期　　D. 登记注册的当天

**8.** 依照车辆购置税的有关规定，下列说法中正确的是（　　）。

A. 车辆购置税实行统一比例税率
B. 车辆购置税的纳税地点一律为纳税人所在地
C. 车辆购置税的征税环节为车辆的销售环节
D. 车辆购置税的征税环节为车辆的生产环节

**9.** 纳税人应当在向公安机关等车辆管理机构（　　），缴纳车辆购置税。

A. 办理车辆交强险手续时　　B. 办理车辆登记注册手续后
C. 办理车辆登记注册手续时　　D. 办理车辆登记注册手续前

**10.** 自产、受赠、获奖和以其他方式取得并自用应税车辆的，应当自取得之日起（　　）日内申报缴纳车辆购置税。

A. 15　　B. 30　　C. 60　　D. 90

## 三、多项选择题

**1.** 根据车辆购置税暂行条例的规定，下列行为属于车辆购置税应税行为的有（　　）。

A. 购买应税车辆自用的行为
B. 销售应税车辆的行为
C. 自产自用应税车辆自用的行为
D. 以获奖方式取得并自用应税车辆的行为

**2.** 根据《车辆购置税暂行条例》的规定，下列关于车辆购置税计税依据的表述正确的有（　　）。

A. 代为收取的政府部门的行政事业性收费并开具财政票据的，不属于价外费用，不并入计税价格计税
B. 购买者随购买车辆支付的工具件价款，不计入计税价格
C. 购买者随购买车辆支付的零部件价款，不计入计税价格
D. 销售单位的代收款项，一律计入计税价格

**3.** 按照现行车辆购置税的有关规定，下列说法正确的有（　　）。

A. 最低计税价格的核定权限属于国家税务总局
B. 所有非运输车辆都实行法定免税
C. 长期来华定居的专家购买两辆小轿车自用都可以免税
D. 外国驻华使馆自用车辆免税

**4.** 关于车辆购置税的计算，下列说法正确的有（　　）。

A. 进口自用的应税小汽车的计税价格包括关税完税价格和关税，不包括消费税
B. 汽车销售公司使用保险公司发票代收的保险费应计入税价格计征车辆购置税
C. 汽车销售公司使用本公司发票代收的代收款项应计入税价格计征车辆购置税
D. 进口自用的应税小汽车，其计税价格包括关税完税价格、关税和消费税

**5.** 根据《车辆购置税暂行条例》的规定，下列车辆中可以免征车辆购置税的有（　　）。

A. 外国驻华使馆的自用车辆

B. 长期来华定居专家进口的一辆自用小汽车

C. 回国服务的留学人员购买自用的进口小汽车

D. 四轮农用运输车

**6.** 根据《车辆购置税暂行条例》的规定，下列说法错误的有（　　）。

A. 购买自用摩托车的计税依据是支付的全部价款和价外费用（不含增值税）

B. 进口自用小轿车的计税依据不含关税

C. 受赠大客车的计税依据是最高的计税价格

D. 车辆购置税的最低计税价格由国家税务总局核定

**7.** 关于车辆购置税的申报与缴纳，下列说法正确的有（　　）。

A. 主管税务机关在为纳税人办理纳税申报手续时，对设有固定装置的非运输车辆应当实地验车

B. 车辆购置税在应税车辆上牌登记注册前的使用环节征收

C. 车辆购置税的纳税地点包括应税车辆上牌登记注册地、纳税人所在地

D. 纳税人购买自用的应税车辆，只能自购买之日起 30 天内申报纳税

**8.** 车辆购置税税款的缴纳方法主要有（　　）。

A. 查账征收　　B. 自报核缴

C. 集中征收缴纳　　D. 代征、代扣、代收

**9.** 以下符合车辆购置税征收管理规定的有（　　）。

A. 进口自用的应税大卡车，其车辆购置税计税价格包括关税完税价格和关税

B. 购买免税轿车的使用期限已超过 8 年，免税条件消失的不再征收车辆购置税

C. 进口自用应税车辆，应当自进口之日起 60 日内申报纳税

D. 车辆购置税采用一车一申报制度

**10.** 车船税计税单位有（　　）。

A. 每辆　　B. 每艘

C. 净吨位每吨　　D. 整备质量每吨

## 四、是非判断题

**1.** 新购置的应税车船如果暂不使用，可不申报纳税。（　　）

**2.** 车船税法规定：租赁的车船，当拥有人和使用人不一致且未协商确定纳税人时，应由使用人缴纳车船税。（　　）

**3.** 中国远洋轮船在国外缴纳了吨税，在国内可免征车船税。（　　）

**4.** 免税单位与纳税单位合并办公，所用车辆不能划分清楚，则免税单位车辆也应照章纳税。（　　）

**5.** 如果企业的车船上了外省的车船牌照，应到领取牌照的所在地缴纳车船税。（　　）

**6.** 甲与乙签订了一份购销合同，甲向乙提供 30 万元货物，乙向甲提供 32 万元货物，甲另向乙支付 2 万元货款，则甲应纳印花税的计税依据为 30 万元，乙应纳印花税的计

税依据为 32 万元。(　　)

7. 月份已纳印花税的购销合同所载购销金额为 50 万元，但实际成交金额为 54 万元，尽管购销双方未修改合同条款，也应再按 54 万元为依据补贴印花。(　　)

8. 某厂与铁路部门签订运输合同，合同上注明运费和保管费共计 5 万元，则该运输合同以 5 万元和运输合同适用税率计税贴花。(　　)

9. 购销合同的计税金额为购销金额，它是不做任何扣减的购销金额。(　　)

10. 某施工单位将自己承包建设项目中的安装部分，又转包给了其他单位，其转包部分在总承包合同中已缴过印花税，因而不必再次贴花纳税。(　　)

## 五、简答题

1. 简述车辆购置税的基本内容。
2. 简述车船税的税目与税率。
3. 简述开征环境保护税的意义。
4. 试比较车辆购置税与车船税的异同点。
5. 印花税的纳税人是如何规定的?

## 六、综合计算题

**1.** 科工企业 2017 年 4 月开业，领受房屋产权证、工商营业执照、商标注册证、土地使用证各一件；与其他企业订立转移专用技术使用权书据一份，所载金额为 100 万元；订立产品购销合同两份，所载金额为 150 万元；订立借款合同一份，所载金额为 50 万元；订立财产保险合同一份，保险费收入为 6 万元。此外，企业的营业账簿中，“实收资本”科目载有资金 300 万元，其他账簿 5 本。2017 年 12 月该企业“实收资本”科目所载资金增加为 360 万元。

**要求：**计算该企业 4 月应纳印花税和 12 月应补纳印花税额。

**2.** 新隆公司以其房产作为抵押，同工商银行签订一份借款合同，合同金额为 1 000 万元。后来该公司因经营管理不善无力偿还贷款，于是将抵押财产作价 1 200 万元转移给工商银行，归还贷款本息，双方签订“产权转移书据”。

**要求：**计算新隆公司共应缴纳多少印花税。

## 七、案例分析题

**1.** 2015 年，肖存庚与他人合资成立一家会计师事务所。2016 年发生以下业务：

（1）事务所委托某外贸公司进口九成新林芝小轿车一辆，海关核定关税完税价格为 20 万元人民币，该车已交付事务所使用。

（2）肖存庚将一套原值 20 万元的自有旧居自年初起提供给事务所使用。

（3）其他相关资料：轿车进口关税适用税率为 25%，消费税适用税率为 5%；计算房屋余值的扣除比例为 30%。

**要求：**根据上述资料，按序号回答下列问题，如有计算，每一个问题须计算出合计数。

（1）进口小轿车应缴纳的增值税。

（2）计算进口小轿车使用环节应缴纳的车辆购置税。

（3）假设肖存庚无偿提供旧居，计算事务所本年应缴纳的房产税。

（4）假设肖存庚出租旧居供事务所职员居住，年租金5万元，计算其本年应缴纳的房产税。

（5）假设肖存庚利用旧居为事务所提供仓储保管服务，年保管费5万元，计算其本年应缴纳的房产税。

**2.** 海隆公司2017年拥有机动船15艘（其中10艘净吨位为600吨，5艘净吨位为3 000吨）；拥有非机动船10艘（载重吨位均为10吨，其中非机动驳船4艘）；拥有载货汽车5辆，其中2辆自重5.2吨，3辆自重2.8吨；拥有载货汽车挂车5辆，每辆自重均为3吨。机动船的适用税额为净吨位小于等于200吨的，每吨3元；净吨位为600吨的，每吨4元；净吨位为3 000吨的，每吨5元；载货汽车适用税额按自重每吨80元计算。2017年3月因业务发展需要，从国外进口3辆小汽车，关税完税价格为每辆185 000元人民币，小汽车的关税税率为110%，消费税税率为3%，每辆车车船税年税额为240元。

**要求：** 计算海隆公司2017年应缴纳的车辆购置税和车船税。

# 《税法》模拟考试试题（一）

一、**名词解释**（5 小题，每小题 2 分，共 10 分。）

1. 居民企业

2. 消费型增值税

3. 一般纳税人

4. 视同销售

5. 滑动关税

二、**单项选择题**（在下列每小题四个备选答案中，选出一个正确答案，并将其字母标号填入相应题号的括号中，每小题 1 分，共 10 分。）

**1.**（　　）原则是统领所有税收规范的根本准则，为包括税收立法、执法、司法在内的一切税收活动所必须遵守。

A. 税收公平　　B. 税收法定　　C. 税收效率　　D. 实质课税

**2.** 出租车公司向使用本公司自有出租车的出租车司机收取的管理费用，按照（　　）缴纳增值税。

A. 陆路运输服务　　B. 水路运输服务

C. 租赁动产服务　　D. 航空运输服务

**3.** 甲维修部为增值税小规模纳税人，销售一台自用小汽车，取得含税销售额 3 万元整，甲维修部就该事项应纳增值税（　　）元。

A. 873.79　　B. 582.52　　C. 1 428.57　　D. 857.14

**4.** 我国现行税法规定，纳税人应当进行土地增值税清算的情形是（　　）。

A. 房地产开发项目全部验收竣工完毕

B. 整体转让未竣工决算的房地产开发项目

C. 取得销售许可证满三年仍未销售完毕

D. 房地产开发企业将开发的房地产项目出租

**5.** 佳佳家具公司为增值税一般纳税人，2016 年 7 月实行还本销售家具，家具零售价为 351 000 元，成本为 200 000 元，1 年后还本，佳佳家具公司应缴纳的增值税税额是（　　）元。

A. 17 000　　B. 21 940.17　　C. 34 000　　D. 51 000

**6.** 我国现行税法规定，纳税人委托个体经营者加工应税消费品，在计算缴纳消费税时，应该（　　）。

A. 由受托方在向委托方交货时代收代缴　　B. 由受托方在加工完毕以后代收代缴

C. 由委托方收回后在受托方所在地缴纳　　D. 由委托方收回后在委托方所在地缴纳

**7.** 2016 年 8 月 1 日，甲房地产公司与当地政府签订建筑服务合同，为政府提供礼堂建筑服务，8 月 10 日工程开工，8 月 20 日收到预收款 200 万元。2016 年 12 月 10 日建筑服务完工并将礼堂移交给政府。2016 年 12 月 20 日甲房地产公司收到尾款 300 万元。甲房地产公司增值税纳税义务发生时间为 2016 年（　　）。

A. 8 月 10 日　　B. 12 月 20 日

C. 8 月 20 日　　D. 12 月 10 日

**8.** 下列各项中，符合城市维护建设税相关规定的是（　　）。

A. 跨省开采的油田，下属生产单位与核算单位不在一个省内的，应按照油井所在地适用税率缴纳城市维护建设税

B. 纳税人跨地区提供建筑服务，应在建筑发生地按适用税率缴纳城市维护建设税

C. 流动经营的单位应随同缴纳“两税”的经营地的适用税率缴纳城市维护建设税

D. 代扣代缴的城市维护建设税应按照被扣缴纳税人所在地适用税率缴纳城市维护建设税

**9.** 某公司有受海关监管的免税进口设备一台，原进口到岸价格为 500 万元人民币，管理年限 5 年。15 个月后该设备经海关批准出售，售价为 400 万元，如果该设备进口适用税率为 20%，则该设备出售时应补缴的关税为（　　）万元。

A. 60　　B. 75　　C. 80　　D. 100

**10.** 某铜矿 2017 年 11 月开采铜矿石 50 000 吨，对外销售 40 000 吨。该铜矿属于三等矿，单位税额为每吨 6 元，则其本月应纳的资源税为（　　）万元。

A. 24　　B. 21　　C. 16.8　　D. 30

三、**多项选择题**（在下列每小题的备选答案中，有两个或两个以上正确答案，将其字母标号填入相应的括号中。错选、多选或少选均不得分，每小题 2 分，共 10 分。）

**1.** 中央税是指维护国家权益，实施宏观调控所必需的税种，具体包括（　　）。

A. 消费税　　B. 增值税　　C. 关税　　D. 车辆购置税

**2.** 根据《增值税暂行条例》及其《增值税暂行条例实施细则》的规定，小规模纳税人的认定说法中正确的有（　　）。

A. 从事货物生产或者提供应税劳务的纳税人，年应税销售额在 30 万元以下

B. 非生产性单位可选择按小规模纳税人纳税

C. 年应税销售额超过小规模纳税人标准的其他个人按小规模纳税人纳税

D. 不经常发生应税行为的企业可选择按小规模纳税人纳税

**3.** 甲公司为一般纳税人，购进的下列货物和服务，不得从销项税额中抵扣的进项税额有（　　）。

A. 甲公司从乙公司购买一批清洁设备，由于乙公司当月税控器发生故障，乙公司从法人代表名下的另一家公司丙公司处代开增值税专用发票

B. 甲公司购买一批存货并取得增值税专用发票，该批存货由于管理不善被盗

C. 甲公司取得的出差住宿费增值税专用发票

D. 甲公司接受贷款向会计师事务支付的咨询费

**4.** 某卷烟批发公司 2016 年 10 月将购进的卷烟对外批发 150 箱，开具普通发票，发票上注明价款为 29 250 元，下列说法正确的有（　　）。

A. 卷烟批发公司应纳增值税为 4 250 元　　B. 卷烟批发公司应纳增值税为 4 972.5 元

C. 卷烟批发公司应纳消费税为 1 250 元　　D. 卷烟批发公司需要缴纳从量消费税

**5.** 下列各项中，应该按照“交通运输业”税目征收增值税的有（　　）。

A. 远洋运输企业从事承租业务取得的收入

B. 远洋运输企业从事期租业务取得的收入

C. 航空运输企业从事湿租业务取得的收入

D. 航空运输企业从事干租业务取得的收入

四、**是非判断题**（判断下列各小题，在相应题号的括号中，对的打“√”，错的打“×”，每小题 2 分，共 10 分。）

**1.** 税收是国家凭借政治权力和财产权利对纳税人的一种强制性征收。（　　）

**2.** 自 2009 年 1 月 1 日起，凡应税销售额在 80 万元以下的小规模商业企业，无论其会计核算是否健全，均应按照小规模纳税人的有关规定征收增值税。（　　）

**3.** 卷烟批发企业的纳税地点为卷烟批发企业的机构所在地，总机构与分支机构不在同一地区的，由总机构汇总向其所在地税务机关申报缴纳消费税。（　）

**4.** 属于保税性质的加工贸易进口料、件等货物，如经批准转为内销，应按原进口之日实施的关税税率征税。（　　）

**5.** 居民企业应就其来源于中国境内、境外的所得缴纳企业所得税。（　　）

**五、简答题**（任选 2 小题，每小题 5 分，共 10 分。）

**1.** 应如何区分工资薪金所得与劳务报酬所得？

**2.** 常用的税收分类方法有哪几种？

**3.** 零税率与免税是一回事吗？

**六、案例分析题**（本类题共 50 分，每小题 10 分。凡要求计算的项目，均须列出计算过程；计算结果有计量单位的，应予标明，标明的计量单位应与题中所给的计量单位相同；计算结果出现小数的，除特殊要求外，均保留小数点后两位小数；凡要求解释、分析、说明理由的内容，必须有相应的文字阐述。）

**1.** 某家用电器商场为增值税一般纳税人。2016 年 5 月发生如下经济业务：

（1）销售特种空调取得含税销售收入 160 000 元，同时提供安装服务收取安装费 20 000 元。

（2）销售电视机 80 台，含税零售单价为 2 400 元，每出售一台可取得厂家给予的返利收入 200 元。

（3）代销一批数码相机并开具普通发票，企业按含税销售总额的 5% 提取代销手续费 15 000 元，当月尚未将代销清单交付给委托方。

（4）当月该商场其他商品的含税销售额为 175 500 元。

（5）购进热水器 50 台，不含税单价为 800 元，货款已付；购进 DVD 播放机 100 台，不含税单价为 600 元。两项业务取得的增值税专用发票均已经税务机关认证，还有 40 台 DVD 播放机未向厂家付款。

（6）购置生产设备一台，取得的增值税专用发票上注明的价款为 70 000 元，增值税税款为 11 900 元。

（7）另知该商场上期有未抵扣进项税额 6 000 元。

当期获得的增值税专用发票已经通过认证并申请抵扣。

**要求：**请根据上述资料，计算该商场 10 月应纳的增值税。

**2.** 某化妆品有限公司为增值税一般纳税人。2016 年 5 月发生如下经济业务：

（1）从国外空运进口一批化妆品，成交价格为 1 380 000 元，运费为 20 000 元，进口关税为 280 840 元。在自海关运往单位的途中发生运费 8 000 元，但未取得运费发票。该化妆品入库后的 45% 被生产领用继续加工化妆品（经海关审查，公司申报的完税价格未包含保险费，公司的解释是相关费用无法确定，海关对此依法进行调整）。

（2）以成本为 80 000 元的原材料委托某县 A 企业加工化妆品，取得专用发票上注明的加工费为 50 000 元，辅助材料为 5 000 元，受托方按规定代收代缴了税金。

（3）当月采用分期收款方式销售 A 化妆品，当月发出货物，不含税售价为 1 500 000 元；合同约定分 3 期结算，自当月起每月月末结算一次。

（4）采用预收款方式销售 B 化妆品 215 000 件，不含税单价为 58 元，货物已经发出。

（5）将自产的 B 化妆品共 1 000 套在展销会上作为小样，赠送给客商。

（6）为某影视公司定做演员专用的油彩和卸妆油一批，收取价税合计 67.86 万元，另收取运输费 5 万元、优质费 2.02 万元，均开具增值税普通发票。

（7）通过当地非独立核算的门市部销售试制的新型化妆品 100 套，每套成本为 100 元，不含税单价格为 130 元 / 套（化妆品消费税税率 30%）。

**要求**：请根据上述资料，计算该公司本月应纳的消费税。

**3.** 某企业主要生产葡萄酒，纳税年度生产经营情况如下：取得产品销售收入总额 1 000 万元，应扣除产品销售成本 540 万元，发生产品销售费用 80 万元（其中含葡萄酒的广告费 30 万元），管理费用 120 万元（其中含业务招待费 10 万元），财务费用 40 万元（其中含逾期归还银行贷款的罚息 3 万元），应缴纳增值税 50 万元，其他销售税费 70 万元，营业外支出 44 万元（其中含通过民政机构灾区捐款的 15 万元，税收滞纳金 4 万元）。

**要求**：根据上述资料，计算该企业纳税年度应纳的企业所得税。

**4.** 某油田 2016 年 5 月开采销售原油 1.2 万吨，销售油田开采天然气 250 万立方米，原油的不含税售价为每吨 5 000 元，天然气的不含税售价为每立方米 1 800 元，资源税税率为 6%。

**要求**：根据上述资料，计算该油田本月应纳的资源税。

**5.** 2016 年 5 月，某税务机关对某公司进行纳税检查时发现了以下几个问题：

（1）该公司从一些个体工商户处购买货物，未经税务机关同意，取得了一部分增值税专用发票，并作为进项税额入账，已经抵扣进项税额 140 000 元。

（2）账外销售货物 280 000 元（不含税价格），未计入销售额，计算销项税额为 47 600 元。

（3）经核实，该公司已经缴纳增值税 430 000 元，税务机关对该公司做出追缴税款 187 600（140 000+47 600）元的处罚，并罚款 93.8 万元。

**要求**：请根据《税收征管法》的规定，对上述公司的行为和税务机关的行为做出判断，并提出处理意见。

# 《税法》模拟考试试题（二）

一、**名词解释**（共 10 分，5 小题，每小题 2 分。）

1. 非居民企业

2. 生产型增值税

3. 小规模纳税人

4. 混合销售

5. 完税价格

二、**单项选择题**（在下列每小题四个备选答案中，选出一个正确答案，并将其字母标号填入相应题号的括号中，每小题 1 分，共 10 分。）

**1.** 根据税法的职能和作用不同，税法可以分为（　　）。

A. 税收实体法和税收程序法　　B. 税收基本法和税收普通法

C. 流转税法和所得税法　　D. 中央税法和地方税法

**2.** 2016 年 8 月，小王将个人位于北京的住房出租给小李，每个月向小李收取租金 6 000 元整，那么小王出租该房屋每个月应缴纳增值税（　　）元。

A. 114.29　　B. 171.43　　C. 285.71　　D. 85.71

**3.** 某生产企业外购原材料取得增值税专用发票上注明价款 200 000 元，已入库，支付运输企业的运输费 1 110 元，取得运输企业开具的增值税专用发票，则可以抵扣的进项税额为（　　）元。

A. 34 070　　B. 34 110　　C. 34 105　　D. 25 840

4. 某酒厂 2016 年 9 月销售粮食白酒 20 吨，开出的增值税专用发票上注明的销售价款为 100 000 元，则该酒厂该笔业务应该缴纳的消费税为（ ）元。

A. 30 000　　B. 40 000　　C. 44 000　　D. 50 000

5. 家乐外贸公司为一般纳税人，2016 年 10 月从生产企业（一般纳税人）购入一批化妆品，取得增值税专用发票，支付价款 60 万元、增值税 10.2 万元，当月将该批化妆品全部出口，取得销售收入 90 万元。该外贸公司出口化妆品应退消费税和增值税（ ）万元（增值税出口退税率 13%）。

A. 24.38　　B. 23.4　　C. 25.8　　D. 4.2

6. 除了在生产销售环节征收消费税外，还在批发环节征收一次的商品是（ ）。

A. 烟丝　　B. 白酒　　C. 卷烟　　D. 啤酒

7. 熊猫烟花公司 2016 年 5 月受托加工一批鞭炮，委托单位提供原材料的金额为 80 万元。熊猫烟花公司收取委托单位不含增值税的加工费为 10 万元，鞭炮类企业无同类产品市场价格。假设鞭炮的适用税率为 15%，熊猫烟花公司应代收代缴的消费税为（ ）万元。

A. 13.5　　B. 13.83　　C. 11.74　　D. 15.89

8. 符合条件的小微企业减按（ ）的税率征收企业所得税。

A. 25%　　B. 20%　　C. 15%　　D. 10%

9. 下列各项行为中，需要按照有关规定缴纳城市维护建设税的是（ ）。

A. 国有企业购置房地产　　B. 个体工商户转让经营用房

C. 上市公司股权转让　　D. 进口小汽车

10. 某油田本月生产原油 15 万吨（原油税率为 5%），其中销售 10 万吨，不含税售价为 100 万元，用于自办油厂加工 2 吨，则该油田本月应该缴纳的资源税为（ ）万元。

A. 6　　B. 5　　C. 7　　D. 4

三、**多项选择题**（下列各小题的备选答案中，有两个或两个以上正确答案，将其字母标号填入相应括号中。错选、多选或少选均不得分，每小题 2 分，共 10 分。）

1. 税法基本原则是统领所有税收规范的根本准则，为包括税收立法、执法、司法在内的一切税收活动所必须遵守，下列属于税法基本原则的有（ ）原则。

A. 税收法定　　B. 税收公平　　C. 税收效率　　D. 实质课税

2. 确定一项经济行为是否需要缴纳增值税，根据《营业税改增值税试点办法》，除另有规定外，一般应同时具备以下条件（ ）。

A. 应税行为是发生在中华人民共和国境内
B. 应税行为是属于《销售服务、无形资产、不动产注释》范围内的业务活动
C. 应税行为是为他人提供的
D. 应税行为是有偿的

3. 按照《营业税改增值税试点办法》第二十七条第（一）项规定不得抵扣且未抵扣进项税额的不动产，发生用途改变，用于允许抵扣进项税额的应税项目，下列做法不正确的有（　　）。
A. 改变用途的次月抵扣 60% 的进项税额，次月起第 13 个月抵扣 40% 的进项税额
B. 可在改变用途的次月抵扣全部进项税额
C. 分别在改变用途的次月和第 13 个月抵扣进项税额，各抵扣 50%
D. 可在改变用途的当月抵扣全部进项税额

4. 下列各项中，应该并入增值税一般纳税人的销售额计算征收增值税的有（　　）。
A. 纳税人为销售白酒而收取的将在 1 个月内返还的包装物押金（该包装物是单独核算的）
B. 由于购货方购货数量较大而给予购货方的销售折扣（折扣额另开发票）
C. 由于购货方提前付款而给予购货方的折扣优待
D. 受托加工应征消费税的消费品所代收代缴的消费税

5. 依据消费税的规定，下列应税消费品中，准予扣除外购已纳消费税的有（　　）。
A. 以已税烟丝为原料生产的卷烟
B. 以已税珠宝玉石为原料生产的钻石首饰
C. 以已税化妆品连续生产化妆品
D. 以已税润滑油为原料生产的润滑油

**四、是非判断题**（判断下列各小题，在相应题号的括号中，对的打“√”，错的打“×”，每小题 2 分，共 10 分。）

1. 国家征税不需要支付任何代价，是对私有制度的一种侵犯。（　　）

2. 原增值税一般纳税人兼有销售服务、无形资产或不动产的，截至“营改增”试点之日前的增值税期末留抵税额，不得从销售服务、无形资产或不动产的销项税额中抵扣。（　　）

3. 用于换取生产资料的卷烟，应以同类商品的平均售价作为计税依据，计算征收增值税和消费税。（　　）

4. 进口货物因收发货人或者他们的代理人违反规定而造成的关税少征或漏征，海关在 3 年内可以追征，有特殊情况的，追征期可以延长到 10 年。（　　）

5. 企业收入中的利息收入是指企业购买各种债券等有价证券取得的利息，不包括外单位

欠款付给的利息。（ ）

**五、简答题**（任选 2 小题，每小题 5 分，共 10 分。）

**1.** 简述个人所得税纳税人与征收范围的关系。

**2.** 简述增值税的特点和优点。

**3.** 简述企业所得税法所实现的制度创新。

**六、案例分析题**（本类题共 50 分，每小题 10 分。凡要求计算的项目，均须列出计算过程；计算结果有计量单位的，应予标明，标明的计量单位应与题中所给的计量单位相同；计算结果出现小数的，除特殊要求外，均保留小数点后两位小数；凡要求解释、分析、说明理由的内容，必须有相应的文字阐述。）

**1.** 某洗衣机厂为增值税一般纳税人。2016 年 5 月发生如下经济业务：

（1）5 月 1 日采用直接收款方式销售 A 型洗衣机，开具的专用发票上注明价款为 50 000 元，并收取手续费和包装费共计 2 340 元。

（2）5 月 2 日销售 B 型洗衣机，价款为 68 000 元，购货方当日支付货款 38 000 元，已全款开具专用发票。合同约定余款在 5 月 15 日一次支付（不收利息），如违约超过一天罚款 117 元。由于购货方资金周转不到位，货款一直拖到 5 月 25 日才支付。

（3）5 月 20 日，因 B 型洗衣机质量有问题，购货方要求退货，退回销货款 8 000 元，退货手续齐备。

（4）5 月 24 日，材料仓库被盗，丢失材料 50 千克，材料明细账注明该批材料的实际单位采购价格为 140 元 / 千克。

（5）5 月外购原材料，取得经主管税务机关认证的专用发票上注明税款为 10 200 元，原材料已验收入库。

**要求**：请根据上述资料，计算该厂 5 月应纳的增值税。

**2.** 某市大型商贸公司为增值税一般纳税人，2016 年 5 月进口化妆品一批，支付国外的买价 220 万元、国外的经纪费 4 万元、自己的采购代理人佣金 6 万元；支付运抵我国海关前的运输费用 20 万元、装卸费用和保险费用合计 11 万元；支付自海关地运往商贸公司的运输费用 8 万元、装卸费用和保险费用合计 3 万元。（注：关税税率为 20%，消费税税率为 30%。）

**要求**：根据上述资料，计算该公司进口环节应纳的关税、消费税和增值税。

**3.** 居住在市区的中国居民李某为一名中外合资企业的职员，2015 年 12 月，他与同事杰克（外籍）合作出版了一本关于中外文化差异的书籍，共获得稿酬 56 000 元，李某与杰克事先约定按 6 : 4 的比例分配稿酬。

**要求**：根据上述资料，计算李某应纳的个人所得税。

**4.** 坐落在县城的某大型国有企业，用于生产经营的厂房原值为 5 000 万元；该企业还创办一所学校和一所职工医院，房产原值分别为 300 万元和 200 万元；另外，该企业还有一个用于出租的仓库，年租金为 4 万元。按当地规定，允许以减除房产原值 20% 后的余值为计税依据。

**要求**：根据上述资料，计算该企业全年应纳的房产税。

**5.** 某百货商场（增值税一般纳税人）2016 年 5 月购销业务如下：

（1）代销服装一批，从零售总额中按 10% 提取的待销手续费为 3.6 万元。

（2）购入副食一批，货款已付，但尚未验收入库，取得的专用发票上注明的价、税款分别为 64 万元和 10.88 万元，专用发票已经通过认证。

（3）购入百货类商品一批，货款已付，取得的专用发票上注明税款为 3.26 万元；购入化妆品一批，取得的专用发票上注明价、税款分别为 60 万元和 10.20 万元，已经支付货款 50%。后由于未能与厂家就最终付款方式达成一致，在当地主管税务机关已经承诺开具进货退出证明单的情况下，将进货的一半退回厂家，并已经取得厂家开具的红字专用发票。

（4）采用分期付款方式购入钢琴两台，已经取得的专用发票上注明的价、税款分别为 6 万元和 1.02 万元，当月已经付款 40%，余额再分 6 个月付清。

（5）采用以旧换新方式销售冰箱 136 台，每台冰箱零售价为 3 000 元，对以旧换新者以 2 700 元的价格出售，不再支付旧冰箱收购款。

（6）采用分期收款方式销售本月购进的钢琴两台，每台零售价为 4.68 万元，合同规定当月收款 50%，余款再分 5 个月收回。

除以上各项业务外，该百货商场本月其他商品零售额为 168 万元。

申报期内该百货商场计算并申报的本月应纳的增值税情况如下：

销项税额 =3.6 × 16%+0.27 × 136 × 16%+4.68 ÷ 2 × 2 × 16%+168 × 16%=34.08（万元）

进项税额 =3.26+10.2+1.02=14.48（万元）

应纳税额 =34.08−14.48=19.60（万元）

经主管税务机关审核，该百货商场被认为进行了虚假申报，税务机关据此做出了相应的补税税务处理决定。

**要求**：请根据上述资料，具体分析和回答下列问题。

（1）该百货商场计算的当月应纳的增值税税款是否正确？如有错误，请指出错在何处，并正确计算当月应纳的增值税税款。

（2）构成偷税罪的具体标准是多少？该百货商场是否构成偷税罪？

（3）对于主管税务机关的处理决定，该百货商场拟提出税务行政复议申请和行政诉讼，就此案例说明：应向何处提出复议申请？被申请人是谁？复议机关应在多少日内做出复议决定？是否可以不经复议程序直接向法院提起行政诉讼，为什么？

# 参考文献


[1] 中国注册会计师协会. 税法[M]. 北京：中国财政经济出版社，2018.

[2] 王曙光. 税法[M].7版. 大连：东北财经大学出版社，2016.

[3] 刘颖. 2015年注册会计师考试应试指导及全真模拟测试：税法[M]. 北京：北京大学出版社，2015.

[4] 李德文，等. 税法：学习和理解[M]. 上海：上海交通大学出版社，2011.

[5] 王振东，刘淼. 税法[M].3版. 北京：人民邮电出版社，2017.

[6] 席晓娟. 税法[M]. 上海：上海交通大学出版社，2011.

[7] 李宏彪，孟召博. 税法[M]. 北京：北京理工大学出版社，2017.

[8] 郝琳琳. 税收法律实务[M]. 北京：北京大学出版社，2011.

[9] 王宏军. 税法案例选评[M]. 北京：对外经济贸易大学出版社，2011.

[10] 徐孟洲. 税法案例分析[M]. 北京：中国人民大学出版社，2006.

[11] 刘少军. 税法案例教程[M]. 北京：知识产权出版社，2002.

[12] 腾祥志. 税法实务与理论研究[M]. 北京：法律出版社，2008.

[13] 刘继虎，杨美莲. 税法实例说[M]. 长沙：湖南人民出版社，1999.

[14] 盖地. 税务会计与税务筹划[M].9版. 北京：中国人民大学出版社，2017.

[15] 陈文军. 税务会计[M]. 徐州：中国矿业大学出版社，2011.

[16] 邓芳杰. 税法全真模拟试题[M]. 北京：中国财政经济出版社，2017.

[17] 陈解生.2002年度注册会计师全国统一考试考点精粹[M]. 北京：中国经济出版社，2002.

[18] 杨小强. 中国税法原理、实务与整体化[M]. 济南：山东人民出版社，2008.

# 普通高等教育“十三五”应用型教改系列规划教材
## 财会系列

| 即将出版 | | | |
|---|---|---|---|
| 会计学基础：<br>基于企业全局视角<br>（李爱红） | 财务会计 | 高级财务会计 | 成本核算与管理 |
| 管理会计基础与实务 | 税法基础 | 纳税实务：<br>计算、申报、筹划 | 财务管理基础 |
| 中级财务管理 | 会计信息系统 | 生产运作管理 | 审计基础与实务 |
| 行业会计比较 | VBSE跨专业综合实训教程 | 财务报告分析 | Excel会计数据处理 |